KB193744

서장
書狀

간화선의 교과서

서장

大慧普覺禪師 書

편찬 · 대한불교조계종 교육원

조계종
출판사

간행사

부처님의 가르침은 시대와 언어를 초월하여 모든 중생들의 마음에 직접 와닿아야 합니다. 사찰승가대학에서는 그동안 한문 원전을 통해 선 수행의 귀중한 가르침을 공부해왔습니다만, 이제는 시대의 변화에 발맞추어 새로운 전환점을 맞이하게 되었습니다.

『서장(書狀)』은 간화선의 창시자이신 대혜보각 스님께서 참선 수행자들에게 보내신 편지글을 엮은 소중한 법보입니다. 이 책에 담긴 가르침은 대한불교조계종이 면면히 이어온 간화선의 깊은 혜안이며, 선명상의 근간이 되는 가르침입니다.

특히 역사적 문헌이면서도 현재를 살아가는 우리에게 참선의 깊은 의미와 방향을 제시하는 생생한 지침서입니다. 이는 간화선 수행의 정신과 맥을 같이하며, 급변하는 현대 사회에서 마음의 평화를 찾고자 하는 모든 이들에게 더없이 소중한 안내서가 될 것입니다.

이번에 발간하는 한글 번역본 『서장』은 간화선의 교과서로서, 현대를 살아가는 수행자들에게 부처님의 가르침을 더욱 친근하고 명확하게 전달하고자 하는 우리의 염원이 담긴 결실입니다. 특히 사찰승가대학 스님들이 선을 깊이 이해할 수 있도록, 한글세대의 특성을 고려하여 원전의 깊은 뜻을 현대어로 옮기는 데 심혈을 기울였습니다.

본 한글 번역본이 깨달음의 길을 가는 수행자들의 든든한 도반이 되고, 불법을 구하는 모든 이들에게 지혜의 등불이 되기를 기원합니다. 아울러 이 책이 간화선 전통을 이어가고 선양하는 데 큰 역할을 하리라 믿습니다.

부처님의 가르침을 현대인들에게 마음 깊이 스며들 수 있도록 교재개발에 진력해주신 분들께 깊이 감사드리며, 사부대중 모두 대혜 스님의 법문으로 깨달음의 지혜가 더욱 깊어지기를 기원드립니다.

불기 2568(2024)년 12월
대한불교조계종 교육원장 범해

편찬사

대한불교조계종의 선 전통에서 깨달음의 길을 밝히는 소중한 지침서인 대혜종고(大慧宗杲) 스님의 『서장』 한글 번역본을 새롭게 편찬하였습니다. 대혜종고 선사께서 제자들에게 보내신 간절한 법어가 담긴 이 『서장』을 그동안 사찰승가대학에서는 한문본으로 공부해왔습니다. 그러나 한글 번역본 출간으로 인해 이제는 한문 이해의 어려움에서 벗어나, 대혜 스님께서 전하고자 했던 깨달음의 알맹이를 더욱 선명하게 살펴볼 수 있게 되었습니다.

그동안 전통 교학 과정인 사집 과정에 한문 교재만 있어왔습니다. 그래서 현시대 학인들을 배려한 한글 교재를 제작해 『서장』의 근본 취지를 깊이 이해할 수 있게 하자는 제10대 교육원장 범해 스님의 원력으로 본 번역서 출간을 진행하였습니다.

편찬 작업에 기꺼이 참여해주신 동국대학교 불교문화연구원 김호귀 교수, 원광대학교 오용석 교수, 그리고 명상상담평생교육원장이신 인경 스님과 불학연구소 사무국장 선화 스님, 사무팀장 박성수 종무관의 정성 어린 노력이 깃든 결과입니다. 특히 조계종 교육원의 전승가고시위원장이시며 통도사 대강백이신 지안 스님께서 최종 감수를 해주셨습니다. 함께해주신 모든 분들께 깊이 감사드립니다. 또한 제방에서 『서장』 편찬 소식을 듣고 해인사 종묵 스님께서 한문의 토 등에 대해 자문을 해주신 덕에 대혜 스님의 깊은 뜻을 더욱 정확하게 전달할 수 있게 되었습니다. 이 과정에서 불철주야 수고해주신 교육원 직원들과 불학연구소 종무원들의 정성 어린 노고에도 깊은 감사를 드립니다.

대혜종고 선사께서 제자들에게 보내신 이 간절한 편지들이, 이제 우리 시대의 언어로 새롭게 피어나 더 많은 이들의 마음을 두드리게 되었습니다. 이 번역서가 인연이 되어 간화선 전통이 더욱 빛나고, 활구참선의 깊은 의미가 널리 전파되어, 학인 스님들은 물론 한국과 세계의 모든 이들이 부처님의 진실한 가르침을 깨닫고 본래면목을 밝히게 되기를 간절히 기원합니다.

불기 2568(2024)년 12월
대한불교조계종 교육원 불학연구소장 법정

차례

상권

하권

일러두기

본 교재의 한자 원문 및 해제는 대한불교조계종 교육원에서 발행한 한문본 『서장(書狀)』
을 기본으로 하였다. 일부 이견이 있는 것은 대정신수대장경(大正新修大藏經)의 『대혜보
각선사어록(大慧普覺禪師語錄)』과 가흥대장경(嘉興大藏經)의 『대혜보각선사연보(大慧
普覺禪師年譜)』를 기준으로 수정 및 교정하였다.

대혜선사행장

선사는 선주 영국현 출신으로, 속성은 해(奚)씨다. 어머니 꿈에 신인(神人)이 한 스님을 모시고 왔는데, 검은 뺨에 오똑한 코를 지녔다. 그 스님이 어머니의 침실에 들어오자, 어머니가 어디에 주석하는지 물으니, 악(岳)의 북쪽[1]에 산다고 대답하였다. 깨어보니 임신을 하였다. 아이가 태어난 날에 흰빛이 방을 비추자, 온 마을 사람들이 경이롭게 여겼다. 곧 그해[북송 철종 원우 4년(1089) 기사년] 11월 10일 사시에 태어났다.

대혜의 이름은 종고(宗杲)다. 13세에 향교에 들어가 동학과 함께 놀다가 벼루를 던졌는데, 잘못하여 선생의 모자에 떨어져 돈 300냥을 배상하였다. 돌아와서 "세간의 책을 읽는 것이 어찌 출세간의 불법을 추구하는 것만 하겠는가?"라고 말했다.

16세에 동산 혜운원 혜제대사(惠齊大師)에게 출가하였다. 17세 때 머리를 깎고 구족계를 받았다. 19세 때 제방으로 유행하다 태평주(太平洲) 은적암(隱寂庵)에 이르렀다. 암주가 매우 반갑게 맞이하며 말했다.

"어젯밤 꿈에 가람을 수호하는 신장이 부촉하여 '이튿날 운봉문열(雲峰文悅) 선사께서 사찰에 오실 것이다'라고 말했는데, 그대가 맞습

---

1) 『대혜보각선사연보(大慧普覺禪師年譜)』[가흥장(嘉興藏)42, p.793上]에 근거하여 '북악(北岳)'을 '악북(岳北)'으로 교정함.

니다."

이에 문열선사의 어록을 대혜에게 보여주자, 대혜가 얼핏 보더니 암송하였다. 그로부터 사람들이 운봉문열 선사의 후신이라고 말했다.

처음에 조동종(曹洞宗)의 선사들을 참방하여 그 종지를 얻었지만, 대혜는 아직 만족하지 못했다.[2]

정화 2년(1112) 임신년(대혜의 나이 24세)에 담당문준(湛堂文準: 1061-1115) 화상에게 참문하여 4년 동안 시봉하고는 큰 깨달음이 있었다. 그러나 담당문준이 임종에 이르러 "원오극근(圓悟克勤)에게 참문하여 대사(大事)를 성취하라"고 일러주셨다.

대혜는 선화 4년(1122) 임인년(대혜의 나이 34세)에 원오극근 선사를 참문하려고 했다. 그러나 원오선사께서 멀리 장산(蔣山)에 계셨기 때문에 잠시 태평사의 평보융(平普融) 회하에 의지하였다.

선화 7년(1125) 을사년(대혜의 나이 37세)에야 비로소 변경의 천녕사(天寧寺)에서 참문하였다. 겨우 40일쯤 지났는데, 어느 날 원오선사께서 개당하여 다음과 같은 이야기를 들어보였다.

"한 승이 운문문언에게 물었다. '제불께서 출신한 이치는 무엇입니까?' 운문이 말했다. '동산수상행(東山水上行)이다.'[3] 그러나 나 천녕(원오극근)이라면 그에게 그렇게 말하지 않고 그 스님에게 '훈풍이 남방으로부터 불어오니 전각(殿閣)에 시원한 바람이 일어난다'[4]고 할

---

2) 대혜는 동산(洞山)의 미선사(微禪師) 밑에서 2년, 정주(鄭州) 대양(大陽)의 견원수좌(見元首座), 미화상(微和尙), 견수좌(堅首座) 등에게 10여 년을 공부하였다.『대혜보각선사연보(大慧普覺禪師年譜)』[가흥장(嘉興藏)1, p.794上]

3) 『운문광진선사광록(雲門匡眞禪師廣錄)』권上[대정장(大正藏)47, p.545下]

4) 『대혜보각선사어록(大慧普覺禪師語錄)』권17[대정장(大正藏)47, p.883上]에 근거하

것이다."

대혜가 그 말을 듣고 홀연히 전후의 시간이 단절되었다. 이에 원오선사께서 천녕사의 택목당(擇木堂)에 머물게 하고 시자의 소임도 맡기지 않고 오롯한 마음으로 보림(保任)하게 하였다. 이후에 원오선사의 조실에서 원오가 어떤 스님에게 "유구(有句)와 무(無句)가 마치 등나무 덩굴이 나무를 기댄 것과 같다"[5]고 질문하는 말을 듣고, 대혜가 마침내 물었다. "화상(원오)께서는 오조법연(五祖法演: 1024-1104) 선사의 처소에 계실 때 일찍이 이 공안에 대하여 질문했다고 들었는데, 무슨 답변을 들었는지 궁금합니다." 그러자 원오는 웃을 뿐 대답하지 않았다. 대혜가 물었다. "화상께서는 이미 대중의 질문에 대답하셨는데, 지금 말씀해주신다고 무슨 방해가 되겠습니까?" 그러자 원오가 부득이하게 말했다. "내가 오조법연 선사에게 '유와 무가 마치 등나무 덩굴이 나무를 기댄 것과 같다는 뜻[意旨]이 무엇입니까?'라고 질문하자, 오조선사가 말씀하셨다. '묘사하려고 해도 묘사할 수가 없고, 그림으로 그리려고 해도 그릴 수가 없다.' 내가 다시 '나무가 쓰러지고 덩굴이 말랐을 때는 어떻습니까?'라고 질문하자, 오조선사가 말씀하셨다. '서로 따라온다[相隨來].'" 대혜가 그 자리에서 활연하게 대오하고 "저는 알았습니다"라고 하였다. 이에 원오가 몇 가지 공안[因緣]을 들어 대혜에게 물었는데, 모든 질문에 막힘없이 응대하였다. 그러자 원오가 기뻐서 대혜에게 말했다. "내가 그대를 속인 적이 없었다." 이에

여 '전각(殿角)'을 '전각(殿閣)'으로 교정함.
5) 『양기방회화상어록(楊岐方會和尚語錄)』[대정장(大正藏)47, p.641下]

「임제정종기(臨濟正宗記)」를 지어서 대혜에게 부촉하고, 기실(記室)[6]의 소임을 맡겼다.

이로 인하여 대혜가 원오의 제자가 되었다. 머지않아 원오가 촉(蜀)으로 돌아가자, 이에 대혜는 종적을 감추고 암자를 지어 은거하였다. 이후에 호구사(虎丘寺)에서 하안거를 나면서 『화엄경』을 열람하는데, 제칠지보살이 무생법인(無生法忍)을 얻는 대목에 이르러 홀연히 담당 문준 선사께서 제시해준 '앙굴마라가 발우를 지니고 산부(産婦)를 구해준 인연'이 통명해졌다.

소흥 7년(1137)에 조칙으로 쌍경사(雙徑寺)에 주석하였다. 어느 날 원오선사의 부음(訃音)을 듣고, 대혜가 친히 제문을 지었다. 저녁 소참법문에서 다음과 같은 이야기를 들어보였다.

"한 스님이 장사경잠(長沙景岑: ?-868)에게 물었다. '남전보원(南泉普願: 748-834)께서는 천화하여 어디로 가셨습니까?' 장사가 말씀하셨다. '동쪽 마을에서는 나귀로 태어났고, 서쪽 마을에서는 말로 태어났다.' 스님이 물었다. '그게 무슨 뜻입니까?' 장사가 말씀하셨다. '말을 타고 싶으면 바로 올라타고, 말에서 내리고 싶으면 바로 내려오라.' 그러나 만약 나 경산(대혜)이었다면 그렇게 말하지 않았을 것이다. 만약 어떤 스님이 '원오선사께서 천화하여 어디로 가셨습니까?'라고 묻는다면, 곧 그 스님에게 '아비지옥에 태어났다'고 말해주었을 것이다. 이에 '그게 무슨 뜻입니까?'라고 묻는다면, '배가 고프면 구릿물을 먹고, 목이 마르면 쇳물을 마신다'고 답했을 것이다. 그리고 어떤 사람이

---

6) 기실(記室)은 선원에서 사찰의 업무와 관련된 서류를 작성하는 소임이다.

'원오선사를 구원해줄 수 있겠습니까?'라고 묻는다면, '구원해줄 사람조차 없다'고 말했을 것이다. 이것이 바로 나 경산이 평소에 차를 마시고 밥을 먹는 이치다."

소흥 11년(1141) 5월에 간사한 재상 진회(秦檜)가 대혜를 장구성(張九成)의 무리와 엮어서 주청하여 가사와 계첩을 빼앗고 형주(衡州)로 15년 동안 유배를 보냈다.

소흥 26년(1156) 10월에 조칙으로 매양(梅陽)으로 옮겼다가, 머지않아 가사를 걸친 승려의 신분[形服]를 회복하고 해금되었다. 11월에 조칙으로 아육왕사(阿育王寺)에 주석하였다.

소흥 28년(1158)에 칙지를 내려 대혜로 하여금 다시 경산사(徑山寺)에 주석하며 원오선사(圓悟禪師)의 종지를 크게 펼치도록 하자 그 선법[道法]이 번성하여 당세를 덮었고, 대중이 2천여 명에 이르렀다.

신사년(1161) 봄에 명월당(明月堂)에 퇴거하였다. 이듬해 임오년(1162, 고종 32년)에 황제가 대혜선사(大慧禪師)라는 호를 내렸다.

효종의 융흥 원년(1163) 계미년에 명월당에 주석하고 있었다. 어느 날 밤에 대중은 별 하나가 명월당의 서쪽에 밝은 빛을 내면서 떨어지는 것을 보았다. 대혜가 그로 인하여 작은 병을 보였다. 8월 9일에 대중에게 말했다. "나는 내일 떠나겠다."

그날 밤 오경에 손수 유표(遺表)를 쓰고, 아울러 뒷일을 부탁했다. 요현(了賢)이라는 스님이 게송을 청했다. 이에 대혜가 크게 써주었다.

"삶도 다만 이러하고, 죽음도 다만 이러하다.

게송이 있고 없음이 무슨 중대한 일이겠는가!"

태연하게 입적하였다. 세수는 75이고, 법랍은 58이다.

황제가 무척 슬퍼하였고, 시호를 보각(普覺)이라 하고, 탑호를 보광(普光)이라 하였다. 오늘날 살아생전의 호와 입적한 이후 시호를 들어 대혜보각(大慧普覺)이라 한 것은 남악회양(南嶽懷讓: 677-744) 화상의 호가 또한 대혜이기 때문에 그것과 구별하기 위함이다. 그의 어록 80권이 대장경에 편입되어 유행하였고, 사법제자가 84[7]인이다.

大慧禪師行狀

禪師는 宣州寧國縣人也라 姓은 奚氏니 母夢에 神人이 携一僧호대 黑頰隆鼻라 造於臥室이어늘 問其所居한대 對曰岳北이라하다 覺(音에 敎)而有娠이러니 及誕之日에 白光이 透室하니 擧邑이 驚異러라 即是年(北宋哲宗元祐四年己巳)十一月十日巳時에 生하다 師의 諱는 宗杲니 年이 十三에 入鄉校하야 與同學으로 戲할새 以硯投之라가 誤中先生帽하고 償金三百而歸曰讀世書가 曷若究出世之法乎아 十六에 投東山慧雲院慧齊大師出家하다 十七에 薙髮受具戒하고 十九에 遊方하야 至太平州隱寂庵하니 庵主가 迎待甚厚曰昨夜夢에 伽藍神이 囑曰明日에 雲峰悅禪師가 到院이라하더니 子가 是耶아하고 乃悅禪師語錄으로 示之한대 師가 一見成誦하니 從此로

---

7)　『대혜보각선사연보(大慧普覺禪師年譜)』[가흥장(嘉興藏)42 , p.806下]에 근거하여 94인을 84인으로 교정함.

人謂雲峰師後身이러라 初參曹洞師하야 盡得其旨호대 師猶不滿이러니

政和二年壬辰(師年二十四)에 參湛堂文準和尙하야 執侍四年하고

大有領解러니 湛堂이 臨終에 指令參圓悟勤하야 成就大事라하야늘

師於宣和四年壬寅(師年三十四歲)에 欲參圓悟而時師가 遠在蔣山故로

姑依太平寺平普融會下하다 宣和七年乙巳(師年三十七)에

始參圓悟勤於汴京天寧寺할새 才經四十日이러니 一日은

圓悟開堂하고 擧호대 僧이 問雲門호대 如何是諸佛出身處닛고 門이

曰東山水上行이니라 天寧(圓悟自稱)은 卽不然하야 唯向他道호대 薰風이

自南來하니 殿閣에 生微凉이라호리라 師가 聞之에 忽前後際斷커늘 悟가

令居擇木堂하야 不釐務侍者하고 專心保任케하더니 後聞悟室中에

問僧有句無句가 如藤倚樹話하고 師遂問曰聞和尙이 當時에

在五祖하야 曾問此話라하니 不知道甚麼닛고 悟가 笑而不答커늘

師曰和尙이 旣對衆問인댄 今說何妨이닛고 悟가 不得已曰我問五祖호대

有句無句가 如藤倚樹意旨가 如何닛고 祖曰描也描不就하고

畵也畵不就니라 又問樹倒藤枯時如何닛고 祖曰相隨來也니라하더라

師가 當下에 豁然大悟曰我가 會也니다 悟가 歷擧數段因緣詰之호대

皆酬對無滯어늘 悟가 喜謂之曰吾不欺汝也라하며

乃著臨濟正宗記付之하고 俾掌記室커늘 師가 仍爲圓悟弟子하다

未幾에 圓悟返蜀커늘 師仍韜晦하고 結庵以居하다 後度夏虎丘寺할새

閱華嚴이라가 至第七地菩薩이 得無生法忍處하야 忽洞明湛堂所示인

央掘摩羅가 持鉢救産婦因緣하다 紹興七年에 詔住雙徑寺러니

一日에 圓悟訃音이 至커늘 師自撰文致祭하고 卽晚小參에 擧호대

僧이 問長沙호대 南泉이 遷化에 向甚麼處去닛고 沙曰東村에

作驢하고 西村에 作馬니라 僧이 曰意旨如何닛고 沙曰要騎便騎하고
要下便下니라하였지만은 若是徑山인댄 卽不然하다 若有僧이
問圓悟禪師遷化에 向甚處去오하면 卽向他道호대 向大阿鼻地獄이니라
意旨如何오하면 曰飢湌洋銅하고 渴飮鐵汁이라호리라 還有人이
救得也無아 曰無人救得이니 如何救不得고 是此老의 尋常茶飯이니라
十一年五月에 奸相秦檜以師로 爲張九成黨이라하야 奏請毁其衣牒하고
竄衡州十五年이러니 二十六年十月에 詔移梅陽이라가 不久에
復其形服하고 放還이러니 十一月에 詔住阿育王寺하다 二十八年에
降旨하야 令師로 再住徑山寺하야 大弘圓悟宗旨할새 道法之盛이
冠于當世하야 衆至二千餘人이라 辛巳春에 退居明月堂이러니
明年壬午(高宗三十二年)에 上이 賜號曰大慧禪師라하다
孝宗隆興元年癸未에 仍居明月堂이러니 一夕은 衆見一星이
落於寺西에 流光이 赫然이라 師가 尋示微疾이라가 八月九日에
謂衆曰吾가 翌日殆行이라하더니 是夕五鼓에 手書遺表하고 幷囑後事한대
有僧了賢이 請偈어늘 師乃大書曰生也只恁麽요 死也只恁麽어늘
有偈與無偈에 是甚麽熱大고하시고 怡然而逝하니 世壽는 七十有五요
坐夏는 五十有八이라 上이 痛悼不已하시고 賜謚曰普覺이라하며
塔曰普光이라하다 今擧生號死謚云大慧普覺者는 揀南岳讓和尙이
亦號大慧故也라 有語錄八十卷이 隨大藏流行하고 爲法嗣者가
八十四人也러라

書 상권 狀

『대혜보각선사서』[8] (상권)

[잘못된 견해를 물리치고 올바른 견해를 드러낸다]

– 대혜에게 공부한 혜연[9]이 편록한 내용을
정지거사 황문창[10]이 다시 편찬하다

증시랑 천유[11]가 대혜에게 질문한 편지[12]

[증시랑이 자신의 허물을 서술하고 공경히 법요를 청하다]

제가 장사(長沙)에 있을 때 원오노사(圓悟老師)[13]의 편지를 받았습니다.
그 편지에서 스님(대혜)에 대하여 "늙은 나이에 만났는데 터득한 것이
매우 기특하다"고 찬탄하였습니다. 그 말을 거듭 생각하였는데 벌써
8년이 되었습니다. 그동안 친히 스님의 가르침[緒餘][14]을 듣지 못한 것을
한스러워하였습니다. 그저 오직 간절히 경모해왔습니다.

---

8) 『대혜보각선사서(大慧普覺禪師書)』는 이하 줄여서『서장(書狀)』이라고 한다.
9) 복주(福州) 출신으로 호(號)는 가암(可庵)이다. 20년 동안 대혜선사를 모시며 공부
    하였다.
10) 정지(淨智)는 황문창(黃文昌)의 도호(道號)이다. 대혜의 사법제자 84인 가운데 한
    명이다.
11) 시랑(侍郎)은 벼슬이고, 증(曾)은 성(姓)이며, 천유(天游)는 자(字)이고, 명(名)은 개
    (開)이다. 송(宋) 숭녕(崇寧) 연간(1102-1106)에 진사(進士)가 되었고, 건염(建炎)
    연간(1127-1130)에 예부시랑(禮部侍郎)을 역임하였다.
12) 대혜가 46세(1134) 때 민(閩) 지방의 양서암(洋嶼庵)에서 답한 글이다.
13) 원오노사(圓悟老師)는 원오극근(圓悟克勤: 1063-1135)으로 임제종 양기파 제 4세
    인데, 대혜종고(大慧宗杲)의 스승이다.
14) 서여(緒餘)는 '나머지'라는 말이다.

저는 어린 나이에 발심하여 선지식(善知識)[15]을 찾아다니며 이 일[此事]을 추구하였습니다. 그러나 20세가 넘어서 결혼하고 공무로 바빠서 공부가 순일하지 못하여 그럭저럭 세월을 보내다가, 지금처럼 나이를 먹게 되었습니다. 아직도 불법에 대하여 들은 바가 없는 것이 항상 부끄럽고 한탄스럽습니다. 그러나 뜻을 세워 발원한 것은 실로 어설픈 지견으로 한 것이 아닙니다. 깨닫지 못하면 그만이지만, 깨닫게 되면 반드시 고인이 친히 깨달은 경지에 곧장 도달해야만 비로소 크게 쉬는[大休歇][16] 경지가 될 것입니다. 이 마음은 비록 일찍이 한 생각도 물러난 적은 없지만 제 공부가 끝내 순일하지 못한 줄 자각하고 있습니다. "뜻과 원력은 크지만 역량이 부족하기 때문이다"라고 하겠습니다.

지난번에 원오노사에게 간절하게 청하였을 때, 노사께서는 법어 6단을 보여주셨습니다.[17] 처음에는 곧장 이 일을 제시하였고, 이후에 운문문언의 수미산(須彌山)[18]과 조주종심의 방하착(放下著)[19]이라는 두 가지 공안의 인연을 언급하였습니다. 둔한 근기의 사람에게 "항상

---

15) 선지식(善知識)은 수행하는 갖가지 훌륭한 수완과 방편을 활용하여 납자를 깨달음으로 이끌어주는 스승을 말한다.

16) 휴헐(休歇)은 치성하게 일어나는 번뇌를 그치고 마음의 안정을 취한다는 말이다. 여기서는 깨달음을 가리킨다.

17) 원오극근 노사에게 법문을 들은 내용을 말한다. 본 편지에서는 법어의 여섯 단락이 무엇인지 구체적으로 드러나지 않는다.

18) 운문문언(雲門文偃: 864-949)은 선종오가(禪宗五家) 가운데 운문종(雲門宗)의 개조이다. 『운문광진선사광록(雲門匡眞禪師廣錄)』 권上[대정장(大正藏)47, p.547下], "문불기일념환유과야무 사운 수미산(問不起一念還有過也無 師云 須彌山)."

19) 조주종심(趙州從諗)(778-897)은 남전보원(南泉普願)(748-834)의 제자이다. 『고존숙어록(古尊宿語錄)』 권15[중화장(中華藏)77, p.712上], "문일물불장래시여하 사운 방하착(問一物不將來時如何 師云 放下着)."

화두를 성성하게 들어라. 오랫동안 계속하면 반드시 들어갈 곳이 있을 것이다"[20]라고 하신 노파심절(老婆心切)[21]이 이와 같았습니다만, 제가 아둔하여 꽉 막힌 것을 어찌하겠습니까?

지금은 다행히 속가의 번거로운 인연을 모두 마치고 다른 일이 없이 한가롭게 지내게 되었습니다. 이에 스스로 채찍질하여 초심을 성취하고자 하는데, 다만 아직도 친히 스님의 가르침을 받지 못한 것이 안타까울 뿐입니다. 일생의 잘못을 이미 낱낱이 말씀드렸으니 반드시 제 마음을 아실 것입니다. 부디 자세하게 가르쳐 일깨워주시기 바랍니다.

평소에 어떻게 공부해야 다른 길로 빠지지 않고 곧장 본지풍광 [本地][22]에 계합하겠습니까? 이러한 저의 이야기도 허물이 적지 않겠지만, 다만 정성을 바칠 뿐입니다. 제 허물을 스스로 감추고 피하기 어려운 것이 참으로 가련합니다. 이에 지극한 마음으로 묻습니다.

---

20) 『불과극근선사심요(佛果克勤禪師心要)』 권2[만신속장(卍新續藏)69, p.475下], "차하둔공부지관거간 구지당자유입처(且下鈍工夫只管擧看 久之當自有入處)" 참조.

21) 노파심절(老婆心切)은 간절하고 자상한 모습을 말한다.

22) 본지(本地)는 본분(本分)과 같은 말로 본래부터 타고난 자신의 면목으로 본지풍광(本地風光), 본래면목(本來面目) 등을 가리킨다.

大慧普覺禪師書(上)
[斥邪解, 顯正見]

참학혜연록
參學慧然錄

淨智居士 黃文昌 重編

答 曾侍郎 天遊 問書附 [敍其敗闕 敬請法要]

開_ 頃在長沙하야 得圜悟老師書호니 稱公호대 晚歲相從이나

所得이 甚是奇偉라하야늘 念之再三이 今八年矣로대

常恨未獲親聞緒餘하야 惟切景仰하노이다 某自幼年으로 發心하야

參禮知識하야 扣問此事러니 弱冠之後에 即爲婚宦의 所役하야

用工夫不純하야 因循至今老矣로대 未有所聞하야 常自愧歎하노이다

然而立志發願은 實不在淺淺知見之間이라 以爲不悟則已어니와

悟則須直到古人親證處하야사 方爲大休歇之地일까하노이다

此心은 雖未嘗一念退屈이나 自覺工夫終未純一하니

可謂志願大而力量小也로소이다 向者에 痛懇圜悟老師호니

老師_ 示以法語六段하사대 其初는 直示此事하시고

後擧雲門趙州放下着須彌山兩則因緣하사 令下鈍工하사대

常自擧覺하라 久久하면 必有入處라하신 老婆心切이 如此언만은

其奈鈍滯太甚이릿가 今幸私家에 塵緣을 都畢하고 閑居無他事하니

政在痛自鞭策하야 以償初志언만은 弟恨未得親炙敎誨耳로소이다

一生敗闕을 已一一呈似호니 必能洞照此心하시리니 望委曲提警하소서

日用에 當如何做工夫하야사 庶幾不涉他塗하고 徑與本地로

相契也리닛고 如此說話도 敗闕이 亦不少언만은 但方投誠이라

自難隱逃니 良可愧也라 至扣하노이다.

증시랑 천유에게 답한 대혜의 편지 ①

[환영임을 알고 참구하라. 아울러 큰 서원을 세워라]

　　보내주신 편지를 보았습니다. 어려서부터 벼슬살이를 할 때까지 여러 선지식[大宗匠][23]을 찾아다니다가 중간에 과거시험과 결혼과 벼슬살이 때문에 잘못된 생각과 습관에 빠져 순일하게 공부할 수가 없었던 것을 큰 죄라고 하였습니다. 또 무상(無常)한 세간과 갖가지 일이 허망하여 어떤 것도 즐길 만한 것이 없음을 통렬히 생각하여 전심으로 이 일대사인연[24]을 궁구하고자 했다니, 제[病僧] 마음이 대단히 흡족합니다.

　　이미 관리가 되어 녹봉으로 살아가고 과거시험을 보고 결혼한 것은 세간살이에서는 어쩔 수 없는 일입니다. 공(증시랑)의 잘못이 아닌데도 소소한 일로 크게 염려하는 마음을 일으킨 것입니다. 만약 시작도 없는 까마득한 옛날[曠大劫]부터 참된 선지식을 받들어 섬기면서 깊은 반야종지(般若種智)를 훈습한 것이 아니라면 어찌 이와 같을 수가 있겠습니까?

　　공이 말한 큰 잘못이란 성현들 역시 벗어날 수 없는 것입니다. 무릇 환영인 것은 구경법이 아닌 줄 알아야 합니다. 마음을 이 문중으로 돌려서 반야의 물로 오염된 때를 씻어내십시오. 저절로 청정한 경지에 머무는 바로 그 자리에서 대번에 두 동강을 내어 다시는 망상심을

---

23)　대종장(大宗匠)은 대종사(大宗師)와 같은 말로서 선지식(善知識)을 뜻한다.
24)　일대사인연(一大事因緣)은 불보살의 경우 중생을 제도하기 위해 인연을 맺어 세상에 나타나서 교화하는 일이고, 중생의 경우 수행을 하여 깨달음을 얻는 일이다.

일으키지 않게 된다면 그것으로 충분합니다. 결코 과거를 후회하거나 미래를 염려하지 마십시오.

환영의 일이라고 했다면 업을 지을 때도 환영이고 업을 받을 때도 환영입니다. 알고 느낄 때도 환영이고 미혹할 때도 환영이며 과거와 현재와 미래가 모두 환영입니다. 지금 그것이 잘못인 줄 알았다면 환영이라는 약을 가지고 다시 환영이라는 병을 치유하십시오. 병이 나아 약이 필요 없게 되면 다만 병에 걸리기 이전의 사람일 뿐입니다. 만약 별도로 사람이 있고 약이 있다고 간주한다면 그것은 사마외도(邪魔外道)[25]의 견해입니다. 공은 그것을 깊이 생각하여 다만 지금까지 했던 것처럼 꾸준히 계속 나아가십시오. 항상 고요한 가운데 간절히 운문의 수미산과 조주의 방하착이라는 두 가지 화두를 잊지 마십시오. 바로 그 자리에서 착실하게 공부해야지, 지난 과거를 두려워하거나 미래를 염려해서도 안 됩니다. 염려하고 두려워하면 곧 도(道)에 장애가 됩니다.

다만 제불 앞에서 다음과 같이 큰 서원을 일으켜야 합니다.

"바라건대, 이 마음이 견고하여 영원히 물러나지 않게 하여지이다. 제불의 가피력에 의지하여 선지식을 만나서 일언지하(一言之下)에 곧장 생사에서 벗어나게 하여지이다. 무상정등보리를 깨달아 부처님의 혜명을 이어서 제불의 막대한 은혜를 갚게 하여지이다." 만약 이와 같이 오랫동안 한다면 깨닫지 못할 까닭이 없습니다.

보지 못하였습니까?

---

25) 사마외도(邪魔外道)는 잘못된 견해를 지닌 외도를 가리킨다.

"선재동자(善財童子)가 문수보살의 가르침에 따라 발심하고 점차 남행하여 110개의 성[26]을 지나면서 53명의 선지식을 참방하였다. 마지막에 미륵보살이 손가락을 한 번 튕기는 사이에 이전의 여러 선지식으로부터 얻은 법문을 찰나에 잊어버렸다. 다시 미륵보살의 가르침에 의하여 문수보살을 뵙고자 생각하였다. 이에 문수보살이 멀리서 오른손을 펴서 110유순(由旬)을 지나 선재동자의 정수리를 어루만지며 말했다. 잘했다. 참 잘했다. 선남자여! 만약 믿음이 없으면 마음이 용렬하고 근심하며 후회하여 공덕행(功德行)을 갖추지 못하였을 것이다. 정진에서 물러나 작은 선근에 마음이 머물고 작은 공덕에 만족하였을 것이다. 그리하여 선교방편으로 수행과 원력을 일으키지 못하고, 선지식의 보호를 받지 못하며, 여시(如是)[27]의 법성(法性)과 여시의 이치와 여시의 법문과 여시의 실천과 여시의 경계를 알 수 없었을 것이다. 저 주변지(周遍知)[28]와 종종지(種種知)[29]와 근원까지 통달하는 것[盡源底]과 밝게 아는 것[解了]과 깨달음[趣入]과 해탈과 분별과 증지(證知)와 획득(獲得)을 모두 성취하지 못했을 것이다."[30]

이와 같이 문수보살이 선재동자를 일깨워주자, 선재동자는 그 말을 듣자마자 무량한 법문을 성취하였습니다. 무량한 대지광명(大智光明)을 갖추고 보현보살의 경지에 들어가 일념 가운데에 삼천대천세계

---

26) 일백일십유순(一百一十由旬)과 더불어 십지등각(十地等覺)에 일일이 다 10개를 구비(具備)하고 있음을 나타낸다.

27) 여시(如是)는 부처님의 가르침에 계합하는 도리를 말한다.

28) 주변지(周遍知)는 근본지(根本智)를 말한다.

29) 종종지(種種知)는 차별지(差別智)를 말한다.

30) 『대방광불화엄경(大方廣佛華嚴經)』권80[대정장(大正藏)10, p.439中]

미진수의 모든 선지식을 친견하고 모두 가까이하여 공경히 받들어 모시고, 그 가르침을 받아 실천하여 불망념지 장엄장해탈을 얻었습니다. 그리고 보현보살의 털구멍 세계에 들어가서 한 털구멍마다 한 걸음을 옮기면서 불가설불가설[31]불찰미진수세계를 지나 보현보살과 같아지고, 제불과 같아지며, 세계와 같아지고, 행도 같아지며, 해탈하여 자재함이 모두 동등하여 둘도 없어지고 차별도 없어졌습니다. 이런 때가 되어야 비로소 삼독(三毒)[32]을 돌이켜 삼취정계(三聚淨戒)[33]를 이루고, 육식(六識)을 돌이켜 육신통(六神通)을 이루며, 번뇌를 돌이켜 보리를 이루며, 무명(無明)을 돌이켜 대지(大智)를 이루는 것입니다. 이상에서 말한 일련의 내용은 단지 당사자의 마지막 일념이 진실한가 아닌가에 달려 있습니다.

선재동자는 미륵보살이 손가락을 한 번 튕기는 사이에 여러 선지식으로부터 얻은 삼매조차 홀연히 잊어버렸는데, 하물며 시작도 없는 허위와 악업과 습기인들 어찌 잊어버리지 못하겠습니까?

만약 이전에 지은 잘못을 실유(實有)로 간주한다면 현재 눈앞의 경계도 모두 실유일 것이고, 관직과 부귀와 은혜도 모두 실유일 것입니다. 이미 이런 것들이 실유라면 지옥과 천당도 실유일 것이고, 번뇌와 무명도 실유일 것이며, 업을 짓는 사람도 실유일 것이고, 과보를 받는 사람도 실유일 것이며, 증득한 법문도 실유일 것입니다.

---

31) 불가설불가설(不可說不可說)은 끝이 없이 큰 숫자이다.

32) 탐욕(貪欲)과 진에(瞋恚)와 우치(愚癡)를 말한다.

33) 일체의 계를 지키는 섭율의계(攝律儀戒), 일체의 선법을 거두는 섭선법계(攝善法戒), 일체중생을 이롭게 하는 섭중생계(攝衆生戒)를 말한다.

만약 이와 같은 견해를 일으킨다면 미래가 끝날 때까지 다시는 부처님의 가르침[佛乘]에 나아가는 사람이 없을 것이고, 삼세의 모든 부처님과 역대 모든 조사의 갖가지 방편도 도리어 거짓말이 되고 말 것입니다.

편지를 받아보니 공은 편지를 보낼 때 모든 부처님을 향하여 향을 사르고 멀리 제가 있는 암자를 향해 예배한 후에 보낸다고 하였습니다. 공의 정성 어린 마음과 지극히 간절함이 이와 같습니다. 공이 사는 곳과 거리가 비록 멀지 않지만 아직까지 대면하여 말을 나누지 못하였습니다. 생각나는 대로 손을 놀리다 보니 어느 결에 말이 길어졌습니다. 비록 말이 많아졌지만 이 또한 정성스럽고 지극한 마음에서 나온 것이기에 한 마디 한 글자도 거짓은 없습니다. 진정 공을 속인다면 그것은 저 자신을 속이는 것이기도 합니다.

또 기억해보니, 선재동자가 최적정바라문(最寂靜婆羅門)을 친견하고 성어해탈(誠語解脫)을 얻은 것[34]은 마치 과거와 현재와 미래의 모든 보살이 아뇩다라삼먁삼보리에서 과거에도 물러난 적이 없었고, 현재에도 물러남이 없으며, 미래에도 물러남이 없어서 무릇 추구하는 것은 다 성취하지 못함이 없었던 것과 같습니다. 모두 정성이 지극하기 때문입니다.

공은 이미 대나무 의자와 포단[竹椅蒲團][35]으로 도반을 삼고 있다고 하니, 선재동자가 최정적바라문(最靜寂婆羅門)을 친견한 것과 다르지

---

34) 『대방광불화엄경(大方廣佛華嚴經)』 권76[대정장(大正藏)10, p.419中-下]
35) 대나무로 만든 의자와 포단은 참선하는 데 필요한 도구이다. 포단은 방석을 의미한다. 증시랑이 참선에 힘쓰고 있는 모습을 가리킨다.

않습니다. 또한 나 운문(雲門)³⁶⁾에게 편지를 보낼 때 모든 부처님을
대하듯이 멀리서 예배한 뒤에 보낸 것은 다만 내가 믿어주길 바라는
것으로, 이것은 정성이 매우 지극한 것입니다. 다만 자세히 들어주십
시오. 단지 이처럼 공부해 나아가면 분명히 아뇩다라삼먁삼보리를
원만히 성취하게 될 것입니다.

答 曾侍郎 天遊(一) [知幻參句 兼發大誓]

承叙及호니 自幼年으로 至仕宦히 參禮諸大宗匠이라가

中間에 爲科擧婚宦의 所役하며 又爲惡覺惡習에 所勝하야

未能純一做工夫로 以此爲大罪라하며 又能痛念無常世間이

種種虛幻이라 無一可樂인달하야 專心欲究此 一段大事因緣이라하니

甚愜病僧意로다 然이나 旣爲士人이라 仰祿爲生이요 科擧婚宦도

世間에 所不能免者라 亦非公之罪也어늘 以小罪로 而生大怖懼하니

非無始曠大劫來에 承事眞善知識하야 熏習般若種智之深이면

焉能如此리요 而公의 所謂大罪者는 聖賢도 亦不能免이니

但知虛幻이라 非究竟法인달하야 能回心此箇門中하야 以般若智水로

滌除垢染之穢하고 淸淨自居하야 從脚下去하야 一刀兩段하고

更不起相續心이 足矣라 不必思前念後也니라 旣曰虛幻則作時도

亦幻이며 受時도 亦幻이며 知覺時도 亦幻이며 迷倒時도 亦幻이며

過去現在未來_ 皆悉是幻이라 今日知非則以幻藥으로 復治幻病이니

病瘥藥除하면 依前只是舊時人이라 若別有人有法則是는 邪魔外道의

見解也니라 公은 深思之하야 但如此崖將去호대 時時於靜勝中에

切不得忘了須彌山放下着兩則語하고 但從脚下하야 着實做將去언정

已過者는 不須怖畏하고 亦不必思量이니 思量怖畏하면 卽障道矣리라

但於諸佛前에 發大誓願호대 願此心이 堅固하야 永不退失하고

仗諸佛加被하야 遇善知識하야 一言之下에 頓亡生死하고

悟證無上正等菩提하야 續佛慧命하야 以報諸佛莫大之恩하야지이다하라

若如此則久久하면 無有不悟之理하리라 不見가 善財童子_

從文殊發心하야 漸次南行호대 過一百一十城하야 參五十三善知識하고

末後於彌勒一彈指頃에 頓亡前來諸善知識의 所得法門하고

復依彌勒敎하야 思欲奉覲文殊한대 於是에 文殊_ 遙伸右手하고

過一百一十由旬하야 按善財頂曰 善哉善哉라 善男子야

若離信根이런들 心劣憂悔하야 功行이 不具하고 退失精勤하야

於一善根에 心生住着하며 於少功德에 便以爲足하야 不能善巧로

發起行願하며 不爲善知識之所攝護하며 乃至不能了知如是法性과

如是理趣와 如是法門과 如是所行과 如是境界하리며 若周徧知와

若種種知와 若盡源底와 若解了와 若趣入과 若解說과 若分別과

若證知와 若獲得을 皆悉不能일러니라 文殊_ 如是宣示善財하신대

善財_ 於言下에 成就阿僧祇法門하야 具足無量大智光明하며

入普賢門하야 於一念中에 悉見三千大千世界微塵數諸善知識하고

悉皆親近하며 恭敬承事하고 受行其敎하야 得不忘念智莊嚴藏解脫하며

以至入普賢毛孔刹하야 於一毛孔에 行一步호대

過不可說不可說佛刹微塵數世界하야 與普賢等하고 諸佛等하며

刹等行等하며 及解脫自在悉皆同等하고 無二無別하니 當恁麼時하야

始能回三毒하야 爲三聚淨戒하며 回六識하야 爲六神通하며 回煩惱하야

爲菩提하며 回無明하야 爲大智하리니 如上遮一絡索은 只在當人의

末後一念眞實而已라 善財_ 於彌勒彈指之間에 尙能頓亡諸善知識의

所證三昧은 況無始虛僞惡業習氣耶아따녀 若以前所作底罪로

爲實則 現今目前境界_ 皆爲實有며 乃至官職富貴恩愛도

悉皆是實이리니 旣是實則地獄天堂도 亦實이며 煩惱無明도 亦實이며

作業者도 亦實이며 受報者도 亦實이며 所證底法門도 亦實이라

若作遮般見解則盡未來際히 更無有人이 趣佛乘矣며 三世諸佛과

諸代祖師의 種種方便이 飜爲妄語矣리라 承호니 公이 發書時에

焚香對諸聖하고 及遙禮庵中而後에 遣이라하니 公의 誠心至切이

如此라 相去雖不甚遠이나 未得面言일새 信意信手하야 不覺에 切

怛如許하노니 雖若繁絮나 亦出誠至之心이라 不敢以一言一字로 相欺니

苟欺公則是는 自欺耳니라 又記得호니 善財_ 見最寂靜婆羅門하고

得誠語解脫하야 過去現在未來諸佛菩薩이 於阿耨菩提에 無已退

하며 無現退하며 無當退하야 凡有所求를 莫不成滿은 皆由誠至所及也라

公이 旣與竹椅蒲團으로 爲侶라하니 不異善財_ 見最寂靜婆羅門이며

又發雲門書할새 對諸聖하야 遙禮而後에 遣은 只要雲門으로

信許니 此는 誠至之劇也라 但相聽하라 只如此히 做工夫將來하면

於阿耨菩提에 成滿無疑矣리라

증시랑 천유에게 답한 대혜의 편지 ②

[분별하는 마음을 내려놓고 선지(禪旨)를 참구하라]

공(증시랑)은 부귀한 신분이면서도 부귀에 얽매이지 않는데 숙세에 심은 반야의 종지(種智)가 아니라면 어찌 그렇겠습니까? 다만 중간에 이러한 뜻을 잊고 이근총명(利根聰明)[37]에 장애가 되어, 무언가를 얻을 것이 있다는 마음이 앞선 까닭에 고인의 직절경요처(直截徑要處)[38]에서 일도양단하여 곧장 쉬어버리지[休歇] 못할까 염려될 뿐입니다.

이러한 병은 비단 사대부(士大夫)[39]뿐만 아니라 구참납자(久參衲子)[40]도 마찬가지입니다. 그들은 한 걸음 물러나 힘을 더는 곳[省力處]에서 공부하지 않고 단지 총명, 의식, 계교, 사량으로 밖을 향해 치달립니다. 대다수는 선지식이 제시하는 총명, 의식, 계교, 사량을 벗어난 본분초료(本分草料)[41]의 가르침을 언뜻 듣고는 그 자리에서 놓쳐버리고 맙니다. 그리고는 예로부터 고덕들이 실재의 법을 사람들에게 주었다고 착각하는데, 조주종심의 방하착 및 운문문언의 수미산과 같은 가르침들이 바로 그것이라고 합니다.

---

37) 이근총명(利根聰明)은 타고난 본분이 뛰어나고 영민한 사람을 말한다.

38) 직절경요(直截徑要)는 번뇌를 단도직입으로 단절하는 지름길의 방법을 말한다.

39) 중국 고대에 위계질서를 천자(天子), 제후(諸侯), 경(卿), 대부(大夫), 사(士), 민(民)의 순서로 나열하였다. 이 가운데 사대부(士大夫)는 대부(大夫)와 사(士)의 계층을 함께 일컫는 말이다.

40) 구참납자(久參衲子)는 참선 경력이 오래된 사람을 말한다.

41) 본분초료(本分草料)는 납자를 깨달음의 본분으로 돌아가도록 선지식이 제시해주는 방편을 말한다.

암두전활(巖頭全豁)[42]은 "경계를 물리치는 것은 상근기이고, 경계를 따르는 것은 하근기이다"[43]라고 말했습니다. 또 "근본의 핵심 종지는 반드시 언구를 알아야 한다. 그 언구란 무엇인가? 온갖 분별사량을 하지 않는 것을 바른 언구[正句]라고 하고, 또한 최정상에 머문다고 하며, 또한 안주를 얻었다고 하고, 역력하다고 하며, 성성하다고 하며, 또한 이러한 때라고 한다. 이러한 때에 일체의 시비가 고르게 타파된다. 그래서 이런가 하면 곧 이렇지 않게 된다. 옳은 언구도 제거되고 그른 언구도 제거되는 것이 마치 하나의 불덩어리와 같아서 닿기만 하면 바로 모두 타버린다. 무엇이 있어서 가까이 접근할 수 있겠는가?"[44]라고 하였습니다.

오늘날 사대부들은 대다수가 사량하고 계교하는 것으로 근거를 삼습니다. 그래서 이러한 이야기를 들으면 곧 "공에 빠진 것이 아닙니까?"라고 말합니다. 그것은 마치 배가 아직 뒤집히지도 않았는데도 물속으로 뛰어드는 것과 같습니다. 참으로 가련합니다.

근래 강서에 가서 여거인(呂居仁)[45]을 만나보았습니다. 그는 참선 공부에 마음을 둔 지가 오래되었는데, 역시 이러한 병에 깊이 빠져 있었습니다. 그분이 어찌 총명하지 않겠습니까만 제가 그에게 물었습니다.

"공은 공에 빠지는 것을 두려워하는데, 두려움을 아는 그것은 공입

---

42) 암두전활(巖頭全豁: 828-887)은 덕산선감(德山宣鑑)의 제자이다.
43) 『정법안장(正法眼藏)』 권一之上[만신속장(卍新續藏)67, p.557下]
44) 『정법안장(正法眼藏)』 권一之上[만신속장(卍新續藏)67, p.557下]
45) 여거인(呂居仁)은 이하 "답여사인[答呂舍人(居人)]" 대목 참조.

니까 공이 아닙니까? 어디 말해보십시오."

그가 잠시 생각하고 계교하여 답하려는 찰나에 제가 갑자기 할(喝)을 한번 했는데, 망연자실하여 아직까지도 핵심[巴鼻]을 찾지 못하고 있습니다. 그것은 무릇 깨달음을 추구하려는 마음을 앞세워 스스로 장애와 어려움을 만든 것으로 다른 일 때문이 아닙니다.

공(중시랑)께서는 이와 같이 공부해보기 바랍니다. 그러면 날이 가고 달이 갈수록 저절로 성을 쌓는 돌처럼, 맷돌이 서로 맞듯 척척 맞을 것입니다. 그러나 만약 마음에 깨달음을 기다리거나 마음에 번뇌가 그치기를 기다린다면 지금부터 참구하여 미륵불이 하생하는 시절이 도래한다고 해도 깨달음을 얻지 못할 것이고, 번뇌도 그치지 않을 것이며, 점점 미혹과 번민만 늘어갈 것입니다.

평전보융(平田普融)[46] 화상이 말했습니다.

"신령한 광명은 어둡지 않아 만고에 훤하다. 이 문에 들어오려면 지해를 두지 말라."[47]

또 고덕이 말했습니다.

"이 일은 유심으로 추구할 수가 없고, 무심으로도 추구할 수가 없으며, 언어로 다가갈 수도 없고, 적묵으로도 통할 수 없다."[48]

---

46) 평전보안(平田普岸: 770-843)은 백장회해(百丈懷海: 749-814)의 제자로 천태산(天台山) 평전사(平田寺)에 주석하였다. 『송고승전(宋高僧傳)』 권27, 『경덕전등록(景德傳燈錄)』 권9, 『연등회요(聯燈會要)』 권7, 『오등회원(五燈會元)』 권4.

47) 『경덕전등록(景德傳燈錄)』 권9[대정장(大正藏)51, p.267上]

48) 『원각경심경(圓覺經心鏡)』 권5[만신속장(卍新續藏)10, p.418下], "불법불가이유심구 불가심무심득 수이유심 작무심용(佛法不可以有心求 不可心無心得 須以有心 作無心用)" 및 『가태보등록(嘉泰普燈錄)』 권11[만신속장(卍新續藏)79, p.358上] "호호연 불가이어언조 소소연 불가이적묵통(浩浩然 不可以語言造 昭昭然 不可以寂默通)" 참조.

이것이야말로 무엇보다도 진흙에 들어가고 물에 들어가는 노파심에서 나온 가르침입니다. 종종 참선하는 사람이 대수롭지 않게 여겨서 '이것이 무슨 도리인가?' 하고 자세하게 살펴보지 않습니다. 만약 뚝심이 있는 대장부라면 그런 말을 듣는 찰나에 곧장 금강왕보검을 가지고 단칼에 네 가지 갈등[49]을 잘라버릴 것입니다. 그렇게 되면 생과 사의 길이 단절되고, 범부와 성인의 길이 단절되며, 계교와 사량의 길이 단절되고, 득실과 시비의 길 또한 단절됩니다. 참선하는 당사자가 있는 그 자리가 정나나적쇄쇄(淨裸裸赤灑灑)[50]하여 번뇌 한 점도 없게 됩니다. 그러면 어찌 쾌활하며 기쁘지 않겠습니까?

다음과 같은 일화가 있습니다.

"옛날에 관계지한(灌谿志閑)[51] 화상이 임제의현을 처음 방문했을 때, 임제는 그가 오는 것을 보고 곧장 법상[繩床]에서 내려가서 멱살을 잡았다. 관계지한이 즉시 말했다. '알겠습니다. 잘 알겠습니다.' 임제는 관계가 이미 깨달았음을 알고 곧 밀쳐버리고는 다시는 어떤 말로도 상량(商量)하지 않았다."[52]

바로 이러한 때에 관계지한은 어떻게 사량과 계교를 할 수 있었겠습니까? 예로부터 다행하게도 이와 같은 본보기가 있었지만, 오늘날 사람들은 도무지 그것으로 공부를 삼지 않고 단지 거친 행위로만 간주할 뿐입니다. 관계지한 화상이 당초에 만약 한 점이라도 깨달음을

---

49) 네 가지 갈등은 유심(有心), 무심(無心), 언어(言語), 적묵(寂黙)을 가리킨다.
50) 정나나적쇄쇄(淨裸裸赤灑灑)는 옷을 벗은 것처럼 드러나고 물을 뿌린 것처럼 깨끗하다는 뜻이다.
51) 관계지한(灌谿志閑: ?-895)은 임제의현(臨濟義玄)의 제자이다.
52) 『경덕전등록(景德傳燈錄)』 권12[대정장(大正藏)51, p.294中]

기다리고 번뇌의 그침을 기다리는 마음을 앞세웠다면 임제에게 멱살을 붙잡히는 찰나에 깨달았다고 말하지는 못했을 것입니다. 손과 발을 묶어 사천하(四天下)[53]를 한 바퀴를 끌고 돌아다녀도 깨닫지 못하고 쉼을 얻지 못했을 것입니다.

평소에 계교하고 안배하는 것도 곧 분별식정(分別識情)이고, 생과 사를 따라 흘러가는 것도 분별식정이며, 두려워하고 무서워하는 것도 분별식정입니다. 요즘 공부하는 사람들은 그것이 잘못인 줄 알지 못하고 단지 분별식정에 빠져 있습니다. 경전에서는 "분별식정을 따라 행동하며 지혜를 따르지 않는다"[54]고 말합니다. 이런 까닭에 본지풍광(本地風光)과 본래면목(本來面目)에 어두운 것입니다. 홀연히 문득 콧구멍[鼻孔]을 밟으면, 곧 이런 분별하는 마음이 바로 참된 공함[眞空]이고 묘한 지혜[妙智]의 작용이라 다시 별도로 얻을 다른 지혜가 없습니다.

만약 달리 얻을 것이 있고 깨달을 것이 있다면 옳지 못합니다. 마치 어떤 사람이 미혹할 때는 동쪽을 서쪽이라고 말하지만 깨닫게 되면 서쪽이 그대로 동쪽이 되어 따로 동쪽이 없는 것과 같습니다.

이 진공묘지는 태허공과 수명이 같습니다. 다만 이 태허공 가운데에 그것을 장애할 것이 있습니까? 태허공은 비록 한 물건의 장애도 받지 않지만, 모든 물건이 허공 중에서 왕래하는 것을 장애하지 않습니다.

---

53) 사천하(四天下)는 불교의 우주관에서 동방의 승신주(勝身洲), 남방의 염부주(閻浮洲), 서방의 우화주(牛貨洲), 북방의 구로주(俱盧洲)로서 사천왕(四王天) 아래에 있는 네 개의 세계를 가리킨다.
54) 『대방광불화엄경(大方廣佛華嚴經)』권34[대정장(大正藏)10, p.180上]

이 진공묘지도 그와 같아서 생과 사, 범부와 성인, 더러움이 한 점도 달라붙을 수가 없습니다. 비록 더러움이 한 점도 달라붙지 못하지만 생과 사 및 범부와 성인이 그 가운데서 왕래하는 것을 장애하지도 않습니다.

이처럼 믿음과 지견이 투철하면 바야흐로 그 사람이야말로 나고 죽음에 대자재를 얻은 사람입니다. 비로소 조주 스님의 방하착과 운문 스님의 수미산과 더불어 조금 상응하게 됩니다. 그러나 만약 믿음이 미치지 못하고 분별식정을 내려놓지 못한다면 도리어 수미산을 짊어지고 도처를 행각하다가 명안종사(明眼宗師)를 만나 거량해보기 바랍니다.

한 번 웃습니다.

又(二) [放下情識 參詳禪旨]

公이 處身富貴호대 而不爲富貴에 所折困하니 非夙植般若種智면
焉能如是리요 但恐中忘此意하고 爲利根聰明에 所障하야 以有所得心이
在前頓放故로 不能於古人直截徑要處에 一刀兩段하야 直下休歇하나니
此病은 非獨賢士大夫라 久參衲子도 亦然하야 多不肯退步하야
就省力處做工夫하고 只以聰明意識計較思量으로 向外馳求하며
乍聞知識의 向聰明意識思量計較外하야 示以本分草料하야는
多是當面蹉過하고 將謂從上古德이 有實法與人이라하나니

如趙州放下着과 雲門須彌山之類_ 是也라하니라 巖頭曰却物이
爲上이요 逐物이 爲下라하며 又曰大統綱宗은 要須識句니 甚麼是句오
百不思時를 喚作正句라하며 亦云居頂이라하며 亦云得住라하며
亦云歷歷이라하며 亦云惺惺이라하며 亦云恁麼時라하나니 將恁麼時하야
等破一切是非니 纔恁麼면 便不恁麼라 是句도 亦剗이며 非句도
亦剗이니 如一團火相似하야 觸着便燒라 有甚麼向傍處리요
今時士大夫_ 多以思量計較로 爲窟宅하야 聞恁麼說話하면
便道호대 莫落空否아하나니 喩似舟未飜에 先自跳下水去라 此는
深可憐愍이로다 近至江西하야 見呂居仁호니 居仁이 留心此段因緣이
甚久호대 亦深有此病이라 渠豈不是聰明이리오만은 某嘗問之曰 公이
怕落空하니 能知怕者는 是空耶아 是不空耶아 試道看하라 渠佇思하야
欲計較祇對어늘 當時에 便與一喝호니 至今茫然하야 討巴鼻不着이로다
此蓋以求悟證之心이 在前頓放하야 自作障難이요 非干別事니라
公은 試如此做工夫하야 日久月深하면 自然築著磕著이어니와
若欲將心待悟하면 將心待休歇인댄 從脚下參하야 到彌勒下生이라도
亦不能得悟이며 亦不能得休歇하고 轉加迷悶耳니라 平田和尙曰
神光이 不昧하야 萬古徽猷니 入此門來인댄 莫存知解라하며 又古德曰
此事는 不可以有心求며 不可以無心得이며 不可以語言造며
不可以寂默通이라하니 此是第一等 入泥入水인 老婆說話어늘
往往에 參禪人이 只恁麼念過하고 殊不子細看是甚道理오하나니
若是箇有筋骨底인댄 聊聞擧着하고 直下에 將金剛王寶劒하야 一截에
截斷此四路葛藤則生死路頭도 亦斷이며 凡聖路頭도 亦斷이며
計較思量도 亦斷이며 得失是非도 亦斷하야 當人의 脚跟下淨裸裸

赤灑灑하야 沒可把하리니 豈不快哉며 豈不暢哉아 不見가 昔日에

灌谿和尙이 初參臨濟할새 濟見來코 便下繩床하야 驀頁擒住한댄

灌谿_ 便云領領커이다 濟_ 知其已徹하고 卽便推出하야 更無言句로

與之商量하니 當恁麽時하야 灌谿_ 如何思量計較로 祇對得이리요

古來에 幸有如此牓樣이어늘 如今人은 總不將爲事하고 只爲麤心이로다

灌谿_ 當初에 若有一點이나 待悟待證待休歇底心이 在前이런들 時에

莫道被擒住便悟하리라 便是縛却手脚하고 遶四天下하야 挖一遭라도

也不能得悟하며 也不能得休歇하리라 尋常에 計較安排底도 是識情이며

隨生死遷流底도 亦是識情이며 怕怖憧惶底도 亦是識情이어늘

而今參學之人은 不知是病하고 只管在裏許하야 頭出頭沒하나니

敎中에 所謂隨識而行不隨智라 以故로 昧却本地風光本來面目하나니

若或一時나 放得下하야 百不思量計較하면 忽然失脚하야

蹋着鼻孔하리니 卽此識情이 便是眞空妙智라 更無別智可得이어니와

若別有所得하며 別有所證則又却不是也리라 如人이 迷時에

喚東作西라가 及至悟時하야는 卽西便是東이라 無別有東이니라

此眞空妙智_ 與太虛空으로 齊壽하니 只遮太虛空中에 還有一物이

礙得他否아 雖不受一物礙나 而不妨諸物이 於空中往來하나니

此眞空妙智도 亦然하야 生死凡聖垢染이 着一點不得이니

雖着不得이나 而不礙生死凡聖이 於中往來라 如此信得及見得徹하면

方是箇出生入死에 得大自在底漢이라 始與趙州放下着과

雲門須彌山으로 有少分相應이어니와 若信不及放不下인댄 却請擔取一

座須彌山하야 到處行脚하야 遇明眼人하야 分明擧似하라 一笑하노라

증시랑 천유에게 답한 대혜의 편지 ③

[사견에 빠지지 말고 활구(活句)를 참구하라]

방거사[老龐]⁵⁵⁾는 "다만 모든 있는 것을 비울 뿐 다시 없는 것을 실체로 여기지 말라"⁵⁶⁾고 말했습니다. 이 두 구절만 요달하면 평생의 공부는 끝납니다.

오늘날 머리를 깎은 어떤 외도는 자신의 안목도 밝히지 못했으면서 다만 사람들에게 "죽은 고슴도치처럼 쉬고 또 쉬어라"고 합니다.⁵⁷⁾ 만약 이처럼 쉬고 또 쉰다면 천불(千佛)이 출현해도 또한 쉬지 못할 뿐만 아니라 더욱더 마음을 미혹하고 어둡게 만들 뿐입니다.

또한 사람들에게 "인연을 따라 마음에 지녀 잊지 말라. 생각을 잊어버리고 묵묵히 비추어라"고 하는데 비추어 오고 비추어 가며, 지니어 오고 지니어 가면 더욱더 미혹하고 답답해져 공부를 마칠 기약이 없을 것입니다.⁵⁸⁾ 이것은 조사들의 방편을 잃어버리고 사람들에게 잘못 제시한 것으로 사람들을 한결같이 허송세월하다 죽게 하는 것입니다.

또 사람들에게 "이 일을 상관하지 말고 다만 이렇게 쉬어만 가라. 쉬게 되면 정념이 생기지 않게 된다. 이러한 때에 이르러서는 캄캄하고 무지한 것이 아니다. 바로 성성하고 역력한 것이다"라고 합니다.

---

55) 노방(老龐)은 방거사(龐居士)로 널리 알려진 인물이다. 이름은 온(蘊)이고, 자는 도현(道玄)이며, 양양(襄陽) 출신이다.

56) 『방거사어록(龐居士語錄)』권上[만신속장(卍新續藏)69, p.134中], "단원공제소유 신물실제소무(但願空諸所有 慎勿實諸所無)" 참조.

57) 이 대목은 단견(斷見)에 대한 내용이다.

58) 이 대목은 상견(常見)에 대한 내용이다.

이것은 독해(毒害)로 사람의 눈을 멀게 하는 것으로 사소한 일이 아닙니다.

저[雲門]는 평소에 이러한 무리를 보면 사람으로 대접하지 않습니다. 그들은 자신의 안목도 밝히지 못하고 단지 책 속의 말씀을 가지고 그럴듯하게 타인을 가르치는데, 이런 사람들을 어떻게 가르친단 말입니까? 만약 그런 가르침을 믿는다면 영겁토록 참구하더라도 깨닫지 못할 것입니다. 저도 평소에 타인에게 고요한 곳에서 좌선하라고 가르칩니다. 그런데 이것은 병에 따라 약을 주는 방편일 뿐이지 실제로 타인에게 그렇게 가르친 적은 없습니다.

보지 못했습니까? 황벽화상이 말했습니다. "우리 선종에서는 예로부터 일찍이 사람들에게 지해(知解)를 추구하라고 가르친 적이 없다. 다만 도(道)를 배우라고 말할 뿐이었는데, 이것이 바로 사람을 이끌어주는 말이다. 도는 배울 수 있는 것이 아니다. 분별식정으로 수도하면 도리어 미혹한 수도만 될 뿐이다. 도에는 방소가 없는데 이것을 대승심이라고 한다. 이 마음은 안도 없고 밖도 없으며 중간도 없어서 실로 방소가 없으니 결코 지해를 일으켜서는 안 된다."[59]

다만 그대에게 말하니, 지금 분별식정의 이치로 도를 삼지만 만약 분별식정이 다 사라지면 이 마음에 방소가 없어집니다. 이 도는 천진하여 본래 이름이 없지만 단지 사람들이 그것을 모르고 미혹하여 분별 속에 빠져 있기 때문에 모든 부처님이 출현하여 이 일을 설파하여, "그대들이 깨닫지 못할까 염려되어 방편으로 도라는 이름을

---

59) 『황벽산단제선사전심법요(黃檗山斷際禪師傳心法要)』[대정장(大正藏)48, p.382下]

세웠다"라고 하셨습니다. 그러므로 명칭을 고수하여 지해를 일으켜서는 안 됩니다.

앞에서 말한 눈먼 사람이 사람들을 잘못 가르치는 것은 모두 물고기 눈알을 명주(明珠)로 착각해서 명칭을 고수하여 지해를 일으키는 것입니다. 사람들에게 "마음에 지니어 잊지 말라"고 하는 것은 바로 눈앞의 지각[鑑覺]을 고수하여 지해를 일으키는 것입니다. 사람들에게 "굳게 쉬고 쉬어라"고 가르치는 것은 생각을 잊고[忘懷] 공적한 경지를 고수하여 지해를 일으키는 것입니다. 고요하게 쉬어서 지각이 없는 경지에 이르면 무정물[土木瓦石]과 같은 상태가 되는데, 바로 이러한 때에 어둡고 무지한 상태가 아니라고 하는 것은 방편으로 결박을 풀어주는 말을 착각하여 지해를 일으킨 것입니다. 사람들에게 "인연을 따라 비추고 나쁜 지각이 앞에 나타나게 하지 않게 하라"고 하니 이것 또한 촉루정식(髑髏情識)을 오인해서 지해를 일으키는 것입니다. 사람들에게 "다만 놓아두어 자유롭게 맡겨두고 마음이 일어나고 생각이 움직이는 것을 관여하지 마라. 생각이 일어나고 생각이 사라지는 것은 본래 실체가 없다. 만약 집착하여 실체로 삼으면 생사의 마음이 생길 것이다"라고 하니 이것은 자연의 본체를 지켜서 구경법으로 삼아 지해를 일으키는 것입니다. 이상의 모든 병은 도를 배우는 사람들과 관계된 것이 아닙니다. 모두 눈먼 종사들이 잘못 가르쳐 생겨난 일입니다. 공은 이미 청정하게 살면서 일편단심의 진실하고 견고한 구도심을 지니고 있으므로 공부가 순일한가 아닌가에 대해서는 상관하지 마십시오. 다만 고인의 언구 위에 탑을 쌓듯이 한 층을 쌓고 또 한 층을 쌓는 일은 절대 하지 마십시오. 잘못 공부하면 마칠 기약이 없게 될 것입니다. 다만 마음을 한곳에 두면 얻지 못할 것이 없습니다. 시절인연이 도래하면 자연히 성을 쌓는 돌처럼, 맷돌처럼 계합하여[築著磕著] 확 깨닫게 됩니다.

"한 생각도 일으키지 않을 때 허물이 있겠습니까?"

"수미산."

"한 물건도 가져오지 않았을 때는 어찌합니까?"

"방하착."

여기에서 의심이 타파되지 않거든 단지 여기에서 참구할 뿐이지, 달리 가지와 잎사귀를 만들지 마십시오. 만약 저를 철저히 믿는다면 단지 이와 같이 참구하십시오. 사람들에게 가르쳐줄 별도의 불법이란 없습니다. 만약 저를 믿지 못한다면 마음대로 강북과 강남지방을 유행하면서 선지식들에게 물어서 한번 의심해보고 또 의심해보십시오.

 ────────────────────────────────

又(三) [不墮邪見 參商活句]

老龐이 云호대 但願空諸所有언정 切勿實諸所無라하니
只了得遮兩句하면 一生參學事畢이어늘 今時에 有一種剃頭外道_
自眼不明하고 只管教人으로 死獦狙地休去歇去라하나니 若如此休歇인댄
到千佛出世라도 也休歇不得하야 轉使心頭로 迷悶耳니라 又教人으로
隨緣管帶하야 忘情默照라하나니 照來照去하며 帶來帶去에 轉加迷悶이라
無有了期하리니 殊失祖師方便하고 錯指示人하야 教人으로 一向에

虛生浪死로다 更敎人으로 是事를 莫管하고 但只恁麼歇去하라

歇得來에 情念이 不生하리니 到恁麼時하야 不是冥然無知라

直是惺惺歷歷이라하나니 遮般底는 更是毒害로 瞎却人眼이라

不是小事로다 雲門은 尋常에 見此輩하고 不把做人看待호라 彼旣自眼이

不明이라 只管將冊子上語하야 依樣敎人하나니 遮箇作麼生敎得이리요

若信着遮般底인댄 永劫에 參不得하리라 雲門도 尋常에

不是不敎人으로 坐禪호대 向靜處做工夫언만은 此是應病與藥이라

實無恁麼指示人處호라 不見가 黃蘗和尙이 云호대 我此禪宗은

從上相承以來로 不曾敎人으로 求知求解하고 只云學道라하나니

早是接引之詞나 然이나 道亦不可學이라 情存學道하면 却成迷道라

道無方所 名大乘心이니 此心은 不在內外中間하야 實無方所니

第一에 不得作知解어다 只是說汝而今情量處로 爲道니 情量이

若盡하면 心無方所니라 此道는 天眞하야 本無名字어늘 只爲世人이

不識하야 迷在情中일새 所以로 諸佛이 出來하야 說破此事하사대

恐爾不了하야 權立道名하시나 不可守名而生解也니라 前來所說

瞎眼漢의 錯指示人은 皆是認魚目作明珠하야 守名而生解者니

敎人管帶는 此是守目前鑑覺而生解者요 敎人으로 硬休去歇去는

此是守忘懷空寂而生解者요 歇到無覺無知하면 如土木瓦石相似하리니

當恁麼時하면 不是冥然無知라함은 又是錯認方便解縛語而生解者요

敎人으로 隨緣照顧하고 莫敎惡覺現前이라하나니 遮箇는

又是認着髑髏情識而生解者요 敎人으로 但放曠하야 任其自在하고

莫管生心動念이니 念起念滅이 本無實體라 若執爲實則生死心이

生矣라하나니 遮箇는 又是守自然體하야 爲究竟法而生解者라

如上諸病은 非千學道人事요 皆由瞎眼宗師의 錯指示耳니라

公이 旣淸淨自居하야 存一片眞實堅固向道之心하니 莫管工夫_

純一不純一하고 但莫於古人言句上에 只管如疊塔子相似하야

一層了코 又一層이니 枉用工夫하면 無有了期하리라

但只存心於一處하면 無有不得底하리니 時節因緣이 到來하면

自然築著磕著하야 噴地省去耳리라 不起一念이 還有過也無잇가

云須彌山이니라 一物도 不將來時如何닛고 云放下着하라하니

遮裏에 疑不破어든 只在遮裏參이언정 更不必自生枝葉也니라

若信得雲門及인댄 但恁麼參이언정 別無佛法指似人이니라 若信不及인댄

一任江北江南問王老하야 一狐疑了一狐疑하노라

증시랑 천유에게 답한 대혜의 편지 ④

[고요함과 산란함이 같음을 보여주고 일구를 참구하도록 권장한다]

보내주신 편지를 읽어보니, 걷고 머물며 앉고 눕는[四威儀] 가운데 중단이 없이 공무에도 얽매이지 않고, 바쁜 가운데도 항상 열심히 참구하며, 결코 게으르지 않고, 도에 대한 마음이 날이 갈수록 견고해진다니 저의 마음과 딱 계합됩니다.

그러나 세간의 번뇌는 치성한 불과 같은데 어느 시절에 번뇌가 그치겠습니까? 바로 산란한 가운데 있을 경우에도 포단 위의 일을 잊지 마십시오. 평소에 마음을 고요한 경계에 두는 것은 바로 시끄러운 가운데서 활용하기 위함입니다. 만약 시끄러운 가운데서 힘을 얻지 못한다면 도리어 고요한 가운데서 공부한 적이 없는 것과 마찬가지입니다.

편지를 보니, 전생의 인연이 복잡하여 지금 그 과보를 받는다고 탄식하였는데, 유독 이 말에는 수긍할 수 없습니다. 만약 이런 생각을 일으키면 도에 장애가 됩니다. 고덕이 말했습니다.

"인연의 흐름을 따르더라도 본성을 알아차리면 기쁨도 없고 근심도 없다."[60]

정명은 말했습니다.

"비유하면 마치 높은 지대의 메마른 땅[高原陸地]에는 연꽃이 피지

---

60) 『경덕전등록(景德傳燈錄)』권2[대정장(大正藏)51, p.214上]

않고 낮은 습지의 진흙[卑濕淤泥]에서 이 꽃이 피는 것과 같다."[61]

부처님[老胡]은 말했습니다.

"진여는 자성을 고수하지 않고 인연을 따라 일체의 일을 성취한다."[62]

또 "인연을 따라 모든 곳에 감응하지만 항상 이 보리좌에 계신다"[63]라고 하셨는데, 어찌 사람을 속이는 것이겠습니까?

만약 고요한 곳을 옳다고 여기고 시끄러운 곳을 그르다고 여긴다면 이것은 세간상을 쳐부수고 실상을 추구하는 것이며, 생멸을 벗어나서 적멸을 추구하는 것입니다. 고요한 것을 좋아하고 시끄러운 것을 싫어하는 바로 그 경우야말로 수행을 진척시키기[着力][64] 좋은 기회입니다. 문득 시끄러운 곳에 있으면서 고요한 경지의 소식으로 확 뒤집는다면 그 힘이 대나무 의자나 방석에 앉아서 공부하는 것보다 천만억 배나 뛰어납니다. 다만 잘 들으십시오. 결코 공을 그릇되게 하지 않을 것입니다.[65]

또한 편지를 보니, 방거사의 두 구절[兩句][66]을 가지고 걷고 머물며 앉고 눕는 데 있어서 좌우명을 삼는다고 하니, 더할 나위 없이 좋습

---

61) 『유마힐소설경(維摩詰所說經)』 권中[대정장(大正藏)14, p.549中]

62) 『대방광불화엄경소(大方廣佛華嚴經疏)』 권14[대정장(大正藏)35, p.604中], "영진여불수자성수연성유제식(令真如不守自性隨緣成有諸識)" 참조.

63) 『대방광불화엄경(大方廣佛華嚴經)』 권6[대정장(大正藏)10, p.30上]

64) 착력(着力)은 수행에 자신감을 얻어 흥미가 붙는 것을 말한다.

65) 결불상오(決不相誤)에서 상(相)은 동사 앞에서 그 동사의 목적어가 되는 경우가 있다. 주로 1인칭 내지 2인칭을 나타내는데 여기에서는 2인칭을 나타낸다.

66) 방거사의 두 마디는 앞서 인용한 "다만 모든 있는 것을 비울 뿐 다시 없는 것을 실체로 여기지 말라"를 말한다. 『방거사어록(龐居士語錄)』 권上[만신속장(卍新續藏)69, p.134中], "단원공제소유 신물실제소무(但願空諸所有 慎勿實諸所無)" 참조.

니다. 만약 시끄러울 때에 싫어하는 마음을 일으키면 그것은 자기의 마음을 어지럽히는 것입니다. 만약 생각이 일어날 경우에 그저 방거사의 두 구절로써 꾸준히 살펴가면[提撕] 곧 더울 때 청량산(淸凉散)을 한 번 복용하는 것과 같을 것입니다.

공은 굳건한 믿음을 갖추고 있는데 그것이야말로 대지혜인입니다. 오랫동안 고요함 속에서 공부해왔기 때문에 이런 이야기를 언급한 것이지, 타인의 경우라면 이런 이야기를 언급할 수가 없습니다. 만약 업식이 두터운 교만한 사람[增上慢人]에게 이러한 이야기를 해주면 곧 그에게 악업의 짐을 더하는 꼴이 될 것입니다. 선문의 갖가지 병통에 대해서는 이미 지난번 편지에서 말씀드렸습니다. 일찍이 자세하게 이해하셨는지 궁금합니다.

又(四) [示靜鬧一如 勸參一句]

細讀來書코사 乃知四威儀中에 無時間斷하야 不爲公冗의 所奪하고
於急流中의 常自猛省하야 殊不放逸하고 道心이 愈久愈堅固호니
深愜鄙懷로다 然이나 世間塵勞는 如火熾然커니 何時是了리요
正在鬧中하야 不得忘却竹椅蒲團上事니 平昔에 留心靜勝處는
正要鬧中用이라 若鬧中에 不得力이면 却似不曾在靜中做工夫로
一般이리라 承호니 有前緣이 駁雜하야 今受此報之歎이라하니
獨不敢聞命이로다 若動此念이면 則障道矣라 古德이 云호대

隨流認得性하면 無喜亦無憂라하며 淨名이 云호대 譬如高原陸地에
不生蓮花하고 卑濕淤泥에 乃生此花라하며 老胡_ 云호대 眞如는
不守自性하야 隨緣成就一切事法이라하며 又云호대 隨緣赴感靡不周하나
而常處此菩提座라하시니 豈欺人哉시리요 若以靜處로 爲是하고 鬧處로
爲非인댄 則是壞世間相하고 而求實相이며 離生滅하고 而求寂滅이라
好靜惡鬧時에 正好着力이니 驀然鬧裏에 撞飜靜時消息하면 其力이
能勝竹椅蒲團上千萬億倍리라 但相聽하라 決不相誤니라 又承호니
以老龐兩句로 爲行住坐臥之銘箴이라하니 善不可加로다 若正鬧時에
生厭惡則乃是自擾其心耳라 若動念時어든 只以老龐兩句로 提撕하면
便是熱時에 一服淸涼散也리라 公이 具決定信하니 是大智慧人이라
久做靜中工夫일새 方敢說遮般話어니와 於他人分上에는 則不可니
若向業識이 茫茫한 增上慢人前하야 如此說인댄 乃是添他惡業擔子리라
禪門의 種種病痛은 已具前書호니 不識커라 曾子細理會否아

증시랑 천유에게 답한 대혜의 편지 ⑤

[바로 방편으로 도에 들어감을 인가하고, 아울러 몽교일여(夢覺一如)를 드러낸다]

보내주신 편지의 "밖으로는 모든 인연을 쉬고 안으로는 헐떡거리는 마음이 없어서 마음이 마치 장벽과 같아야 도에 들어갈 수 있다"[67]라는 말은 방편문입니다. 방편문에 의지하여 도에 들어간다는 것은 그렇다고 해도 "방편을 고수하고 버리지 않으면 폐해가 된다"고 한 것은 진실로 보내온 말씀과 같습니다. 제[山野]가 편지를 읽고 뛸 듯이 기쁜 마음을 이길 수 없었습니다.[68] 요즈음 제방에서는 칠통배(漆桶輩)[69]가 단지 방편을 고수하여 버리지 못하고 그것을 진실한 법으로 간주해서 사람들을 가르치고 있습니다. 그런 까닭에 사람들의 눈을 멀게 하는 일이 많습니다. 그 때문에 제가 「변사정설(辯邪正說)」을 지어서 그들을 구제하였습니다.[70]

요즘은 마(魔)가 강하고 불법이 미약하여 맑은 경지에 들어가 맑은 경지에 합하는 것[湛入合湛][71]을 궁극의 경지로 간주하는 사람이 헤아릴

---

67) 『경덕전등록(景德傳燈錄)』 권3[대정장(大正藏)51, p.219下], "외식제연내심무천 심여장벽가이입도(外息諸緣內心無喘 心如牆壁可以入道)" 참조.

68) 환희용약(歡喜踊躍)은 너무 기뻐서 춤을 추고 기뻐하는 모습이다. 경전에서는 여래의 설법을 듣고 감동을 받은 모습으로 많이 묘사되었다.

69) 칠통배(漆桶輩)는 불법에 대하여 전혀 이해하지 못하는 어리석은 사람을 가리킨다.

70) 『승보정속전(僧寶正續傳)』 권6[만신속장(卍新續藏)79, p.578上], "入雲居之西 結庵于古雲門寺基 因以為名 閱二年 避地湖湘 轉仰山 邂逅竹庵珪禪師 相與還雲門 著頌古百餘篇 久之游七閩 居海上洋嶼 師閱諸方學者 困於默照 作辨邪正說 以救其弊" 참조. 『대혜연보(大慧年譜)』에 의하면 소흥(紹興) 4년(1134) 대혜의 나이 46세 때이다.

71) 흔들림이 없이 편안하고 고요한 잠연상주(湛然常住)의 경지는 제식(諸識)의 분별경계로서 동정(動靜)의 상황에 얽매이는 것이므로 결코 구경(究竟)의 경지가 아니다.

수 없이 많고, 방편을 고수하여 버리지 못한 것으로 종사 노릇 하는 사람이 삼과 좁쌀처럼[如麻似粟] 많습니다.

저는 근래에 납자들에게 이 두 가지[兩段][72]를 언급하였는데 보내 주신 편지의 말씀과 한 글자도 다르지 않습니다. 공께서도 마음을 생각생각[念念] 반야에 두어 지속적인 상태가 되지 않았다면 곧 종래 모든 부처님의 다양한 방편에 통달할 수 없었을 것입니다.

공은 이미 칼자루를 잡고 있습니다. 이미 칼자루가 손안에 있는데 어찌 방편을 버리고 도에 들어가지 못하게 될까 걱정하십니까? 다만 이처럼[如此][73] 공부해보십시오. 경전과 고인의 어록 등 갖가지 차별되는 언구를 읽어가는 경우에도 이처럼 공부하십시오. 수미산(須彌山) 화두, 방하착(放下着) 화두, 구자무불성(狗子無佛性) 화두[74], 죽비자(竹篦子) 화두[75], 일구흡진서강수(一口吸盡江西水) 화두[76], 정전백수자(庭前柏樹子) 화두[77]의

『능엄경(楞嚴經)』 권10[대정장(大正藏)19, 155上] "잠입합잠 귀식변제(湛入合湛 歸識邊際)" 참조.

72) 양단(兩段)이란 맑은 경지에 들어가 맑은 경지에 합하는 것[湛入合湛]을 궁극의 경지[究竟]로 간주하는 사람과 방편을 고수하여 버리지 못하며 종사 노릇 하는 사람을 가리킨다

73) 여차(如此)는 바로 앞에서 말했던 칼자루를 잡고 있는 경우를 가리킨다. 이하 2회에 걸쳐 나오는 여차(如此)도 마찬가지다.

74) 『고존숙어록(古尊宿語錄)』 권25[만신속장(卍新續藏)68, p.167中], "僧問趙州 狗子還有佛性也無 州云 無 僧云 一切眾生皆有佛性 為什麼狗子無佛性 州云 他有業識性在."

75) 『선림승보전(禪林僧寶傳)』 권16[만신속장(卍新續藏)79, p.524中], "嘗謂眾曰 我在先師會中 見舉竹篦子問省驢漢曰 喚作篦子即觸 不喚作篦子即背 作麼生 省近前掣得 擲地上云 是什麼 先師云瞎 省從此悟入."

76) 『분양무덕선사어록(汾陽無德禪師語錄)』 권上[대정장(大正藏)47, p.600中], "問一口吸盡西江水 意旨如何 師云 踏破天關逈然廓落 怎麼則大眾總知也."

77) 『분양무덕선사어록(汾陽無德禪師語錄)』 권中[대정장(大正藏)47, p.610下], "僧問趙州 如何是祖師西來意 州云 庭前柏樹子 云和尚莫將境示人 云我不將境示汝 云如何是祖師西來意 云庭前柏樹子 庭前柏樹地中生 不假犁牛嶺上耕 正示西來千種路

경우에도 단지 이처럼 공부하십시오. 더 이상 다른 이해를 일으키지 말고, 도리를 추구하지 말며, 재주를 부리지 마십시오. 공께서 무상한 세월 속에서 항상 이같이 애써 공부하는데도[提撕] 도업을 성취하지 못한다면 그것은 불법에 영험이 없다고 할 수 있습니다. 잘 기억해서 잊지 마십시오.

편지에서 보았습니다. 밤에 향을 사르고 산승의 방에 들어왔는데 매우 고요했다는 꿈을 꾸었다고 하였습니다. 결코 그것을 꿈으로만 이해하지 마시고 진실로 제 방에 들어왔다고 알아야 합니다.

보지 못하였습니까?

"사리불이 수보리에게 물었다. '꿈속에서 육바라밀을 설했는데 그것이 깨어 있을 때 설한 것과 같습니까? 다릅니까?' 수보리가 말했다. '그 뜻은 너무 심오하여 저는 말씀드릴 수가 없습니다. 이 법회에 미륵보살이 계시므로 그대는 미륵보살에게 가서 물어보십시오.'"[78]

돌(咄)![79] 허물이 적지 않습니다. 이 일화에 대하여 설두중현(雪竇重顯)[80]이 말했습니다.

"당시에 만약 수보리의 허물을 간과하지 않고 곧바로 한 방 때려주면서 '누구를 미륵이라 이름하고, 누가 미륵이라고 하는가?'라고

爵密稠林是眼睛."

78) 『대반야경(大般若經)』권451[대정장(大正藏)7, p.724上-下] 참조.
79) 돌(咄)은 갑자기 할을 하는 소리이다. 이것은 사리불의 질문에 대한 수보리의 답변이 못마땅하다는 것을 대혜가 질타한 것이다. 이하에 나오는 두 번의 할도 모두 대혜의 할이다.
80) 설두중현(雪竇重顯: 980-1052)은 운문종의 개조 운문문언(雲門文偃)의 스승이다. 『설두송고(雪竇頌古)』및 『설두염고(雪竇拈古)』등으로 북송시대에 본격적인 공안집의 시대를 열었다.

물었다면 곧바로 얼음이 녹고 기왓장이 부서지는 모습을 보았을 것이다."[81]

돌(咄)! 설두중현도 역시 허물이 적지 않습니다.

혹 어떤 사람이 "저 증대제(曾待制)[82]가 밤에 스님[雲門, 대혜]의 방에 들어간 꿈을 꾸었다는데, 어디 말해보시오. 깨어 있을 때와 같습니까 다릅니까?"라고 질문한다면, 저는 바로 그 사람에게 말할 것입니다. "누가 방에 들어간 것이며, 누가 방에 들어갔다고 하는 것이며, 누가 꿈을 꾼 사람이며, 누가 꿈을 꾸었다고 말하는 사람이며, 누가 꿈을 꾸지 않았다고 이해하는 사람이며, 누가 참으로 방에 들어간 사람인가?"

돌(咄)! 이 또한 허물이 적지 않습니다.

又(五) [正印方便入道 兼顯夢覺一如]

承諭호니 外息諸緣하고 內心無喘이라사 可以入道는 是方便門이라 借方便門하야 以入道則可어니와 守方便而不捨則爲病이라하니 誠如來語라 山野_ 讀之에 不勝歡喜踊躍之至호라 今諸方漆桶輩는 只爲守方便而不捨하야 以實法으로 指示人이라하나니 以故로

---

81) 『명각선사어록(明覺禪師語錄)』권2[대정장(大正藏)47, p.681上]
82) 증대제(曾待制)는 증시랑(曾侍郞)을 가리킨다. 대제(待制)는 벼슬 이름이다.

瞎人眼이 不少로다 所以로 山野_ 作辯邪正說하야 以救之호라

近世에 魔强法弱하야 以湛入合湛으로 爲究竟者_ 不可勝數며

守方便不捨로 爲宗師者_ 如麻似粟이로다 山野_ 近嘗與衲子輩로

擧此兩段호니 正如來書所說하야 不差一字라 非左右_ 留心般若中하야

念念不間斷則不能洞曉從上諸聖의 諸異方便也니라 公이

已捉着欛柄矣라 旣得欛柄在手어늘 何慮不捨方便門而入道耶아

但只如此做工夫호대 看經教와 幷古人語錄과 種種差別言句도

亦只如此做工夫하며 如須彌山放下着과 狗子無佛性話와 竹篦子話와

一口吸盡西江水話와 庭前栢樹子話에도 亦只如此做工夫하고

更不得別生異解하며 別求道理하며 別作伎倆也어다 公이

能向急流中하야 時時自如此提掇하고 道業을 若不成就하면 則佛法이

無靈驗矣리니 記取記取어다 承호니 夜夢에 焚香하고 入山僧之室하야

甚從容이라하니 切不得作夢會하고 須知是眞入室이니라 不見가

舍利弗이 問須菩提호대 夢中에 說六波羅蜜호니 與覺時로 同가

別가 須菩提_ 云호대 此義는 幽深하야 吾不能說이라 此會에

有彌勒大士하니 汝往彼問하라하니 咄漏逗不少로다 雪竇云호대

當時에 若不放過어든 隨後與一箚어늘 誰名彌勒이며 誰是彌勒者오

便見氷銷瓦解로다하니 咄雪竇_ 亦漏逗不少로다 或有人이

問只如曾待制_ 夜夢에 入雲門之室이라하니 且道하라 與覺時로

同가 別가하면 雲門은 卽向他道호대 誰是入室者며 誰是爲入室者며

誰是作夢者며 誰是說夢者며 誰是不作夢會者며 誰是眞入室者오하리니

咄亦漏逗不少로다

증시랑 천유에게 답한 대혜의 편지 ⑥

[결코 빨리 깨달으려고 하지 말고 다만 반야를 닦으라고 권장한다]

보내주신 편지를 자세히 반복해서 읽어보니, 공께서 철석같이 굳은 마음을 갖추고 결정적인 뜻을 세웠음을 충분히 알았습니다. 그래서 소홀하게 대할 수 없습니다. 다만 이처럼 지속하여 납월삼십일까지 밀고 나가면 염라대왕과 한판 겨룰 수가 있을 것입니다. 그렇더라도 "정문안(頂門眼)[83]"을 활짝 열고 금강왕보검을 손에 쥐고 비로자나불의 정수리에 앉는다"고 말하지 마십시오. 저는 일찍이 출세간의 공부를 하는 도반[方外道友]에게 다음과 같이 말했습니다.

"요즘 수도하는 사람들은 그저 빠른 효과만을 구하는 것이 잘못인 줄을 모릅니다." 그러자 그들은 도리어 "번뇌가 없고 반연이 없이 고요하게 앉아서 참구하며 허송세월하는 것은 몇 권의 경전을 읽고, 몇 마디의 염불을 하며, 부처님 앞에 몇 번이라도 절을 하면서 자주 예불하고 평소에 지은 죄업을 참회하여 염라대왕이 쥐고 있는 철봉을 벗어나고자 하는 것만 못하다"라고 말합니다. 이것은 어리석은 사람들의 행위입니다.

요즘 도가의 사람들은 완전히 망상심에 빠져서 태양의 정기와 달빛을 생각하며, 안개를 마시고 맑은 기운을 삼키면서 이 몸을 세상에 오래 머물게 하며[留形住世][84] 춥고 더움의 핍박을 받지 않습니다. 하물며

---

83) 정수리에 달린 눈. 곧 심안(心眼), 혜안(慧眼)을 가리키는 말이다.
84) 유형주세(留形住世)는 육신[形]을 보존하여 세상에서 오래 사는 것을 말한다.

이 마음과 생각을 돌이켜 완전히 반야에만 얽매어 둔다면 어떻겠습니까?

과거 성인들이 분명히 말했습니다.[85]

"비유하면, 파리가 어디에나 앉을 수 있어도 결코 불꽃 위에는 앉을 수가 없다. 중생도 또한 그러해서 온갖 곳에 반연을 지을 수 있어도 결코 반야와 인연을 지을 수가 없다."[86]

진실로 항상 초심에서 물러나지 않고 자기의 마음[心識]이 세간의 번뇌에 반연하는 것을 다잡아 반야로 돌이킨다면, 비록 금생에 깨닫지 못할지라도 임종하는 때에는 결코 악업에 이끌려 악도에 빠지지 않을 것입니다. 그리고 내생에 태어나서도 자신이 세운 금생의 원력을 따라 반드시 반야 가운데서 그대로 현성시켜 수용할 것입니다. 이것은 결정적인 이치로 의심할 것이 없습니다.

중생계의 행위는 굳이 배우지 않아도 됩니다. 까마득한 옛날부터 익힌 습성이 익숙하고 나아갈 길도 익숙하기 때문에 저절로 그것을 취하게 되고 일상에서 그 근원을 만나게 되기에 우선 밀쳐두어야[撥置] 합니다. 이에 상대적으로 출세간의 반야를 닦는 마음은 까마득한 옛날부터 등지고 있었기에 선지식의 설법을 잠시 들어서는 저절로 이해할 수가 없습니다. 반드시 결정지(決定志)를 세워 반야로써 주재를

---

85) 『천성광등록(天聖廣燈錄)』 제9권 '홍주대웅산 백장회해선사'에 나오는 구절이다. 백장이 옛말을 인용하는 구절로 나오지만 백장 이전의 문헌에서 이런 구절이 발견되지 않는다. 전체 문장은 다음과 같다. "그러므로 말한다. '성체(性體)는 이름이 없고, 여실한 이치는 말할 수 없다. 공문에는 머물기가 어려우니, 비유하자면 파리가 곳곳에 있을 수 있지만 오직 불꽃 위에는 앉을 수 없는 것처럼, 중생도 그러하여 곳곳에 머물 수 있지만 오직 반야 위에는 머물 수 없다.'"

86) 『고존숙어록(古尊宿語錄)』 권1 [만신속장(卍新續藏) 68, p.7上]

지어야지 결코 세간의 일과 양립하지 않도록 하십시오.

이러한 상황[87]에서 만약 반야심이 더욱 깊어지면 세간의 일을 물리치지 않더라도 모든 사마외도(邪魔外道)는 저절로 항복할[竄伏] 것입니다. 그러므로 "아직 낯선 것은 익숙하게 하고 익숙한 것은 생소하게 만드는 것"은 바로 이것을 위한 것입니다. 일상에서 공부하는 곳에서 파병(欛柄)[88]을 잡아서 점차 힘을 내려놓을 때가 바로 힘을 얻는 것임을[得力] 깨닫게 될 것입니다.

又(六) [勸勿求速效 但修般若]

來書를 細讀數過코사 足見辦鐵石心하며 立決定志하야 不肯草草호라
但只如此崖到臘月三十日하면 亦能與閻家老子로 廝抵하리니
更休說豁開頂門眼하고 握金剛王寶劍하야 坐毗盧頂上也어다 某_
嘗謂方外道友曰 今時學道之士_ 只求速效하고 不知錯了也하야
却謂無事省緣하야 靜坐體究하야 爲空過時光으론 不如看幾卷經하고
念幾聲佛하며 佛前에 多禮幾拜하야 懺悔平生所作底罪過하야
要免閻家老子의 手中鐵棒이라하나니 此是愚人의 所爲니라
而今道家者流_ 全以妄想心으로 想日精月華하며 呑霞服氣라도

---

87) '이러한 상황'이란 결정지(決定志)를 세워 반야에 대하여 상대를 일으키지 않은 상황을 가리킨다.
88) 칼을 안전하게 쥐게 만든 자루, 손잡이 등을 말한다.

尙能留形住世하야 不被寒暑所逼이온 況回此心此念하야

全在般若中耶아 先聖이 明明有言하사대 喩如太末蟲이 處處能泊호대

唯不能泊於火餤之上커든 衆生도 亦爾하야 處處能緣호대

唯不能緣於般若之上이라하시니 苟念念에 不退初心하고 把自家心識이

緣世間塵勞底하야 回來抵在般若上하면 雖今生에 打未徹이라도

臨命終時에 定不爲惡業所牽하야 流落惡道하고 來生出頭에

隨我今生願力하야 定在般若中하야 現成受用하리니 此是決定底事라

無可疑者니라 衆生界中事는 不着學하야도 無始時來로 習得熟하며

路頭亦熟이 自然取之에 左右逢其原하나니 須着撥置어다

出世間學般若心은 無始時來로 背違라 乍聞知識의 說着하면

自然理會不得하나니 須着立決定志하며 與之作頭抵하야 決不兩立이어다

此處에 若入得深하면 彼處는 不着排遣하야도 諸魔外道_

自然竄伏矣니라 生處는 放敎熟하고 熟處는 放敎生이 政爲此也니

日用做工夫處에 捉着欛柄하면 漸覺省力時_ 便是得力處也니라

이참정 한로[89]가 대혜에게 질문한 편지 ①

[기꺼이 일러주신 가르침에 감사드리고 깨달음의 법을 청하다]

저는 근래 조사의 방[篝室][90]을 찾아가서 질문하였습니다. 거기에서 막혀 있던 마음을 분발시켜주신 것에 의해 홀연히 성찰할 수 있게 되었습니다. 돌이켜보면 저의 근기는 아둔하고 평소의 지식과 이해는 모두 분별식정의 견해에 빠져 있었습니다. 그래서 취하고 버리는 모든 것이 마치 낡은 옷을 입고 가시밭길을 걷다가 저절로 엉켜버린 것과 같았습니다. 그런데 지금 한 번 웃고 나서 그것이 몰록 풀려버리니 기쁘고 다행스러움을 어찌 헤아릴 수 있겠습니까! 대종장(大宗匠)의 자상한 자비가 아니었으면 어찌 이러한 경지에 이를 수 있었겠습니까! 천주성(泉州城)으로 돌아오고부터 옷을 입고 밥을 먹으며 자식을 안고 손자의 재롱을 보는 일은 모두 옛날과 똑같지만, 지금은 집착하는 마음도 없고 기특하다는 생각도 없습니다. 그 밖의 묵은 습관과 굳어진 번뇌도 점점 가벼워지고 있습니다.

헤어질 때 간절히 일러주신 말씀은 결코 잊지 않겠습니다. 거듭 생각해보면 수행에 입문하였지만 아직 큰 법을 밝히지 못해 상황에 응하고 사람들을 만나는 등의 경계를 만났을 때에 아직도 장애가

---

89) 이참정(李參政)의 참정(參政)은 벼슬 명칭이다. 이름은 병(邴)이고, 자는 한로(漢老)이며, 호는 탈공거사(脫空居士)이고, 시호는 문민(文敏)으로 임성(任城) 출신이다. 송 휘종 연간(1102-1104)에 진사에 급제하고, 한림학사에 천거되었다가 고종이 즉위하자 병부시랑에 제수되었다. 저서에 『초당집(草堂集)』100권이 있다.

90) 주실(篝室)은 인도의 제4조 우파국다(優波毱多) 존자가 한 사람을 교화할 때마다 산 가지 하나씩 석실에 쌓아두었던 것에서 유래하였다. 그로부터 주실은 조사를 의미한다. 『경덕전등록(景德傳燈錄)』권1 [대정장(大正藏)51, p.207中-下]

있습니다. 다시 바라오니 저를 이끌고 가르쳐주시어 마침내 이르는
바가 있게 해주십시오. 스님의 법석을 더럽힘이 없기를 바랍니다.

答 李參政 漢老 問書附 [欣謝指示 重請大法]

邪이 近扣籌室하사와 伏蒙激發蒙滯하야 忽有省入호이다 顧惟호니
根識이 暗鈍하야 平生學解_ 盡落情見이라 一取一捨호미 如衣壞絮하고
行草棘中하야 適自纏繞리니 今一笑에 頓釋호니 欣幸을 可量이릿가
非大宗匠의 委曲垂慈시면 何以致此리닛고 自到城中으로 着衣喫飯하며
抱子弄孫하야 色色仍舊호대 旣亡拘滯之情하고 亦不作奇特之想하며
其餘夙習舊障도 亦稍輕微하고 臨別叮嚀之語는 不敢忘也니다 重念호니
始得入門이나 而大法을 未明하야 應機接物에 觸事未能無礙호니
更望有以提誨하사 使卒有所至시면 庶無玷於法席矣일까하노이다

이참정 한로에게 답한 대혜의 편지 ①[91]

[무릇 옛날처럼 수행할 것이지 조급하게 추구하지 말라]

보내주신 편지를 잘 받았습니다.

"성중에 살면서 옷을 입고 밥을 먹으며 자식을 안고 손자의 재롱을 보는 일은 모두 옛날과 똑같지만, 지금은 집착하는 마음도 없고 또한 기특하다는 생각도 없습니다. 묵은 습관과 굳어진 번뇌도 점점 가벼워지고 있습니다"라는 대목을 세 번이나 반복해서 읽어보고 무척 기뻤습니다.

이것이 바로 불교를 공부한 효과입니다. 만약 공처럼 뛰어난 사람[過量大人][92]이 한 번 웃는 사이에 백 가지를 알고 천 가지를 당해내지[百了千當][93] 못한다면 과연 우리 선문에 언설로는 전승할 수 없는 미묘한 도리가 있다는 것을 알 수 없었을 것입니다. 만약 공과 같은 사람이 아니라면 의심과 분노[疑怒]의 두 글자 법문[94]을 미래가 다하도록 깨뜨리지 못했을 것입니다. 드넓은 허공으로 저(대혜)의 입을 삼고 초목와석(草木瓦石)[95]이 모두 광명을 놓아서 도리를 설한다고 해도

---

91) 대혜종고가 47세(남송 소흥 5年, 1135) 때 운문암(雲門庵)에서 답변한 편지이다.

92) 과량대인(過量大人)은 몰량대인(沒量大人)과 같은 말로 분별과 식정의 사량을 초월한 사람을 의미한다.

93) 백료천당(百了千當)은 모든 것이 다 완벽하게 알맞은 상태를 말한다.

94) 의노(疑怒)의 두 글자 법문은 이참정이 대혜의 깨달음을 의심하였고, 조정의 사대부를 비판한 것에 분노했던 것을 가리킨다. 『가태보등록(嘉泰普燈錄)』권23[만신속장(卍新續藏)79, p.432上], "字漢老 醉心祖道有年 聞大慧排默照為邪 公疑怒相半 及見慧示眾 舉趙州庭栢 垂語曰 庭前栢樹子 今日重新舉 打破趙州關 特地尋言語 敢問大眾 既是打破趙州關 為甚麼却特地尋言語."

95) 초목와석(草木瓦石)은 일체의 무정물을 표현한 말이다.

어찌하지 못했을 것입니다.

이 하나의 인연은 전승할 수 없고 배울 수도 없음을 믿어야 합니다. 반드시 스스로 증득하고 스스로 깨달아야 하고, 스스로 긍정하고 스스로 쉬어야만 비로소 철저하게 사무칠 것입니다. 공께서는 지금 한 번 웃는 찰나에 지금까지 얻은 것을 몰록 잊어버렸으니 다시 무슨 말을 더하겠습니까?

부처님[黃面老子]께서 말씀하셨습니다.

"중생이 하는 언설을 취하지 말라.

그 일체가 유위의 허망한 일이다.

결코 언어 수단에 의지하지 말라.

그러나, 무언설에 의지해서도 안 된다."[96]

보내주신 편지의 "지금은 집착하는 마음도 없고 또한 기특하다는 생각도 없습니다"는 말은 부처님의 말씀과 은근히 계합합니다. 이와 같이 말하는 것은 부처님의 말씀이고 이 말을 벗어나면 파순(波旬)[97]의 말입니다.

저는 평소에 대서원을 세웠습니다.

"차라리 이 몸으로 일체중생을 대신하여 지옥의 고통을 받을지언정, 결코 이 입으로 인정에 맞추어 말함으로써 모든 사람의 안목을 멀게 하지 않겠습니다."[98]

---

96) 『대방광불화엄경(大方廣佛華嚴經)』권24[대정장(大正藏)10, p.129中]
97) 파순(波旬)은 마왕(魔王)의 이름이다. 『조정사원(祖庭事苑)』권4[만신속장(卍新續藏)68, p.361上], "범운마파순 차언살자 우운탈명 능단혜명(梵云魔波旬 此言殺者 又云奪命 能斷慧命)."
98) 『대혜보각선사연보(大慧普覺禪師年譜)』[가흥장(嘉興藏)42, p.796下], "師乃炷香為

공께서도 이미 이 경지에 도달했으므로 이 일은 다른 사람을 통해서 얻을 수 있는 것이 아님을 스스로 알 것입니다. 다만 지금까지 했던 대로 할지언정 다시 큰 법을 밝히고 밝히지 못함과 경계에 따라 장애가 되고 안 되고를 묻지 마십시오. 만약 이런 생각을 하게 되면 지금까지 해왔던 것과는 다른 것입니다.

편지를 보니 여름이 지나면 다시 성을 떠난다고 하였는데 나의 생각과 같습니다. 만약 다시 분주하게 구하러 다니면서 쉬지 못한다면 옳은 일이 아닙니다. 이전에는 공께서 크게 기뻐하는 모습을 보았기 때문에 말씀드리지 않았는데, 그것은 저의 말을 듣고 마음이 상할까 염려했기 때문입니다. 그러나 지금은 공의 기쁨도 가라앉았기 때문에 감히 가리켜보겠습니다. 이 일은 참으로 쉬운 것이 아니므로 반드시 부끄러운 마음[慙愧心]을 일으켜야 합니다. 가끔 근기가 뛰어난 사람은 힘들여 공부하지 않고 깨달음을 획득하여 마침내 쉽다는 마음을 일으켜 수행하지 않습니다. 눈앞의 경계에 마음을 빼앗겨 이리저리 얽매여서 주재하지 못하고 그런 상태로 세월을 보내면서 미혹해져 돌이키지 못합니다. 도력이 업력을 극복하지 못하고 번뇌[魔]에게 틈을 보여 마침내 번뇌에 사로잡힙니다. 죽음에 이르러서도 힘을 쓸 수가 없으니 부디 천만번 기억하십시오.

지난번에 "이치적으로는 단박에 깨달을 수 있고, 그 깨달음에 의지하여 업장과 번뇌가 녹는다. 그러나 사상(事象)적으로는 단박에 제거

誓曰 寧以此身代眾生受地獄苦 終不以佛法當人情乃握竹篦為應機之器 於是聲譽 藹著叢林咸歸重之按圜悟跋 示師法語後云" 참조.

되지 않는다. 차츰차츰 없어진다"[99]라고 하였습니다. 이 말을 걷고 머물며 앉고 눕는 일상에서 결코 잊지 말아야 합니다. 고인의 갖가지 다양한 말씀을 모두 실재라고 간주해서도 안 되고, 또한 허망하다고 간주해서도 안 됩니다. 세월이 지나 익숙해지면 저절로 자기의 본심과 묵묵히 계합됩니다. 별도로 뛰어나고 기특한 것을 구할 필요가 없습니다.

옛날 수료화상(水潦和尙)이 운력하던 곳[採藤處]에서 마조에게 물었습니다.

"무엇이 달마조사가 서쪽에서 오신 뜻입니까?"

마조가 말했습니다.

"가까이 오거라. 그대에게 말해주겠다."

수료화상이 가까이 다가서는데, 마조가 가슴을 밀치며 넘어뜨리니 그대로 넘어졌습니다. 그러자 수료화상은 엉겁결에 일어나더니 손뼉을 치며 "하하" 크게 웃었습니다. 그러자 마조가 말했습니다.

"그대는 어떤 도리를 보았기에 그렇게 웃는가?"

수료화상이 말했습니다.

"갖가지 법문과 한량이 없는 미묘한 뜻을 오늘 한 터럭 끝에서 근원까지 철저하게 알았습니다."

그러자 마조는 더 이상 수료화상을 어쩌지 못했습니다.[100]

설봉의존(雪峯義存)은 고산신안(鼓山神晏)의 인연이 성숙했음을 알고,

---

99) 『수능엄경(首楞嚴經)』 권10[대정장(大正藏)19, p.155上]
100) 『경덕전등록(景德傳燈錄)』 권8[대정장(大正藏)51, p.262下]

어느 날 갑자기 멱살을 잡고 물었습니다.

"이것이 무엇인가?"

그 찰나에 고산은 깨달았는데, 깨달았다는 마음마저 잊고 그저 미소를 짓더니 손을 들어 내저을 뿐이었습니다. 그러자 설봉이 물었습니다.

"그대가 지금 보여준 도리는 무엇인가?"

고산이 다시 손을 내저으며 말했습니다.

"화상이시여, 여기에 무슨 도리가 있겠습니까?"

그러자 설봉은 곧 그만두었습니다.[101]

몽산도명(蒙山道明) 선사가 혜능[盧行者][102]을 뒤쫓아 대유령(大庾嶺)에 이르러 의발(衣鉢)을 빼앗으려고 하자, 혜능이 바위에 의발을 올려놓고 말했습니다.

"이 의발은 믿음을 표하는 것입니다. 힘으로 빼앗을 수 있겠습니까? 그대 마음대로 가져가보시오."

도명이 의발을 집어들려고 했는데 꼼짝도 하지 않자 다음과 같이 말했습니다.

"저는 법을 구하러 온 것이지 의발 때문에 온 것이 아닙니다. 행자께서는 가르침을 주십시오."

혜능이 말했습니다.

---

101) 설봉의존(雪峯義存: 822-908)은 덕산선감(德山宣鑑)의 제자이고 운문문언(雲門文偃)의 스승이다. 『경덕전등록(景德傳燈錄)』 권18[대정장(大正藏)51, p.351上]
102) 노행자(盧行者)는 노(盧)씨 성을 지닌 조계혜능(曹溪慧能: 638-713)이 이 일화에서 아직 행자의 신분이었음을 지칭한 것이다.

"선도 생각하지 말고 악도 생각하지 마십시오. 바로 이러한 때 어떤 것이 도명상좌의 본래면목입니까?"

도명은 곧바로 크게 깨달았고 온몸에 땀이 흘렀습니다. 이에 울면서 예배를 드리고 말했습니다.

"지금까지 전해 내려오는 비밀스러운 말과 뜻 이외에 달리 어떤 뜻이 있습니까?"

혜능이 말했습니다.

"내가 지금 그대에게 말해준 것은 비밀스런 뜻이 아닙니다. 만약 그대가 자신의 본래면목을 반조해보면 비밀스런 뜻은 오히려 그대에게 있을 것입니다. 만약 내가 말해버리면 더 이상 비밀이 아닙니다."[103]

이상 세 존숙의 세 가지 인연과 공께서 한 번 웃는 사이에 깨달았던 체험을 비교해볼 때 거기에 우열이 있습니까? 직접 판단해보십시오. 거기에 별도의 기특한 도리가 있습니까? 만약 별도의 도리가 있다면 도리어 석연히 풀리지 않은 것입니다. 다만 부처의 행을 하면 되지, 부처가 말할 줄 모를까 걱정하지 마십시오.[104]

예로부터 깨달음을 얻은 사람은 자기를 이미 충족시키고 나서 근기에 응하고 사람들을 제접하였습니다. 그것은 마치 밝은 거울을 걸어두고 명주가 손안에 있는 것과 같아서 오랑캐가 오면 오랑캐를 비추고 한인(漢人)이 오면 한인(漢人)을 나타내는 것과 같이 집착하는 생각이 없습니다. 만약 집착하면 실다운 법을 다른 사람에게 주어야 할

---

103) 『육조대사법보단경(六祖大師法寶壇經)』[대정장(大正藏)48, p.349中-下]
104) 『경덕전등록(景德傳燈錄)』권6[대정장(大正藏)51, p.250下] 참조.

것입니다.

공께서 큰 법을 밝히고자 하며 근기에 응하고 상황에 대응하고자 한다면, 단지 전과 같이 할지언정 다른 사람에게 물어볼 필요가 없습니다. 세월이 지나면 저절로 수긍하게 될 것입니다.

돌아가실 때 직접 일러드린 말씀[105]을 꼭 써서 좌우명으로 삼으시기 바랍니다. 이 말 외에 별도로 드릴 말씀은 없습니다. 비록 말씀드린다고 하여도 공의 분상에서는 모두 쓸모없는 말이 될 것입니다. 말이 너무 많았습니다. 이 정도로 마칩니다.

 ──────────────────────────────

答 李參政 漢老(一) [但且仍舊 莫作馳求]

示諭호대 自到城中으로 着衣喫飯하고 抱子弄孫하며 色色仍舊호대

旣亡拘滯之情하고 亦不作奇特之想하며 宿習舊障도 亦稍輕微라하니

三復斯語하고 歡喜踊躍호라 此乃學佛之驗也니 儻非過量大人이

於一笑中에 百了千當則不能知吾家의 果有不傳之妙며 若不爾者인댄

疑怒二字法門을 盡未來際히 終不能壞라 使太虛空으로 爲雲門口하고

草木瓦石으로 皆放光明하야 助說道理라도 亦不奈何일러니라

方信此段因緣은 不可傳不可學이라 須是自證自悟하며

自肯自休하야사 方始徹頭니라 公이 今一笑에 頓亡所得하니

───────────────────

105) "이치로는 돈오이다. 돈오에 따르면 망념이 대번에 녹는다. 그러나 번뇌는[事] 대번에 제거되지 않는다. 차례를 따라 없어진다"는 구절은 『수능엄경』에 나온다.

夫復何言가 黃面老子曰 不取衆生所言說인 一切有爲虛妄事하며
雖復不依言語道나 亦復不着無言說이라하니 來書所說이
旣亡拘滯之情하고 亦不作奇特之想이라하니 暗與黃面老子所言으로
契合이라 卽是說者는 名爲佛說이요 離是說者는 卽波旬說이니라
山野_ 平昔에 有大誓願호대 寧以此身으로 代一切衆生하야
受地獄苦인정 終不以此口로 將佛法以爲人情하야 瞎一切人眼호라
公이 旣到恁麽田地하니 自知此事는 不從人得이라 但且仍舊인정
更不須問大法明未明과 應機礙不礙니 若作是念則不仍舊矣리라
承호니 過夏後에 方可復出이라하니 甚愜病僧意로다 若更熱荒하야
馳求不歇則不相當也리라 前日에 見公의 歡喜之甚일새 以故로
不敢說破는 恐傷言語러니 今歡喜旣定일새 方敢指出하노라 此事는
極不容易하니 須生慚愧하야사 始得다 往往에 利根上智者는
得之호대 不費力하고 遂生容易心하야 便不修行하며 多被目前境界의
奪將去하야 作主宰不得하고 日久月深하면 迷而不返하고 道力이
不能勝業力이라 魔得其便하야 定爲魔의 所攝持하며 臨命終時에
亦不得力하나니 千萬記取어다 前日之語에 理則頓悟라 乘悟倂銷어니와
事非頓除라 因次第盡이라하니 行住坐臥에 切不可忘了하며 其餘古人의
種種差別言句도 皆不可以爲實이나 然이나 亦不可以爲虛니
久久純熟하면 自然黙黙契自本心矣라 不必別求殊勝奇特也니라
昔에 水潦和尙이 於採藤處에 問馬祖호대 如何是祖師西來意닛고
祖云近前來하라 向爾道호리라 水潦纔近前커늘 馬祖攔胷一蹋에
蹋倒라가 水潦_ 不覺起來하야 拍手코 呵呵大笑어늘 祖曰 汝_
見箇甚麽道理완대 便笑오 水潦曰 百千法門과 無量妙義를

今日於一毛頭上에 盡底識得根源去니다 馬祖便不管他하시며

雪峯이 知鼓山의 緣熟하시고 一日에 忽然驀頭擒住曰 是甚麼오

鼓山이 釋然了悟호대 了心便亡하고 唯微笑하야 擧手搖曳而已어늘

雪峯曰 子作道理耶아 鼓山이 復搖手曰 和尙하 何道理之有닛고

雪峯이 便休去하며 蒙山道明禪師_ 趁盧行者하야 至大庾嶺하야

奪衣鉢이어늘 盧公이 擲於石上曰 此衣는 表信이라 可力爭耶아

任公將去하노라 明이 擧之不動커늘 乃曰我는 求法이요 非爲衣鉢也니

願行者는 開示하소서 盧公曰 不思善不思惡하라 正當恁麼時하야

那箇是上座의 本來面目이어뇨 明이 當時大悟하야 通身汗流하며

泣淚作禮曰 上來密語密意外에 還更有意旨否잇가 盧公曰

我今爲汝說者는 即非密意어니와 汝若返照自己面目하면

密意却在汝邊이니 我若說得인댄 即不密也라하시니 以三尊宿의

三段因緣으로 較公於一笑中에 釋然컨댄 優劣이 何如오 請自斷看하라

還更別有奇特道理麼아 若更別有則却似不曾釋然也리라

但知作佛이언정 莫愁佛不解語어다 古來得道之士_ 自己를

既充足하고 推己之餘하야 應機接物에 如明鏡當臺하며 明珠在掌하야

胡來胡現하며 漢來漢現호대 非着意也라 若着意則有實法與人矣리라

公이 欲大法明하며 應機無滯인댄 但且仍舊언정 不必問人이니

久久하면 自點頭矣리라 臨行面稟之語를 請書於座右하라 此外에

別無說이니 縱有說이라도 於公分上에는 盡成剩語矣라 葛藤이 太多일새

姑置是事하노라

이참정 한로가 대혜에게 질문한 편지 ②[106]

[무릇 자신이 갖춘 것에만 집중하고 별도로 뛰어난 경계를 추구하지 말라]

저[邴][107]를 일깨워준 스님의 답신을 받아보고 뜻을 잘 알았습니다. 제가 스스로 체험한 것은 세 가지입니다. 첫째는 모든 일에 대해 순경과 역경을 두지 않고 인연을 따라 대응하되 마음에 담아두지 않는 것입니다. 둘째는 전생부터 다져진 훈습을 애써서 물리치지 않아도 저절로 가벼워진다는 것입니다. 셋째는 고인의 공안이 예전에는 막막했는데 요즘 다시 살펴보니 어둡지 않게 되었습니다.

지난번 편지에서 제가 아직 큰 법을 밝히지 못했다고 말한 것은 작은 것을 얻고 그것으로 만족하게 될 것을 염려해서입니다. 당연히 확장하고 충족시킬지언정 어찌 달리 더 수승한 이해를 추구하겠습니까? 현행하는 번뇌를 깨끗이 제거하는 일도 이치적으로는 없지 않습니다. 어찌 감히 곁에 두고 생각하라는 말씀을 깊이 새기지 않겠습니까?

又 李參政 問書附 [但念自足 不別求勝]

邴이 比蒙誨答하사와 備悉深旨호이다 邴이 自有驗者三이니 一은

---

106) 대혜가 47세 때 받은 편지이다.
107) 병(邴)은 이참정의 이름이다.

事無逆順히 隨緣卽應호대 不留胷中이요 二는 宿習濃厚를

不加排遣하야도 自爾輕微요 三은 古人公案에 舊所茫然을 時復瞥地호니

此非自昧者니다 前書에 大法未明之語는 蓋恐得少爲足하야

當擴而充之언정 豈別求勝解耶릿가 淨除現流도 理則不無라

敢不銘佩[108]릿가

---

108) 명패(銘佩)란 마음에 새기고 몸에 차듯이 명심(銘心)하는 것을 말한다.

이참정 한로에게 답한 대혜의 편지 ②

[다만 깨달음에 의지해 보림해야 한다]

편지를 받고서 더욱 존경스러워졌습니다. 어떻습니까?[109] 요즘 인연을 따라 자유롭고[隨緣放曠][110] 뜻대로 자재합니까? 행주좌와의 일상 속에서 번뇌에 얽매이지는 않습니까? 깨어 있을 때나 잠잘 때에도 한결같습니까? 본분사의 이치에 어긋나는 것은 없습니까? 생사심이 계속되지는 않습니까? 다만 범부의 생각만이 없어졌을 뿐 특별히 성스러운 지혜는 없습니다.[111]

공께서는 이미 한 번 웃는 사이에 올바른 안목을 활짝 열어 깨닫고 얻은 것들을 모두 잊었습니다. 힘을 얻고 얻지 못함은 마치 사람이 물을 마심에 차고 따뜻한 것을 스스로 아는 것과 같습니다. 그러나 일상에서는 반드시 부처님의 말씀에 의지하여 정성(正性)을 없애고, 조인(助因)을 제거하며, 그 현업(現業)에서 벗어나야 합니다.[112]

이것이 곧 일을 마친 사람의 방편(方便)이 없는 가운데 참다운 방편이며, 닦고 깨달음이 없는 가운데 참으로 닦고 깨닫는 것이며, 취하고 버림이 없는 가운데 진정으로 취하고 버리는 것입니다.

---

109) 불식(不識)은 의문문을 만드는 용어로 이하 다섯 가지를 점검하는 것 모두에 해당한다.

110) 수연방광(隨緣放曠)은 인연을 따라 거침이 없이 유유자적하는 모습이다.

111) 『주대승입능가경(注大乘入楞伽經)』권5[대정장(大正藏)39, p.465中] ; 『경덕전등록(景德傳燈錄)』권14[대정장(大正藏)51, p.313中]

112) 『수능엄경(首楞嚴經)』권8[대정장(大正藏)19, p.141中] 정성(正性)을 없애는 것은 살생 및 음욕을 없애기 위하여 계율을 수지하는 것이고, 조인(助因)을 제거하는 것은 음욕 및 탐애를 초래하는 오신채(五辛菜)를 멀리하는 것이며, 현업(現業)을 벗어나는 것은 육진을 벗어나 본성으로 돌아가는 것이다.

고덕은 "피부가 다 떨어져 나가더라도 오직 이 하나의 진실만 남는다"[113]고 말했습니다. 또한 "전단나무의 가지가 다 떨어져 나가더라도 오직 참다운 전단만이 남는다"라고 하였습니다. 이것이 현업에서 벗어나고, 조인을 제거하며, 정성을 없애는 가장 좋은 방법입니다. 공께서도 한번 생각해보십시오.

이와 같은 말도 공부를 마친 사람의 분상에서는 마치 한겨울의 부채와 같습니다. 혹 남쪽 지방은 기온이 춥고 더운 것이 일정하지 않으므로 또한 부채가 없어서는 안 되겠습니다. 한 번 웃습니다.

又(二) [但當依悟 保任而已]

信後에 益增瞻仰하노라 不識커라 日來에 隨緣放曠하야 如意自在否아
四威儀中에 不爲塵勞의 所勝否아 寤寐二邊에 得一如否아
於仍舊處에 無走作否아 於生死心이 不相續否아 但盡凡情이언정
別無聖解니라 公이 旣一笑에 豁開正眼하야 消息頓亡하니
得力不得力은 如人이 飮水에 冷煖을 自知矣니라 然이나 日用之間에
當依黃面老子所言하야 刳其正性하며 除其助因하며 違其現業이니
此乃了事漢의 無方便中에 眞方便이며 無修證中에 眞修證이며
無取捨中에 眞取捨也니라 古德이 云호대 皮膚脫落盡이라도

---

113) 약산유엄(藥山惟儼: 751-834)의 말이다. 『오등회원(五燈會元)』 권5[만신속장(卍新續藏)80, p.109中]

唯一眞實이 在하며 又如栴檀繁柯_ 脫落盡이라도 唯眞栴檀이 在라하니
斯違現業除助因剗正性之極致也라 公은 試思之하라 如此說話도
於了事漢分上에는 大似一柄臘月扇子어니와 恐南地에 寒暄이 不常이라
也少不得일새니 一笑하노라

강급사 소명[114]에게 답한 대혜의 편지

[남의 지시를 받지 말고 착실하게 공부하여 스스로 이해하라고 권장한다]

사람이 태어나 한세상 사는 백 년 세월이 얼마나 되겠습니까? 공 (강급사)께서는 자수성가하여 요직[115]을 두루 역임하였는데, 그것은 세간에서 제일가는 복을 받은 것입니다. 그런데도 부끄러워할 줄 알아서 마음을 돌이켜 도를 향하여 생사를 벗어나는 출세간법을 배우니 이 또한 세간에서는 가장 적절한 길을 찾은 사람입니다.

반드시 손발을 부지런히 놀리고 체면을 냉철히 차려서[116] 다른 사람의 지시를 받지 말고 스스로 본분사[本命元辰][117]를 깨달아 나아가는 곳을 분명히 하면 곧 세간과 출세간에서 일대사를 마친 대장부가 됩니다.

편지를 읽어보니, 날마다 참정 이한로와 함께 법담을 나눈다고 하는데 매우 좋고 훌륭하십니다. 그분(이참정)은 구하는 마음[馳求心]을 그만두었고, 언어의 길이 끊어지고[言語道斷] 마음 갈 곳이 없어짐 [心行處滅]을 얻었습니다. 차별화된 여러 방편의 길에서 고인의 수완을 살펴보면서도 고인이 활용한 방편과 문자에 얽매이지 않는 사람입니다.

---

114) 강급사(江給事)의 속성은 강(江)씨이고, 이름은 상(常, 또는 安常)이며, 자는 소명 (少明)이다. 급사중(給事中)의 벼슬을 지냈다.
115) 청요(淸要)는 청환(淸宦)과 요직(要職)을 말한다.
116) 구도행각에서 손발을 부지런히 놀리는 것은 착실하게 공부하는 것이고, 체면을 냉철 히 차린다는 것은 어떤 유혹에도 휘말리지 않는 것을 말한다.
117) 본명원진(本命元辰)은 수명을 주관하는 별이다. 곧 각각의 본분사(本分事)를 비유한다.

제(산승)가 그(이참정)의 이런 모습을 보았기에 일찍이 별다른 말을 하지 않았는데, 그 까닭은 그를 어리석은 사람으로 취급할 염려가 있었기 때문입니다. 나중에 때가 되어 그가 스스로 저와 법담을 나누고자 하면 함께 얼굴을 마주하고[眉毛廝結] 깨달음의 이치[理解]를 서로 논할 것입니다. 이렇지 못한다면 그냥 쉴 것입니다.

도를 배우는 사람이 만약 구하는 마음을 그치지 못하면 설령 그와 함께 얼굴을 마주하여 이해하게 된다고 하여도 무슨 이익이 있겠습니까? 그것은 곧 무지와 광분으로 밖을 향해 치달리는 것이 될 뿐입니다. 고인은 "선(善)한 사람을 가까이하는 것은 마치 안개 속을 걸어가는 것과 같아서 비록 옷은 젖지 않을지라도 항상 축축해지는 것과 같다"[118]고 말했습니다. 다만 이참정과 함께 자주 법담을 나누어 보기를 간절히 바랍니다.

고인이 가르쳐주신 말씀을 가지고 어지러이 천착하지 마십시오. 가령 마조도일(馬祖道一)[119] 대사가 남악회양(南嶽懷讓)[120] 화상을 친견하여 다음과 같이 설했습니다. "비유하면 소가 수레를 끄는데 만약 수레가 움직이지 않으면 수레를 때리는 것이 옳겠는가, 소를 때리는 것이 옳겠는가?" 마조대사가 이 말을 듣자마자 곧 귀결처를 알았습

---

118) 『선문제조사게송(禪門諸祖師偈頌)』 권上之下[만신속장(卍新續藏)66, p.734中] 『치문(緇門)』『위산대원선사경책(潙山大圓禪師警策)』에도 같은 내용이 나온다. 원 글의 출처는 논어에 빠진 공자의 일화를 기록한 고서인 『공자가어(孔子家語)』로 보인다.

119) 마조도일(馬祖道一: 709-788)은 남악회양(南嶽懷讓)의 제자이고 백장회해(百丈懷海)의 스승이다. 홍주지방에서 크게 선풍을 일으켜 그의 선풍을 홍주종(洪州宗) 혹은 강서종(江西宗)이라고 부른다.

120) 남악회양(南嶽懷讓: 677-744)은 조계혜능(曹溪慧能)의 제자이다.

니다.[121] 이 몇 구절의 말에 대해서 제방에서는 대단히 말이 많은 것이 마치 천둥과 같고 우레와 같으며, 구름과 같고 비가 쏟아지듯 하지만 이해하지 못합니다. 이름과 언구를 그릇되게 사용하면서 말을 따라서 알음알이를 내고 있습니다.

강급사께서 주봉(舟峰)[122]에게 보낸 편지의 말미에 엉터리로[123] 주해한 것을 보았습니다. 그것을 읽어보고 저도 모르게 포복절도했습니다. 여래선 내지 조사선이라고 말한[124] 사람들을 모두 한 장의 소장(訴狀)에 기록해 함께 귀양보내야 하겠습니다.

보내주신 게송을 자세하게 읽어보니 이전에 보내온 두 게송보다 훌륭합니다. 그러나 게송은 이것으로 그치는 것이 좋겠습니다. 계속하여 게송을 지어 보내고 받는다면 어느 세월에 깨달음을 기약하겠습니까? 이참정을 본받으십시오. 그가 어찌 게송을 지을 줄 모를까마는 무슨 까닭으로 한 글자도 없는 것일까요? 법을 아는 사람은 신중하기 때문입니다. 그런 사람이 때때로 조금이라도 진심을 드러낸다면 자연히 산승의 가려운 곳을 긁어주는 것이 됩니다.

예컨대 이참정이 지은 「출산상송(出山相頌)」[125]의 "가는 곳마나 사람을

---

121) 『경덕전등록(景德傳燈錄)』 권5[대정장(大正藏)51, p.240下]

122) 주봉(舟峰)은 주봉암주(舟峰菴主)라고 불렸던 경로구년(慶老龜年)으로 대혜의 제자이다.

123) 두찬(杜撰)은 두묵(杜黙)이라는 사람이 시를 짓는데 격률이 맞지 않는 대목이 많았음을 빗대어 이르는 말이다. 이에 두묵이 지은 작품은 오류가 많고 전거가 분명치 않은 경우를 가리키게 되었다.

124) 남악과 마조 사이에 있었던 소와 수레의 일화에 대하여 그것을 여래선 혹은 조사선 등으로 비평한 내용을 가리킨다.

125) 『출산상송(出山相頌)』은 이참정이 부처님이 설산에서 내려와 설법하고 교화하는 모습을 게송으로 지은 것이다. 안피개진삼천계(眼皮盖盡三千界 눈꺼풀은 삼천대천

만나면 면전에서 속인다네"라는 말은 총림(叢林)[126]에서 납자들의 눈을 틔워주는 약이라고 말할 수 있습니다. 공께서 훗날 저절로 알게 될 것이므로 산승이 더 이상 설명할 필요가 없을 것입니다.

저는 근래에 공이 문득 달라져서 이 일을 위해 매우 힘을 내는 것을 보았습니다. 그러므로 이 편지를 쓰게 되었는데 모르는 사이에 장황하게 되었습니다.

答 江給事 少明 [勸不受差排 善自理解]

人生一世에 百年光陰이 能有幾許오 公이 白屋起家하야 歷盡淸要하니

此是世間에 第一等受福底人이나 能知慙愧하야 回心向道하야

學出世間脫生死法하니 又是世間에 第一等討便宜底人이라

須是急着手脚하며 冷却面皮하야 不得受人差排하고

自家理會本命元辰하야 敎去處分明하면 便是世間出世間에

一箇了事底大丈夫也라 承호니 連日去하야 與參政으로

세계를 다 덮고) 비공성장백억신(鼻孔盛藏百億身 콧구멍에 백억화신을 감추었다네) 개개장부수시굴(箇箇丈夫誰是屈 개개의 대장부가 어째서 물러나랴) 청천백일막만인(靑天白日莫謾人 청천백일에 타인을 속이지 마시오.) 돌(咄) 도처봉인맥면기(到處逢人驀面欺 가는 곳마다 사람을 만나며 면전에서 속인다네)

126) 여러 승려들이 화합하여 함께 배우며 안거하는 곳이다. 많은 승려와 재가불자들이 모인 것을 나무가 우거진 수풀에 비유한 것이다. 현대에는 강원, 율원, 선원, 염불원 등을 갖춘 종합적인 수행처 또는 선종의 선원, 선림, 승당, 전문도량 등 많은 승려들이 모여 수행하는 곳을 말한다.

道話라하니 甚善甚善이로다 此公이 歇得馳求心하야 得言語道斷하고

心行處滅하며 差別異路에 覷見古人脚手하야 不被古人方便文字의

所羅籠일새 山僧이 見渠如此하고 所以로 更不曾與之說一字는

恐鈍置他어니와 直候渠將來하야 自要與山僧說話하야사 方始共渠로

眉毛廝結하야 理會在언정 不只恁麼코는 便休로라 學道人이

若馳求心이 不歇하면 縱與之眉毛廝結하야 理會인달 何益之有리요

正是癡狂外邊走耳니라 古人이 云호대 親近善者는 如霧露中行하야

雖不濕衣나 時時有潤이라하니 但頻與參政으로 說話를 至禱至禱하노라

不可將古人의 垂示言敎하야 胡亂穿鑿이니 如馬大師_ 遇讓和尙하야

說法云호대 譬牛駕車에 車若不行이어든 打車卽是아 打牛卽是아

馬師聞之하고 言下에 知歸하니 遮幾句兒言語를 諸方이 多少說法호대

如雷如霆하며 如雲如雨底하야 理會不得하야 錯下名言하야

隨語生解어뇨 見與舟峯書尾에 杜撰解注하고 山僧이 讀之코 不覺에

絶倒호라 可與說如來禪祖師禪底로 一狀領過하야 一道行遣也어다

來頌을 子細看過호니 却勝得前日兩頌이어니와 自此로 可已之어다

頌來頌去에 有甚了期리요 如參政相似하라 渠豈是不會做頌이리요만은

何故로 都無一字오 乃識法者_ 懼耳니라 間或露一毛頭하면

自然抓着山僧痒處니 如出山相頌에 云호대 到處逢人驀面欺之語는

可與叢林으로 作點眼藥이라 公이 異日自見矣일새

不必山僧注破也하노라 某_ 近見公의 頓然改變하야 爲此事甚力일새

故作此書하야 不覺縷縷하노라

부추밀 계신[127]에게 답한 대혜의 편지 ①[128]

[지해를 상관하지 말고 활구를 잘 참구하라]

보내주신 편지를 보고, 젊어서부터 이 도를 향한 믿음이 있었지만 만년에는 지해(知解)에 장애가 되어 아직 깨달아 들어가는 곳[悟入處]을 찾지 못하였기에 밤낮으로 도를 체득하는 방편을 알고자 한다는 것을 알았습니다. 이미 공(부추밀)의 지극한 정성을 알았으니 감히 외면할 수 없기에 공이 보낸 편지에 의거해 몇 가지 말씀을 드려볼까 합니다.

다만 이 깨달음을 찾는 것이 곧 도를 가로막는 알음알이일 뿐입니다. 그밖에 무슨 알음알이가 있어서 그대를 장애하겠습니까? 필경에 무엇을 일러 알음알이를 짓는 것이라고 하며, 알음알이는 어디에서 오는 것이며, 다시 장애를 받는 사람은 또 누구입니까?

다만 이 한 구절에 전도된 것이 세 가지가 있습니다. 첫째는 자신이 알음알이에 가로막혀 있다는 것이고, 둘째는 자신은 아직 깨닫지 못하여 미혹한 사람일 수밖에 없다는 것이며, 셋째는 다시 미혹에 빠져서 깨달음을 기다리고 있다는 것입니다. 이 세 가지 전도가 바로 생사윤회의 근본입니다. 곧바로 한 생각도 일어나지 않아 전도된 마음이 끊어지면 비로소 타파될 미혹도 없고, 기다릴 깨달음도 없으며, 장애하는 알음알이도 없는 줄 알게 됩니다. 마치 사람이 물을 마셔봐야

---

127) 부추밀(富樞密)의 성은 부(富)씨이고, 이름은 직유(直柔)이며, 자는 계신(季申)이고, 하남 출신이다. 추밀(樞密)은 추밀원(樞密院)으로 대궐(大闕)에서 숙직(宿直)하는 직무인 숙위(宿衛)와 군기(軍機)들을 관장하는 관청이다.

128) 대혜 50세 때(1138) 임안(臨安) 경산사(徑山寺)에서 쓴 것이다.

차가운지 따뜻한지 직접 아는 것과 같습니다. 오랫동안 하면 저절로 그러한 견해를 일으키지 않게 됩니다. 다만 능히 알음알이를 아는 그 마음을 살펴보십시오. 도리어 장애가 있습니까? 능히 알음알이를 알아차리는 마음에 또한 허다한 것들이 있습니까 없습니까?

예로부터 큰 지혜를 갖춘 사람들은 모두 알음알이로 도반을 삼고, 알음알이로 방편을 삼으며, 알음알이로 평등한 자비를 실천했고, 알음알이로 모든 불사를 지었습니다. 마치 용이 물을 만난 듯하고 호랑이가 산에 의지한 것과 같이, 결코 이것을 번뇌로 간주하지 않았습니다. 다만 그들은 알음알이가 일어나는 곳을 알았을 뿐입니다. 이미 알음알이가 일어나는 곳을 알게 되면 곧 이 알음알이가 해탈의 도량이며 생사를 벗어난 곳입니다. 이미 해탈의 도량이고 생사를 벗어난 곳이라면 알음알이의 당처가 적멸합니다. 알음알이의 당처가 적멸하면 능히 알음알이를 아는 사람도 적멸하지 않을 수 없고, 보리와 열반과 진여와 불성도 적멸하지 않을 수 없습니다. 다시 무엇이 있어 장애하고, 다시 어느 곳을 향하여 깨달아 들어감을 구하겠습니까?

석가모니 부처님께서 말씀하셨습니다.

"모든 업은 마음에서 발생하므로
마음은 허깨비와 같다고 말한다.
만약 이러한 분별심에서 벗어나면
곧 모든 육도윤회가 소멸된다."[129]

---

129) 『대방광불화엄경(大方廣佛華嚴經)』권44[대정장(大正藏)10, p.235中]

어떤 스님이 대주혜해(大珠慧海)[130] 화상에게 물었습니다.

"대열반이란 무엇입니까?"

대주가 말했습니다.

"생사의 업을 짓지 않는 것이 바로 대열반이다."

스님이 물었습니다.

"그러면 생사의 업은 무엇입니까?"

대주가 말했습니다.

"대열반을 추구하는 것이 바로 생사의 업이다."[131]

또 고덕이 말했습니다.

"도를 닦는 사람이 한 생각이라도 생사를 헤아리면 바로 마도(魔道)에 떨어지고, 한 생각이라도 여러 가지 견해를 일으키면 곧 외도에 떨어진다."[132]

또 정명거사는 말했습니다.

"모든 마구니는 생사를 좋아하지만 보살은 생사를 버리지 않는다. 외도는 갖가지 분별견해를 좋아하지만 보살은 갖가지 분별견해에 흔들리지 않는다."[133]

이것이 바로 알음알이로 도반을 삼고, 알음알이로 방편을 삼으며, 알음알이로 평등한 자비를 실천하는 것이고, 알음알이로 모든 불사를 짓는 본보기입니다. 다만 그들은 삼아승지겁이 공하고, 생사와 열반

130) 대주혜해(大珠慧海)는 마조도일(馬祖道一)의 제자이다. 『돈오입도요문론(頓悟入道要門論)』을 지었고, 어록으로는 『대주선사어록(大珠禪師語錄)』이 있다.

131) 『경덕전등록(景德傳燈錄)』 권6[대정장(大正藏)51, p.247上]

132) 『전심법요(傳心法要)』[대정장(大正藏)48, p.381中]

133) 『유마힐소설경(維摩詰所說經)』 권中[대정장(大正藏)14, p.544下]

모두 적정임을 요달했을 뿐입니다.

아직 이러한 경지에 도달하지 못했다면 삿된 스승들[邪師輩]이 제멋대로 터무니없이 지껄이는 말을 듣고 귀신굴에 끌려가서 눈을 감고 망상을 일으키는 일은 결코 없어야 합니다. 근래에 조사의 도가 쇠퇴해서 이러한 무리가 삼대와 좁쌀처럼 많습니다. 참으로 맹인 한 사람이 여러 맹인을 이끌고 불구덩이 속으로 함께 빠지는 것과 같습니다. 대단히 불쌍한 일입니다.

바라건대, 공께서는 척량골을 굳게 세워서 이러한 행동을 하지 마십시오.[134] 이러한 행동을 하면 비록 잠깐은 냄새나는 가죽부대를 구속하여 구경의 경지로 삼을 수 있으나 심식이 어지럽게 날뛰는 것이 마치 아지랑이와 같을 뿐입니다. 비록 심식이 잠깐은 멈추지만 마치 돌로써 풀을 눌러놓는 것과 같아서 자기도 모르는 사이에 다시 살아나게 됩니다. 이렇게 되면 곧바로 위없는 깨달음으로 구경의 안락에 이르고자 하는 것이 어찌 어렵지 않겠습니까? 본인 역시 일찍이 이러한 무리들로 인해 잘못된 적이 있었습니다.[135] 뒷날 참다운 선지식을[136] 만나지 못했다면 아마도 일생을 헛되이 보냈을 것입니다. 아무리 생각해도 정말 참을 수 없는 일이었습니다.

이런 까닭에 구업을 아끼지 않고 이런 폐단을 힘써서 구제했더니 요즘에야 조금씩 잘못된 줄 아는 사람들이 있게 되었습니다.

---

134) 이러한 행동은 '귀신굴에 끌려가서 눈을 감고 망상을 일으키는 일'을 가리킨다. 대혜는 특히 당시에 묵조선(默照禪)의 수행법을 잘못 실천하고 있는 사람들을 지적하고 있다.

135) 대혜는 일찍이 평보융(平普融)에게 묵조선을 공부한 적이 있다.『대혜연보(大慧年譜)』34년조[불광장경(佛光藏經)73, pp.515-516] 참조.

136) 대혜의 스승인 원오극근(圜悟克勤: 1063-1135)을 가리킨다.

만약 곧장 깨닫고자 한다면 반드시 이 한 생각을 확 터뜨려야 바야흐로 생사를 요달해 마치는 것입니다. 이것을 일러 '깨달아 들어간 곳'이라고 합니다. 그러나 절대로 마음을 두어 타파되기를 기다려서는 안 됩니다. 만약 마음을 타파될 곳에 둔다면 영겁토록 타파될 때가 없을 것입니다.

무릇 망상으로 전도된 마음, 사량하고 분별하는 마음, 생(生)을 좋아하고 사(死)를 싫어하는 마음, 알음알이로 이해하려는 마음, 고요함을 좋아하고 시끄러움을 싫어하는 마음 등을 당장 내려놓고, 다만 내려놓은 그 자리에서 화두를 참구해보십시오.

한 스님이 조주에게 물었습니다.

"개에게도 불성이 있습니까?"

조주가 말했습니다.

"무(無)."[137]

이 한 글자야말로 무수하게 많은 잘못된 지식과 잘못된 깨달음 등을 쳐부수는 무기입니다. 이 무(無)라는 글자에 대하여 유무를 통해서 이해하려고 하지 말며, 도리를 통하여 이해하려고 하지 말며, 의식으로 사량하고 헤아리지도 말며, 눈썹을 치켜들고 눈을 깜박이는 곳에 마음을 두지도 말며, 언어의 길에서 살길을 도모하려고 하지도 말고, 일 없는 곳에 마음을 두지 말며, 화두를 드는 곳에서 알려고 하지 말며, 문자를 끌어들여 증명하려고 하지 마십시오.[138]

---

137) 『고존숙어록(古尊宿語錄)』 권13[만신속장(卍新續藏)68, p.81上] ; 『법연선사어록(法演禪師語錄)』 권下[대정장(大正藏)47, p.665中]

138) 무자화두(無字話頭)의 참구법인 부득작유무회(不得作有無會) 이하의 8가지에 부득

다만 하루 종일 걷고 머물며 앉고 눕는 사위의(四威儀)[139]에서 항상 공부하고 참구하되, "개에게도 불성이 있습니까?" "무"라고 한 것을 일상에서 떠나지 않게 하십시오. 일단 이와 같이 공부해보십시오. 날이 가고 달이 지나면 곧 스스로 보게 될 것입니다. 그러면 한 고을 천 리에 걸친 업무도 전혀 방해되지 않을 것입니다. 고덕은 "내가 있는 바로 이 순간, 이 자리는 살아 있는 조사의 뜻이다. 그런데 무엇이 그것을 구속하겠는가?"라고 말했습니다. 만약 일상의 생활을 벗어나서 따로 나아갈 곳이 있다면 그것은 파도를 떠나 물을 찾는 것이며, 금그릇을 버리고 금을 찾는 것과 같습니다. 추구하면 추구할수록 더욱 멀어질 뿐입니다.

答 富樞密 季申(一) [不管知解 善參活句]

示諭호대 蚤歲에 知信向此道러니 晩年에 爲知解所障하야
未有求悟入處일새 欲知日夕에 體道方便이라하니 旣荷至誠이라
不敢自外일새 據款結案하야 葛藤少許호리라 只遮求悟入底_
便是障道知解了也니 更別有甚麼知解_ 爲公作障이며 畢竟에

장미대오(不得將迷待悟)와 부득작진무지무(不得作眞無之無)의 2가지를 합쳐서 무자화두십종병(無字話頭十種病)이라고 한다.

139) 사위의(四威儀)는 수행자가 기본적으로 갖추어야 할 바른 행실이나 몸가짐을 위하여 구분한 행주좌와(行住坐臥)를 말한다.

喚甚麼하야 作知解며 知解는 從何而至며 被障者는 復是阿誰오

只此一句에 顚倒有三하니 自言爲知解所障이 是一이요 自言未悟하야

甘作迷人이 是一이요 更在迷中하야 將心待悟_ 是一이니 只遮三顚倒_

便是生死根本이라 直須一念不生하야 顚倒心絶하야사 方知無迷可破며

無悟可待며 無知解可障이니 如人이 飮水에 冷煖을 自知라

久久하면 自然不作遮般見解也리라 但就能知知解底心上하야

看하라 還障得也無아 能知知解底心上에 還有如許多般也無아

從上大智慧之士_ 莫不皆以知解로 爲儔侶하며 以知解로 爲方便하야

於知解上에 行平等慈하며 於知解上에 作諸佛事호대 如龍得水하고

似虎靠山하야 終不以此로 爲惱하나니 只爲他識得知解起處일새니라

旣識得起處인댄 卽此知解_ 便是解脫之場이며 便是出生死處라

旣是解脫之場이며 出生死處인댄 則知底解底當體寂滅이며

知底解底_ 旣寂滅인댄 能知知解者도 不可不寂滅이며 菩提涅槃과

眞如佛性도 不可不寂滅이리니 更有何物可障이며 更向何處하야

求悟入이리요 釋迦老子曰 諸業從心生일새 故說心如幻이로니

若離此分別하면 則滅諸有趣라하며 僧이 問大珠和尙호대

如何是大涅槃이닛고 珠云호대 不造生死業이 是大涅槃이니라

僧이 云如何是生死業이닛고 珠云求大涅槃이 是生死業이라하며

又古德이 云호대 學道人이 一念에 計生死이며 卽落魔道요

一念에 起諸見하면 卽落外道라하며 又淨名이 云호대 衆魔者는

樂生死어든 菩薩은 於生死에 而不捨하고 外道者는 樂諸見이어든

菩薩은 於諸見에 而不動이라하니 此乃是以知解로 爲儔侶하고

以知解로 爲方便하야 於知解上에 行平等慈하고 於知解上에

作諸佛事底 樣子也니라 只爲他了達三祇劫空하야 生死涅槃이
俱寂靜故니라 旣未到遮箇田地인댄 切不可被邪師輩의 胡說亂道하야
引入鬼窟裏하야 閉眉合眼하고 作妄想이어다 邇來에 祖道衰微하야
此流_ 如麻似粟하니 眞是一盲이 引衆盲하야 相牽入火坑이라
深可憐愍이로다 願公은 硬着脊梁骨하야 莫作遮般去就어다
作遮般去就底인댄 雖暫拘得箇臭皮袋子住하야 便以爲究竟이나
而心識紛飛호미 猶如野馬하야 縱然心識이 暫停이나 如石壓草하야
不覺에 又生하나니 欲直取無上菩提하야 到究竟安樂處면 不亦難乎아
某亦嘗爲此流의 所誤러니 後來에 若不遇眞善知識이런들
幾致空過一生일러니라 每每思量컨댄 直是叵耐로다 以故로
不惜口業하고 力救此弊리니 今稍有知非者니라 若要徑截理會인댄
須得遮一念子를 爆地一破하야사 方了得生死하리니 方名悟入이니라
然이나 切不可存心待破어다 若存心在破處則永劫에 無有破時하리라
但將妄想顚倒底心과 思量分別底心과 好生惡死底心과
知見解會底心과 欣靜厭鬧底心하야 一時에 按下하고 只就按下處하야
看箇話頭호대 僧이 問趙州호대 狗子도 還有佛性也無닛가
州云無라하니 此一字子는 乃是摧許多惡知惡覺底器仗也라
不得作有無會하며 不得作道理會하며 不得向意根下하야
思量卜度하며 不得向揚眉瞬目處하야 探根하며 不得向語路上하야
作活計하며 不得颺在無事甲裏하며 不得向擧起處하야
承當하며 不得向文字中引證하고 但向十二時中四威儀內하야
時時提撕하며 時時擧覺호대 狗子도 還有佛性也無닛가 云無를
不離日用하고 試如此做工夫看하면 月之日에 便自見得也이리니

一郡千里之事都不相妨하리라 古人이 云호대 我遮裏는 是活底祖師意라
有甚麼物이 能拘執他리요하니 若離日用하고 別有趣向則是는
離波求水며 離器求金이라 求之愈遠矣리라

부추밀 계신에게 답한 대혜의 편지 ②[140]

[고요함에 빠지지 말고 시끄러운 곳에서 힘을 얻을 것을 권장한다]

요즘 일대사인연(一大事因緣)을 마음에 두고 용맹정진하며 순일하여 잡념이 없다는 편지를 받고 기쁘기 그지없었습니다. 능히 하루 종일 번거로운 임무 가운데서도 상응하고 있습니까? 깨어 있을 때나 잠을 잘 때도 한결같습니까? 만약 아직 그렇지 못하다면 절대로 공에 빠져 있거나 고요한 경지로 나아가지 마십시오. 고인은 그것을 "흑산에 사는 귀신들의 살림살이로 미래가 다할 때까지도 벗어날 기약이 없을 것이다"라고 하였습니다.

저는 지난번 편지를 받고 공(부추밀)께서 정승삼매(靜勝三昧)[141]에 빠져 있는 것이 아닌가 염려했습니다. 직각공(直閣公)에게 물어보니 과연 생각했던 것과 같음을 알았습니다. 대개 갖가지 세파를 겪은 사람은 오랫동안 속진에 묻혀 있었기 때문에 문득 다른 사람으로부터 고요한 곳에서 공부하라는 가르침을 받고 잠깐 마음이 평온해지면 그것을 구경의 안락으로 오인합니다. 그러나 그것은 돌멩이가 풀을 누르고 있는 것과 같은 줄 전혀 모르고 있는 것입니다. 비록 잠시나마 번뇌가 단절된 소식이라고 느끼겠지만 여전히 번뇌의 뿌리가 남아 있음을 어찌하겠습니까? 어찌 적멸을 투철하게 깨칠 기약이 있겠습니까?

참으로 적멸의 현전을 바란다면 반드시 타오르는 듯한 생멸 속에서

---

140) 대혜 50세(1138)에 임안(臨安)의 경산사(徑山寺)에 주석할 때 답변한 것이다.
141) 정승삼매(靜勝三昧)는 아무것도 하지 않고 고요하게 앉아 있는 것을 뛰어난 삼매라고 간주하는 것을 말한다.

문득 한번 도약해서 뛰어나와야 합니다. 그래야 털끝 하나 움직이지 않고도 긴 강을 휘저어 우유[酥酪]를 만들고, 대지를 변화시켜 황금으로 만들며,[142] 사람들의 근기에 따라 놓아주기도 하고 빼앗기도 하며 죽이기도 하고 살리는 것이 자유자재합니다. 자기와 타인을 모두 이롭게 하는 데 하지 못할 것이 없습니다.

앞서간 성인들은 이것을 무진장다라니문(無盡藏陀羅尼門), 무진장신통유희문(無盡藏神通遊戲門), 무진장여의해탈문(無盡藏如意解脫門)이라고 불렀습니다. 이야말로 어찌 진정한 대장부여야 할 수 있는 일이 아니겠습니까? 그러나 이것 또한 남이 시켜서 하는 일이 아닙니다. 모두가 우리 마음에 항상 갖추고 있는 능력일 뿐입니다.

바라건대, 공께서는 부디 정신을 바짝 차려서 결단코 이것을 기약하십시오. 확철하게 크게 깨달으면[廓徹大悟] 마음이 환하게 밝은 것이 마치 백천 개의 태양과 달이 시방세계를 한 생각에 밝게 비추는 것과 같이 털끝만큼의 망념도 없게 됩니다. 이렇게 되면 비로소 구경의 경지와 상응하게 됩니다. 만약 이렇게 된다면 어찌 생사의 길에서 힘을 얻는 것뿐이겠습니까? 훗날에 다시 요직[鈞軸][143]에 올라서 군주를[144] 요(堯) 임금과 순(舜) 임금보다도 더 높이 올려놓는 일이 마치 자신의 손바닥을 가리키는 것처럼 손쉬울 것입니다.

---

142) 『원오불과선사어록(圓悟佛果禪師語錄)』 권5[대정장(大正藏)47, p.735下]
143) 균(鈞)은 도기(陶器)를 만드는 회전판이고, 축(軸)은 수레바퀴를 유지하는 굴대이다. 사물의 중요한 부분으로 권력의 핵심을 가리킨다.
144) 군(君)은 당시의 황제인 고종(高宗)이다.

又(二) [勸不得滯靜 於鬧中得力]

竊知日來에 以此大事因緣으로 爲念하야 勇猛精進하야 純一無雜하고

不勝喜躍호라 能二六時中熾然作爲之際에 必得相應也未아

寤寐二邊에 得一如也未아 如未인댄 切不可一向沈空趣寂이니

古人이 喚作黑山下鬼家活計라 盡未來際히 無有透脫之期하리라

昨接來誨하고 私慮左右_ 必已耽着靜勝三昧러니 及詢直閣公하야

乃知果如所料호라 大凡涉世有餘之士_ 久膠於塵勞中이라가

忽然得人의 指令向靜黙處做工夫하야 乍得身中이 無事하면

便認着하야 以爲究竟安樂하고 殊不知似石壓草로다

雖暫覺絶消息이나 奈何根株猶在어니 寧有證徹寂滅之期리요

要得眞正寂滅이 現前인댄 必須於熾然生滅之中에 驀地一跳에

跳出호대 不動一絲毫하고 便攪長河하야 爲酥酪하며 變大地하야

作黃金하며 臨機縱奪에 殺活自由하고 利他自利에 無施不可하리니

先聖이 喚作無盡藏陀羅尼門이며 無盡藏神通游戲門이며

無盡藏如意解脫門이라하시니 豈非眞大丈夫之能事也리요 然이나

亦非使然이라 皆吾心之常分耳이니 願左右는 快着精彩하야

決期於此어다 廓徹大悟하면 身中皎然호대 如百千日月하야 十方世界를

一念明了호대 無一絲毫頭異想하리니 始得與究竟相應하리라

果能如是면 豈獨於生死路上에 得力이리요 異日에 再秉鈞軸하야

致君於堯舜之上을 如指諸掌耳리라

부추밀 계신에게 답한 대혜의 편지 ③[145]

[적정에 빠지지 말고 시끄러운 곳에서 화두를 들어라]

　　편지에서 "처음 공부할 때 잠시 정좌해보니 공부가 참으로 잘된다"
또 "망령되게 고요하다는 견해를 짓지 않는다"라고 하였습니다. 공의
말들은 "비유하면 어떤 사람이 자기의 귀를 막고 큰소리를 치면서도
다른 사람이 듣지 않기를 바라는 것과 같다"[146]는 부처님의 말씀과
같습니다. 참으로 이것은 스스로 장애를 만들 뿐입니다. 만약 생사의
마음을 타파하지 못하면 평소에 하루 종일 흐리멍덩한 것이 마치
아직 혼이 흩어지지 않은 송장과 같을 뿐입니다. 다시 무슨 고요함을
이해하고 시끄러움을 이해하는 한가한 공부를 찾고 있습니까?

　　『열반경』을 설하는 법회에서 백정 광액(廣額)은 칼을 내려놓고 곧장
성불하였는데,[147] 이것이 어찌 고요한 곳에서 공부를 한 결과이겠
습니까? 광액이 어찌 초심자가 아니겠습니까만 공께서는 이것을 절대
그렇지 않다고 여기면서, "광액은 고불이 한 것이지 오늘날의 사람은
이러한 역량이 없다"고 할 것입니다. 만약 이처럼 본다면 자신의 수승
함을 믿지 못하고 그저 못난 사람으로 만족하는 것입니다.

　　우리 선문에서는 초학(初學)이든 만학(晩學)이든 따지지 않고,
구참(久參)이든 먼저 공부한 사람이든 묻지도 않습니다. 만약 참으로
고요한 경지를 바란다면 모름지기 생사심을 타파해야 합니다. 애써서

---

145)　이 편지는 대혜 50세(1138) 때 임안의 경산사에 주석할 때 답한 것이다.
146)　『수능엄경(首楞嚴經)』 권6[대정장(大正藏)19, p.132上]
147)　『열반경(涅槃經)』 권19[대정장(大正藏)12, p.479中]

공부하지 않아도 생사심이 타파되면 곧 저절로 고요해집니다. 옛 성현이 말씀하신 적정(寂靜)의 방편이 바로 이것입니다. 말세의 삿된 스승들이[邪師輩] 옛 성인의 방편설(方便說)을 이해하지 못할 따름입니다.

만약 공께서 산승을 믿는다면 먼저 시끄러운 곳에서 구자무불성 화두[狗子無佛性話]를 참구할지언정 깨닫고 깨닫지 못함을 말하지 마십시오. 마음이 어지러울 때에 천천히 화두를 살펴보십시오. 고요함을 느낄 수 있습니까? 또한 힘을 얻음을 느낄 수 있습니까? 만약 힘을 얻음을 느낀다면 곧 놓아버리지 마십시오. 고요히 앉고 싶으면 다만 향을 하나 사르고 고요히 앉으십시오. 앉아 있을 때에는 혼침하지 말며, 또한 산란하게 하지도 마십시오. 혼침과 산란은 옛 성인들이 경계한 것입니다. 고요히 앉았을 때 이러한 두 가지 병이 나타남을 깨닫게 되면 다만 '구자무불성 화두'를 살펴보십시오. 이렇게 하면 두 가지 병은 애써서 물리치지 않아도 그 자리에서 안정될 것입니다. 오래오래 하면 힘을 더는 것이 바로 힘을 얻는 곳임을 깨닫게 될 것입니다. 그렇게 되면 고요한 곳에서 힘을 써서 공부하지 않더라도 다만 이렇게 하는 것이 공부임을 알게 될 것입니다.

지난번 천남(泉南)에서 이참정을 처음 만났습니다. 이참정은 산승이 묵조사선(黙照邪禪)이 사람들의 눈을 멀게 한다고 힘써 배척하는 것을 보았습니다. 그는 처음에는 불평하면서 의구심과 분노를 일으켰습니다. 그러다가 산승의 정전백수자 화두에 대한 게송을 듣고는 홀연히 칠통을 타파하였습니다. 한번 웃고 백천 가지를 깨달았습니다. 그리고 비로소 산승이 숨김없이 들려준 말을 믿었으며 추호도 속임이 없었습니다. 또한 인상과 아상으로 다투지 않고 바로 산승에게 참회

하였습니다. 이 사람이 지금 그곳에 있으니 그것이 사실인지 물어
보시기 바랍니다.

　도겸상좌(道謙上座)[148]가 이미 복당(福唐)으로 출발하였는데 도착했
는지 궁금합니다. 이 사람은 참선하면서 온갖 어려움을 겪었습니다.
또한 일찍이 십여 년 동안 고선(枯禪)[149]에 빠져 있었다가 근년에 비로소
안락한 경지를 얻었습니다. 그를 만나거든 어떻게 공부해야 하는지
물어보십시오. 그도 일찍이 나그네 노릇을 하였기에 나그네를 무척
불쌍히 여길 것입니다. 반드시 지극정성으로 털어놓을 것입니다.

又(三) [不得滯靜 於鬧處看話]

示諭호대 初機_ 得少靜坐호니 工夫亦自佳라하며
又云不敢妄作靜見이라하니 黃面老子의 所謂譬如有人이 自塞其耳하고
高聲大叫하야 求人不聞이라 眞是自作障難耳이로다 若生死心을
未破하면 日用二六時中에 冥冥蒙蒙地_ 如魂不散底死人으로
一般이라 更討甚閑工夫_ 理會靜理會鬧耶리요 涅槃會上에
廣額屠兒_ 放下屠刀하고 便成佛하니 豈是做靜中工夫來리요
渠豈不是初機리요만은 左右_ 見此코 定以爲不然이라하야 須差排호대

---

148) 도겸상좌(道謙上座)는 개선도겸(開善道謙)으로 대혜종고의 법제자이다.
149) 고선(枯禪)은 적정(寂靜)에만 매몰되어 있는 선풍을 가리킨다.

渠作古佛이 示現이지 今人은 無此力量이라하리니 若如是見인댄

乃不信自殊勝하고 甘爲下劣人也리라 我此門中은 不論初機晩學하고

亦不問久參先達이라 若要眞箇靜인댄 須是生死心을 破니

不着做工夫하야도 生死心하고 破則自靜也리라 先聖의 所說寂靜方便이

正爲此也어늘 自是末世邪師輩_ 不會先聖方便語耳니라 左右_

若信得山僧及인댄 試向鬧處하야 看狗子無佛性話언정 未說悟不悟니

正當方寸이 擾擾時하야 護提撕擧覺看하라 還覺靜也無이

還覺得力也無아 若覺得力이어든 便不須放捨하고 要靜坐時에

但燒一炷香하고 靜坐호대 坐時에 不得令昏沈하며 亦不得掉擧니

昏沈掉擧는 先聖의 所訶니라 靜坐時에 纔覺此兩種病이 現前이어든

但只擧狗子無佛性話하면 兩種病은 不着用力排遣하야도 當下에

怗怗地矣리니 日久月深하면 纔覺省力이 便是得力處也라

亦不着做靜中工夫하야도 只遮便是工夫也니라 李參政이 頃在泉南하야

初相見時에 見山僧의 力排黙照邪禪이 瞎人眼하고 渠初不平하야

疑怒相半이러니 驀聞山僧의 頌庭前栢樹子話하고 忽然打破漆桶하야

於一笑中에 千了百當코사 方信山僧의 開口見膽이라 無秋毫相欺하며

亦不是爭人我하고 便對山僧懺悔일러니라 此公이 現在彼하니

請試問之호대 還是也無아하라 道謙上座_ 已往福唐이러니 不識커라

已到彼否아 此子_ 參禪喫辛苦更多호대 亦嘗十餘年을 入枯禪이러니

近年에 始得箇安樂處하니 相見時어든 試問渠호대 如何做工夫오하라

曾爲浪子라 偏憐客이니 想必至誠吐露也리라

이참정 한로에게 답한 대혜의 별도의 편지[150]

[부추밀을 동사섭(同事攝)[151]으로 구제해줄 것을 권장한다]

부추밀이 지난날 삼구(三衢)[152]에 있었을 때 편지를 보내서 도에 대해서 물었습니다. 그래서 여러 가지 설명을 해서 보냈습니다. 그런데도 그는 오히려 묵조에 빠졌는데 이것은 삿된 스승을 만나 귀신의 굴속으로 이끌려 들어간 것이 분명합니다.

요즘 다시 편지를 받아보니 그는 또 고요함에 집착하는 것을 훌륭한 공부로 생각합니다. 그가 이처럼 꽉 막혀 있는데 어떻게 경산의 선을 참구할 수 있겠습니까?

이번에 또다시 그에게 답장을 하며 누누이 말했습니다. 구업을 아끼지 않고 매우 심하게 비판했지만 기꺼이 머리를 돌려 일상 속에서 화두를 참구하고 있는지 알 수가 없습니다. 옛 성인이 말씀하시기를 "차라리 수미산과 같이 크게 파계를 할지언정 조금이라도 삿된 스승의 삿된 생각에 물들지 마라. 겨자씨만큼이라도 분별심이 있으면 마치 기름이 밀가루에 들어간 것과 같이 영원히 나올 수 없다"라고 하였습니다. 이 사람이야말로 바로 그러한 경우입니다.

만약 공께서 부추밀을 만난다면 그에게 보낸 편지를 한번 읽어보

---

150) 이 편지는 이참정(李參政)에게 보낸 편지이다. 그러나 부추밀(富樞密)과 관련된 내용이 있기에 여기에 두었다. 이것은 편집자의 기교이다.

151) 동사섭(同事攝)은 보시섭(布施攝), 애어섭(愛語攝), 이행섭(利行攝), 동사섭(同事攝)의 사섭법(四攝法) 가운데 하나이다. 동사섭은 중생의 근기를 살펴서 중생이 하고자 하는 것을 따라서 교화하는 것이다.

152) 삼구(三衢)는 절강성(浙江省) 상산현(常山縣) 구주부(衢州府)에 있는 지명이다.

시고 방편을 만들어 구제해주십시오. 사섭법 가운데서 동사섭이 제일
뛰어납니다. 공께서는 반드시 동사섭 법문을 크게 열어서 그분으로
하여금 믿어 들어가게 하십시오. 그러면 산승의 부담을 덜어주는
것일 뿐만 아니라 그로 하여금 믿게 해서 옛 굴속에서 벗어나게 하는
것입니다.

答 李參政 漢老別紙 [勸以同事攝 救取富樞密]

富樞_ 頃在三衢時에 嘗有書來問道어늘 因而打葛藤一上하야
落草不少호대 尙爾滯在黙照處하니 定是遭邪師의
引入鬼窟裏無疑로다 今又得書호니 復執靜坐爲佳라 其_ 滯泥如此어니
如何參得徑山禪이리요 今次答渠書호대 又復縷縷葛藤하야
不惜口業하고 痛與剗除어니와 又不知肯回頭轉腦하야 於日用中에
看話頭否아 先聖이 云호대 寧可破戒를 如須彌山이언정 不可被邪師의
熏一邪念이니 如芥子許나 在情識中하면 如油入麪하야 永不可出이라하니
此公이 是也라 如與之相見이어든 試取答渠底葛藤一觀하고
因而作箇方便하야 救取此人이어다 四攝法中에 以同事攝으로
爲最라 强左右하노니 當大啓此法門하야 令其信入이면
不唯省得山僧一半力이라 亦使渠로 信得及하야 肯離舊窟也리라

진소경 계임[153]에게 답한 대혜의 편지 ①[154]

[둔한 줄 알고 참구하되 취사분별하지 말라]

편지를 받아보니, 일대사인연에 마음을 두고자 하지만 근성이
지극히 우둔하다고 하였습니다. 만약 정말로 그러하다면 마땅히
공(진소경)께서는 축하받아야 합니다. 오늘날 사대부 대부분이 이 일에
대하여 능히 백 가지를 요달하고 천 가지를 처리해서 곧장 깨닫지
못하는 것은 다만 지나치게 영리하고 지견이 너무 많기 때문입니다.
그래서 종사가 입을 열고 혀를 움직이는 것을 보면 벌써 한순간에
알아차립니다.

이런 까닭에 도리어 둔한 사람이 허다한 잘못된 지식과 깨달음이
없어서 문득 한 가지 기틀이나 하나의 경계[一機一境] 또는 한 마디 말이나
한 개의 구절[一言一句]에 부딪혀서 깨달음이 촉발되는 것만 못합니다.
달마대사(達磨大師)[155]가 출현하여 갖가지 신통력을 발휘해도 이런
사람을 어찌하지 못할 것입니다. 왜냐하면 그에게는 장애가 되는 도리
가 없기 때문입니다.

그러나 근기가 뛰어난 사람들은 도리어 뛰어난 근기가 장애가 되어

---

153) 진소경 계임의 속성은 진(陳)씨이고, 이름은 전(栴)[『송사(宋史)』 권377에는 각(桷)]
　　이며, 자는 계임(季任)이고, 자호(自號)는 무상거사(無相居士)이다. 갈주(竭州) 평양
　　인(平陽人, 浙江省 永嘉縣) 출신이다.
154) 대혜 51세(1139) 때 경산사에서 답한 것이다.
155) 달마대사(達磨大師)는 보리달마(菩提達磨: 5세기-6세기)로서 중국 선종의 초조
　　이다.

줄지(啐地)[156]에 바로 쪼개지 못하고 폭지(爆地)[157]에 문득 타파하지 못합니다. 비록 총명과 알음알이로 배울 수는 있겠으나 자기의 본분사에 대해서는 전혀 힘을 얻지 못합니다. 그 때문에 남전보원(南泉普願)[158] 화상은 "요즘 선사는 대단히 많은데 어리석고 아둔한 사람은 찾아볼 수가 없다"[159]고 말했습니다. 또 장경회휘(章敬懷暉)[160] 화상이 말했습니다.

"지극한 이치[至理]는 언설이 없다. 그런데 요즘 사람들은 전혀 모르고 억지로 다른 일을 익히고 그것을 공능으로 여긴다. 자성은 원래 육진의 경계가 아니고 미묘한 대해탈문임을 알지 못한다. 이미 지니고 있는 감각은 오염되거나 장애되지 않는 것이 마치 광명이 멈추거나 사라진 적이 없는 것과 같다. 옛날부터 지금에 이르기까지 진실로 변하지 않는 것이 마치 태양이 멀고 가까운 것을 두루 비추어 온갖 사물에 다다르나 일체의 사물과 섞이지 않는 것과 같다. 신령스러운 빛의 미묘한 밝음은 단련으로 되는 것이 아니다. 이러한 사실을 알지 못해 사물에 탐착하게 된다. 마치 손가락으로 눈을 눌러 공연히 허공 꽃을 만드는 것과 같다. 헛되이 스스로 피로하게 하여 오랜 세월을

---

156) 줄지(啐地)란 닭이 병아리를 깔 때 알을 품어 충분히 무르익으면 병아리가 안에서 소리를 내는데, 이때 어미 닭이 밖에서 쪼아주는 것을 말한다. 흔히 줄탁동시(啐啄同時)라고 한다. 화두를 의심하고 의심하여 참다운 의심이 돈발(頓發)한 뒤에 의단(疑團)이 무르익으면 저절로 화두가 타파되는 것을 뜻한다.

157) 폭지(爆地)란 밤을 불에 구울 때 충분히 익으면 폭발하듯이 터지는 것을 말한다.

158) 남전보원(南泉普願: 748-934)은 마조도일(馬祖道一)의 제자다.

159) 『경덕전등록(景德傳燈錄)』권28[대정장(大正藏)51, p.445上]

160) 장경회휘(章敬懷暉)는 마조도일의 제자이다.

잘못 보내고 있다. 만약 능히 반조한다면 거짓된 자아[161]가 없게 될 것이다. 일상의 행위[162]가 실상을 이지러지게 하지 못할 것이다."[163]

공께서는 스스로 둔근이라고 말씀하시는데, 한번 이와 같이 반조해 보십시오. 근기가 둔함을 아는 자는 둔합니까 둔하지 않습니까? 만약 회광반조하지 않고 다만 근기가 둔함을 탓하면서 다시 번뇌를 일으키면 이것은 헛된 망상 위에 헛된 망상을 추가하는 것이며, 허공 꽃 위에 다시 허공 꽃을 첨가하는 것입니다. 자세히 들어보십시오. 근성이 둔함을 아는 사람은 결정코 둔하지 않습니다. 비록 이러한 둔한 것을 지키려고 해서도 안 되지만 이 둔한 것을 버리고 참구해서도 안 됩니다. 취하고 버리고 영리하고 둔함은 사람에게 있는 것이지 마음에 있지 않습니다. 이 마음은 삼세의 모든 부처님과 다르지 않습니다. 만약 다르다면 법이 평등하지 못한 것입니다. 이렇게 되면 아난이 가르침을 받고 가섭이 마음을 전한 것이 모두 허망한 일이 됩니다. 또한 진리를 구하고 실상을 찾는 것도 어긋난 일입니다. 다만 이 삼세의 모든 부처님과 하나로 다르지 않은 마음은 결코 취하고 버리며 영리하고 둔한 데 있지 않다는 사실을 알게 되면, 당장에 달을 볼 뿐 손가락은 잊게 되어 바로 한칼에 두 동강을 내게 될 것입니다. 만약 다시 머뭇거리며 앞일을 생각하고 뒷일을 계산한다면 빈주먹을 가지고 무엇이 들어 있다는 견해를 내는 것입니다. 또한 육근과 육경의 법에서

---

161) 제이인(第二人)은 주체적인 본래인(本來人) 또는 제일인(第一人)에 상대되는 말이다. 허망하게 집착하는 거짓된 자아를 가리킨다.
162) 거조시위(擧措施爲)는 행동거지(行動擧止), 견문각지(見聞覺知), 행주좌와(行住坐臥), 일거수일투족(一擧手一投足) 등 모든 동작과 행위를 가리킨다.
163) 『경덕전등록(景德傳燈錄)』 권7[대정장(大正藏)51, p.252中]

헛되고 괴이한 짓을 벌이는 것입니다. 오음의 세계에서 망령되이 스스로 갇히고 집착하게 되어 마칠 때가 없을 것입니다.

근년 이래로 한 종류의 삿된 스승들이 묵조선을 설하면서 사람들에게 "하루 종일 아무런 일도 상관하지 말고 쉬고 또 쉴 뿐 아무런 소리도 내지 말라. 금시[164]에 떨어질까 염려된다"라고 합니다. 가끔 사대부들이 총명하고 영리한 것에 부림을 받아 시끄러운 곳을 싫어하다가 잠깐 삿된 스승들에게 조용히 앉으라는 가르침[165]을 받습니다. 그러다가 힘을 더는 것을 경험하게 되면 그것에 만족하여 다시 미묘한 깨달음을 구하지 않고 다만 묵묵히 있는 것을 궁극의 법칙으로 여깁니다. 저는 구업을 아끼지 않고 비판하면서 이러한 폐단을 구하려고 힘써왔는데 요즘 조금씩 그것이 잘못된 것임을 아는 사람들이 생겼습니다. 바라건대 그대는 다만 의정을 깨뜨리지 못한 곳을 향하여 참구하십시오[崖將去]. 행주좌와에 놓아버리지 마십시오. 한 스님이 조주에게 물었습니다. "개에게도 불성이 있습니까?" 조주는 "무"라고 대답하였습니다. 이 한 글자는 바로 생사의 의심을 깨뜨리는 칼입니다. 이 칼의 칼자루는 다만 그 사람의 손에 있습니다. 다른 사람들이 어떻게 할 수 없는 것입니다. 모름지기 스스로 손을 댈 수 있을 뿐입니다. 만약 목숨을 버릴 수 있다면 스스로 손을 댈

---

164) 금시(今時)는 바로 지금 현재 눈앞에 펼쳐지는 온갖 경험세계, 망상(妄想) 혹은 생멸문(生滅門)을 의미한다. 시간과 공간이 분별되는 세계이다. 금시의 상대어는 본분(本分)이다. 본분은 본래부터 부여받아 타고난 본성으로서 실상 혹은 진여문(眞如門)을 의미한다. 시간과 공간이 없는 불이(不二)의 세계이다.

165) 묵조선의 수행에서 고요하게 좌선하라는 가르침은 지관타좌(只管打坐)를 가리킨다. 지관타좌는 마음은 깨어 있고 몸은 정좌(正坐)하는 모습이다. 성성적적(惺惺寂寂)하게 좌선하고 있는 당체를 깨달음의 모습으로 간주한다.

수 있겠지만, 만약 생명을 버릴 수 없으면 의심을 깨뜨리지 못한 곳에서 힘을 써야 합니다. 그러다 보면 문득 저절로 생명을 버리게 될 것입니다. 그때가 되면 바야흐로 조용한 때가 곧 시끄러운 때이며, 시끄러운 때가 고요한 때입니다. 말할 때가 묵묵한 때이며, 묵묵한 때가 바로 말할 때임을 믿게 될 것입니다. 그렇게 되면 다른 사람에게 묻지 않아도 자연히 삿된 스승이 어지럽게 말하는 것을 받아들이지 않을 것입니다. 간절히 빌고 또 빕니다.

예전에 주세영(朱世英)이 편지로써 운암의 진정극문(眞淨克文)[166] 화상에게 물었습니다.

"불법은 지극히 미묘합니다. 일상에서 어떻게 마음을 써야 하고, 어떻게 체득해야 합니까? 자비로 가르쳐주십시오."

진정극문이 말했습니다.

"불법은 지극히 미묘하여 둘이 없다. 다만 묘한 곳에 이르지 못했다면 서로 길고 짧음이 있을 것이다. 만약 진실로 묘한 곳에 이르렀다면 그는 마음을 깨친 사람이기에 여실하게 스스로의 마음이 구경이며, 본래성불임을 알 것이다. 또한 여실하게 자재하고, 여실하게 안락하며, 여실하게 해탈하고, 여실하게 청정함을 알아서 일상에서 오직 자신의 마음을 사용할 뿐이다. 자심(自心)의 변화를 포착하여 쓸 뿐 옳고 그름을 묻지 마라. 마음으로 헤아리고 사량하면 이미 옳지 못하다. 마음으로 헤아리지 않으면 낱낱이 천진이며, 낱낱이 밝고 미묘하며, 낱낱이 연꽃이 물에 젖지 않는 것과 같아서 마음의

---

166) 진정극문(眞淨克文: 1025-1102)은 북송 황룡파(黃龍派)의 개조 황룡혜남(黃龍慧南)의 제자이다.

청정으로 부자유에서 벗어나게 된다. 그러므로 자신의 마음을 미혹한 까닭에 중생이 되고, 자신의 마음을 깨닫는 까닭에 부처가 된다. 그래서 중생이 부처요, 부처가 중생이다. 미혹과 깨달음으로 중생과 부처가 있을 뿐이다. 지금 도를 배우는 사람들은 대체로 자신의 마음을 믿지 않고, 자신의 마음을 깨닫지 못하며, 자기 마음의 밝고 미묘함을 수용하지 못한다. 자기 마음의 안락과 해탈을 얻지 못하고 마음 밖에 헛되이 선의 진리가 있다고 생각한다. 망령되이 기특함을 설정하고 망령되이 취하고 버린다. 비록 수행하더라도 외도나 이승의 선적(禪寂)과 단견(斷見)[167]에 떨어질 뿐이다. 이른바 수행이란 단견과 상견의 구렁텅이에 빠지는 것을 경계하는 것이다. 단견이란 자기 마음의 본래 미묘하고 밝은 성품을 버리고 오로지 마음을 벗어나 공(空)에 집착하고 선적(禪寂)에 머무는 것이다. 상견이란 일체법이 공인 줄 깨닫지 못하고 세간의 갖가지 유위법에 집착하여 그것으로 궁극의 경지를 삼는 것이다"[168] 라고 하였습니다.

엉터리 스님들은 사대부들에게 "마음을 거두고 고요하게 앉아서 일상사에 상관하지 말고 쉬고 또 쉬어라[休歇]"[169]고 가르칩니다. 이것이야말로 애써 마음을 가지고 번거로운 마음을 그치고, 애써 마음을 가지고 번거로운 마음을 비우며, 애써 마음을 가지고 번거로운 마음을 활용하는 것이 아니겠습니까? 만약 이렇게 수행한다면 어찌

---

167) 선적단견(禪寂斷見)에서 선적(禪寂)은 일체의 분별심을 그친 고요한 경지이고, 단견(斷見)은 일체의 모든 것은 허무하다는 견해이다.

168) 『임간록(林間錄)』 권下[만신속장(卍新續藏)87, p.274上-中]

169) 휴헐(休歇)은 치성하게 일어나는 번뇌를 그치고 마음의 안정을 취한다는 말이다. 상황에 따라서는 깨달음을 가리키기도 한다.

외도와 이승의 선적과 단견이라는 경계에 빠지지 않겠습니까? 어찌 자기 마음의 밝고 미묘한 수용(受用)과 궁극의 안락(安樂)과 여실하게 청정(淸淨)한 해탈 변화의 미묘함을 나타내겠습니까? 반드시 자신이 스스로 보고 깨닫게 되면 저절로 고인의 언구에 휘말리지 않고 고인의 언구를 부릴 수 있습니다. 예컨대 청정한 마니주(摩尼珠)를 진흙탕 속에 두면 백천 년이 지나도 오염되지 않는데 그것은 본체가 본래 청정하기 때문입니다.

우리 마음도 그와 같습니다. 미혹할 때는 바로 번뇌에 사로잡히지만 이 마음의 바탕은 일찍이 미혹되지 않았습니다. 이른바 연꽃이 물에 젖지 않는 것과 같습니다. 만약 홀연히 자기 마음이 본래 부처이기에[本來成佛]¹⁷⁰⁾ 궁극에 자재하고, 여실하게 안락함을 깨달으면 갖가지 미묘한 작용도 또한 밖에서 오지 않는데, 그것은 본래부터 구족되어 있기 때문입니다.

부처님[黃面老子]께서는 "가장 높고 바른 깨달음이라 할 만한 정해진 법이 없고, 또한 여래가 설한 고정된 법도 없다"¹⁷¹⁾고 하였습니다. 만약 본체를 확정해버려 진실로 이러한 일이 있다고 여긴다면 옳지 않습니다. 이 일이 부득이하게 미혹과 깨달음, 취함과 버림을 말미암은 까닭에 이것저것 도리를 설하였는데, 아직 미묘한 경지에 이르지 못한 사람을 위한 방편의 말에 불과합니다.

사실 본체에는 이것저것이라고 할 것도 없습니다. 부디 공께서는

---

170) 본래성불(本來成佛)은 일체중생이 본래부터 성불한 존재라는 말이다. 보리달마(菩提達磨)로부터 연원하는 중국 조사선(祖師禪)의 사상적인 바탕을 형성하고 있다.
171) 『금강반야바라밀경(金剛般若波羅密經)』 [대정장(大正藏)8, p.749中]

오직 이와 같이 마음을 쓰시기 바랍니다. 일상에서 밤낮으로 절대로 생사와 불도가 있다고 집착하지 마십시오. 그렇다고 생사와 불도를 부정하여 없다고 해서도 안 됩니다. 다만 "개에게도 불성이 있습니까?" 조주가 말하기를 "무"라고 한 것을 참구하십시오. 절대 의식으로 헤아리지 말고, 언어 위에서 살아갈 방도를 짓지 마십시오. 또한 종사가 말로 설파하는 곳에서 이해하려고 해서도 안 됩니다. 또한 법을 거량할 때에 부싯돌 치는 불이나 번갯불이 치는 듯한 곳을 향해서 이해하려고 해서도 안 됩니다. "개에게도 불성이 있습니까?" "무"라고 다만 이렇게 참구해야 합니다. 또한 마음을 가지고 깨달음을 기다리거나 마음을 가지고 쉬기를 기다리지 마십시오. 만약 마음을 가지고 깨달음을 기다리거나 마음을 가지고 쉬기를 기다린다면 점점 깨달음과 멀어지고 맙니다.[172]

答 陳少卿 季任(一) [知鈍參商 不得取捨]

承諭호니 欲留意此段大事因緣호대 爲根性이 極鈍이라하니
若果如此인댄 當爲左右賀也하노라 今時士大夫_ 多於此事에
不能百了千當하야 直下透脫者는 只爲根性이 太利하며
知見이 太多하야 見宗師의 纔開口動舌하면 早一時會了也라

---

172) 몰교섭(沒交涉)은 아무런 상관이 없다는 말이다.

以故로 返不如鈍根者_ 無許多惡知惡覺이라 驀地於一機一境上과

一言一句下에 撞發이니 便是達磨大師_ 出頭來하야

用盡百種神通이라도 也奈何他不得하리니 只爲他無道理可障일새니라

利根者는 返被利根의 所障하야 不能得啐地便折하며 爆地便破라

假饒於聰明知解上에 學得이라도 於自己本分事上엔 轉不得力하리니

所以로 南泉和尙이 云호대 近日에 禪師太多호대 覓箇癡鈍人하야는

不可得이라하며 章敬和尙曰 至理는 亡言이어늘 時人이 不悉하야

强習他事하야 以爲功能하고 不知自性이 元非塵境이라

是箇微妙大解脫門이로다 所有鑑覺은 不染不礙하야 如是光明이

未曾休廢라 曩劫至今히 固無變易호미 猶如日輪이 遠近斯照하야

雖及衆色이나 不與一切로 和合이라 靈燭妙明은 非假鍛鍊이언만은

爲不了故로 取於物象하나니 但如捏目에 妄起空花라 徒自疲勞하야

枉經劫數니 若能返照하면 無第二人이라 擧措施爲에

不虧實相이라하야늘 左右_ 自言根鈍이라하니 試如此返照看하라

能知鈍者는 還鈍也無아 若不回光返照하고 只守鈍根하야

更生煩惱인댄 乃是向幻妄上하야 重增幻妄이며 空花上에

更添空花也니라 但相聽하라 能知根性鈍者는 決定不鈍이니

雖不得守着遮箇鈍底나 然이나 亦不得捨却遮箇鈍底參이니라

取捨利鈍은 在人不在心이니 此心은 與三世諸佛로

一體無二라 若有二則法不平等矣리라 受敎傳心이

俱爲虛妄이며 求眞覓實이 轉見參差니 但知得一體無二之心이

決定不在取捨利鈍之間則便當見月亡指하고 直下에 一刀兩段이어니와

若更遲疑하야 思前算後則乃是空拳指上에 生實解며 根境法中에

虛捏怪라 於陰界中에 妄自囚執하야 無有了時리라 近年以來로

有一種邪師_ 說默照禪하야 敎人으로 十二時中에 是事를 莫管하고

休去歇去호대 不得做聲하라 恐落今時라하거든 往往士大夫_

爲聰明利根所使者_ 多是厭惡鬧處라가 乍被邪師輩의 指令靜坐하야

却見省力코는 便以爲足하야 更不求妙悟하고 只以默然으로

爲極則하나니 某不惜口業하고 力救此弊호니 今稍稍有知非者러라

願公은 只向疑情不破處參호대 行住坐臥에 不得放捨어다 僧이

問趙州호대 狗子도 還有佛性也無잇가 州云無라하니 遮一字子는

便是箇破生死疑心底刀子也라 遮刀子欛柄은 只在當人手中이라

敎別人下手不得이니 須是自家下手라사 始得다 若捨得性命인댄

方肯自下手어니와 若捨性命不得인댄 且只管在疑不破處하야

崖將去하면 驀然自肯捨命一下便了하리니 那時에사

方信靜時便是鬧時底며 鬧時便是靜時底며 語時便是默時底며

默時便是語時底라 不着問人하야도 亦自然不受邪師의 胡說亂道也리니

至禱至禱하노라 昔에 朱世英이 嘗以書로 問雲菴眞淨和尙云호대

佛法이 至妙하니 日用에 如何用心하며 如何體究리닛고 望慈悲指示하소서

眞淨曰 佛法이 至妙無二하니 但未至於妙則互有長短이어니와

苟至於妙則悟心之人이라 如實知自心이 究竟하야 本來成佛이며

如實自在며 如實安樂이며 如實解脫이며 如實淸淨하야 而日用에

唯用自心이니 自心變化를 把得便用이언정 莫問是之與非라

擬心思量하면 早不是也니 不擬心하면 一一天眞이며 一一明妙며

一一如蓮花不着水하야 心淸淨超於彼니라 所以迷自心故로 作衆生이요

悟自心故로 成佛이니 而衆生이 卽佛이요 佛卽衆生이어늘 由迷悟故로

有彼此也니라 如今學道人이 多不信自心하며 不悟自心하고

不得自心의 明妙受用하며 不得自心의 安樂解脫하고 心外에

妄有禪道라하야 妄立奇特하며 妄生取捨하나니 縱修行이라도

落外道二乘의 禪寂斷見境界라 所謂修行에 恐落斷常坑이니

其斷見者는 斷滅却自心의 本妙明性하고 一向에 心外着空하야

滯禪寂이요 常見者는 不悟一切法空하고 執着世間諸有爲法하야

以爲究竟也라 邪師輩_ 敎士大夫로 攝心靜坐하야 事事莫管하고

休去歇去라하나니 豈不是將心休心이며 將心歇心이며 將心用心이리요

若如此修行인댄 如何不落外道二乘의 禪寂斷見境界며

如何顯得自心의 明妙受用과 究竟安樂과 如實淸淨解脫變化之妙리요

須是當人이 自見得하며 自悟得하면 自然不被古人言句轉하고

而能轉得古人言句하리니 如淸淨摩尼寶珠를 置泥潦之中하야

經百千歲라도 亦不能染汚니 以本體_ 自淸淨故라 此心도

亦然하야 正迷時에 爲塵勞所惑이나 而此心體는 本不曾惑이니

所謂如蓮花不着水也라 忽若悟得自心이 本來成佛이라

究竟自在하야 如實安樂하면 種種妙用이 亦不從外來리니

爲本自具足故라 黃面老子日 無有定法이 名阿耨多羅三藐三菩提며

亦無有定法如來可說이라하시니 若確定本體하야 實有恁麼事인댄

又却不是也리라 事不獲已하야 因迷悟取捨故로 說道理有若干이나

爲未至於妙者하야 方便語耳라 其實本體는 亦無若干이니 請公은

只恁麼用心하야 日用二六時中에 不得執生死佛道하야 是有며

不得撥生死佛道하야 歸無하고 但只看狗子도 還有佛性也無잇가

趙州云無언정 切不可向意根下卜度하며 不可向言語上作活計하며

又不得向開口處承當하며 又不得向擊石火閃電光處會니라

狗子도 還有佛性也無잇가 無라함을 但只如此參이언정

亦不得將心待悟待休歇이어다 若將心待悟待休歇인댄 轉沒交涉矣리라

진소경 계임에게 답한 대혜의 편지 ②[173]

[번잡한 가운데서 공부하는 것은 영리하고 아둔한 것과 상관이 없다]

편지를 받아보았습니다. 지난번 제(대혜)가 보내드린 편지를 받아보신 이후에 번잡한 가운데서 회피[躱避]할 수 없는 상황[174]에 맞닥뜨릴 때마다 항상 스스로 점검해보니 아직 수행에 제대로 들어가지 못한다고 했습니다. 다만 이 피할 수 없는 곳 그대로가 공부를 마쳐야 하는 자리입니다. 만약 다시 힘을 써서 점검하면 도리어 공부와는 멀어질 것입니다.

옛적에 위부(魏府)의 노화엄(老華嚴)[175]은 말했습니다.

"불법은 일상의 생활에 있고, 걷고 머물며 앉고 눕는 데 있으며, 차 마시고 밥 먹는 데 있고, 이야기하고 인사를 나누는 데 있으며, 일하고 행동하는 데 있다. 그러므로 애써 마음을 움직이고 상념을 내는 것은 옳지 못하다."[176]

회피할 수 없는 상황에 맞닥뜨려도 절대로 마음을 움직이고 생각을 내어 점검하려고 생각해서는 안 됩니다. 조사[雲庵眞淨禪師]께서 "분별

---

173) 대혜 51세(1139) 때 경산사에서 답한 것이다.
174) 타피(躱避)는 회피하는 것을 말한다. 그래서 타피부득처(躱避不得處)는 누구라도 회피할 수 없는 상황을 가리킨다.
175) 노화엄(老華嚴)은 천발회동(天鉢懷洞)을 말한다. 처음에 『화엄경』을 강의하였기 때문에 노화엄으로 불렸다. 이후에 임제의현(臨濟義玄)의 제자인 흥화존장(興化存奬)에게 참문하고 교외별전(敎外別傳)의 종지를 폈다.
176) 『운와기담(雲臥紀譚)』 권下[만신속장(卍新續藏)86, p.672下] ; 『경덕전등록(景德傳燈錄)』 권30, [대정장(大正藏)51, p.466中]

심이 발생하지 않으면 밝은 광명이 저절로 비춘다"[177]고 말했습니다. 방거사(龐居士) 또한 말했습니다.

"일상의 생활은 특별할 것이 없다.

오직 내 스스로 짝하여 어울리네.

모든 일에 취하고 버림이 없고

가는 곳마다 어긋나지 않는다.

붉은색 자주색 누가 이름하였는가?

언덕과 산에 한 점 티끌조차 없네.

신통과 묘용이여

물을 긷고 땔나무를 나르는 일이라네."[178]

또한 선성(先聖)은 말했습니다. "다만 유심(有心)으로 분별하고 헤아리면 자신의 마음에 나타난 것은 모두 꿈에 불과하다."[179] 이와 같은 말들을 부디 기억해주십시오.

회피할 수 없는 경우에 절대 마음으로 헤아리지 마십시오. 마음을 이리저리 굴리지 않을 때 일체는 곧 그 자리에서 이루어집니다. 또한 이해를 날카롭게 하지도 말고, 둔하게도 하지 마십시오. 영리하고 둔함에 모두 관계하지 말며, 조용하고 어지러움에도 관계하지 마십시오. 바로 회피할 수 없는 경우와 맞닥뜨릴 때 홀연히 식심(識心)의

---

177) 『고존숙어록(古尊宿語錄)』 권43[중화장(中華藏)77, p.923下]

178) 방거사(龐居士)는 방온(龐蘊: ?~808)을 가리킨다. 주자(朱紫)는 고관대작이 벼슬에 따라 걸치는 옷 색깔의 차이를 말한다. 『방거어사록(龐居士語錄)』 권上[만신속장(卍新續藏)69, p.131上]

179) 선성(先聖)은 중국 선종의 초조 보리달마(菩提達磨)를 가리킨다. 유심(有心)은 공을 터득하지 못하고 유(有)에 집착하는 마음 곧 실체를 인정하는 무지몽매한 마음을 말한다. 『소실육문(少室六門)』「안심법문(安心法門)」[대정장(大正藏)48, p.370中]

포대(布袋)[180]를 잃게 되면 자기도 모르게 손뼉을 치며 크게 웃을 것입니다. 이 점을 부디 기억해두십시오.

이 일을 만약 털끝만큼이라도 의식적인 공부를 통해서 증명하려고 한다면, 그것은 마치 어떤 사람이 손으로 허공을 붙잡으려는 것과 같아서 더욱 피곤해질 뿐입니다.[181] 사람을 만날 때에는 다만 사람을 만나고 정좌(靜坐)하고자 할 때는 다만 정좌만 하십시오. 좌선할 때는 절대 좌선에 집착하여 그것을 궁극적인 것으로 간주해서는 안 됩니다.

요즘 엉터리 스님들은 대다수가 묵조(黙照)하고 정좌하는 것을 궁극적인 법으로 간주하여 후학들을 의심하고 그릇되게 합니다. 산승은 그들과 원수가 되는 것을 두려워하지 않고 힘써 그들을 꾸짖어 부처님의 은혜에 보답하고, 말법의 폐단을 구제하고자 합니다.

又(二) [正當鬧處 不關利鈍]

示諭호대 自得山野의 向來書之後로 每遇鬧中彈避不得處하야
常自點檢호대 而未有着力工夫라하니 只遮彈避不得處_
便是工夫了也라 若更着力點檢則又却遠矣리라 昔에 魏府老華嚴이
云호대 佛法이 在日用處와 行住坐臥處와 喫茶喫飯處와 語言相問處와

---

180) 포대(布袋)는 분별망상심(分別妄想心)을 가리킨다.
181) 『수능엄경(首楞嚴經)』권2[대정장(大正藏)19, p.113上]

所作所爲處라하니 擧心動念하면 又却不是也리라 正當蟬避不得處하야

切忌起心動念하야 作點檢想이어다 祖師가 云호대 分別不生하면

虛明自照라하며 又龐居士_ 云호대 日用事無別이라 唯吾自偶諧로다

頭頭非取捨요 處處勿張乖니라 朱紫를 誰爲號오 丘山이 絶點埃로다

神通幷妙用이여 運水及搬柴라하며 又先聖이 云호대 但有心分別計較면

自心見量者_ 實皆是夢이라하시니 切記取어다 蟬避不得時에

不得更擬心이니 不擬心時에 一切現成하리라 亦不用理會利하며

亦不用理會鈍이니 總不干他利鈍之事며 亦不干他靜亂之事라

正當蟬避不得時하야 忽然打失布袋하면 不覺에 拊掌大笑矣리니

記取記取어다 此事를 若用一毫毛나 工夫取證則如人이 以手로

撮摩虛空이라 只益自勞耳니라 應接時어든 但應接하고 要得靜坐어든

但靜坐호대 坐時에 不得執着坐底하야 爲究竟이니 今時邪師輩_

多以黙照靜坐로 爲究竟法하야 疑誤後昆일새 山野_ 不怕結怨하고

力詆之하야 以報佛恩하며 救末法之弊也로라

조대제 도부[182]에게 답한 대혜의 편지[183]

[반야 위에서 결정신(決定信)을 일으키라고 설명한다]

보내주신 편지를 꼼꼼하게 읽어보았습니다. 부처님은 "마음이 있는 사람은 모두 부처가 된다"[184]고 말씀하셨습니다. 이 마음은 세간의 번뇌와 망상의 마음이 아닙니다. 이른바 위없는 대보리심(大菩提心)입니다. 만약 이 마음이 있으면 부처를 이루지 못할 사람이 없습니다. 사대부들이 도를 배우지만 닦는 데 있어서 대부분 장애와 어려움이 많은 것은 결정적인 믿음[決定信]이 없기 때문입니다. 부처님은 또 말씀하셨습니다.

"믿음은 도의 근원이고 공덕의 어머니다.

일체의 모든 선법을 키우고 길러내며

의심의 그물을 단절하고 애착의 흐름에서 벗어나

열반의 위없는 도를 열어 보인다."[185]

또 말씀하셨습니다.

"믿음은 지혜와 공덕을 증장시키고

믿음은 반드시 여래의 경지에 이르게 한다."[186]

---

182) 조대제(趙待制)에서 대제(待制)는 벼슬 명칭이다. 성은 조(趙)씨이며, 자는 도부(道夫)이다.

183) 대혜 51세(1139) 때 경산사에서 답한 것이다.

184) 『대반열반경(大般涅槃經)』권27[대정장(大正藏)12, p.524下], "眾生亦爾 悉皆有心 凡有心者 定當得成阿耨多羅三藐三菩提 以是義故 我常宣說一切眾生悉有佛性" 참조.

185) 『대방광불화엄경(大方廣佛華嚴經)』권14[대정장(大正藏)10, p.72中]

186) 『대방광불화엄경(大方廣佛華嚴經)』권14[대정장(大正藏)10, p.72中]

보내주신 편지를 보니, "근기가 우둔하여 아직 철저히 깨닫지 못했기에 우선 마음이라는 밭에 부처의 종자라도 심으려고 한다"고 했습니다. 이 말은 비록 보잘것없는 것 같지만 심원합니다. 다만 긍정하는 마음[肯心]¹⁸⁷⁾을 내십시오. 결코 속이는 일은 없습니다.¹⁸⁸⁾ 오늘날 도를 닦는 사대부들이 왕왕 늦추어야 할 것은 조급하게 굴고 조급하게 서둘러야 할 상황에서는 도리어 느슨하게 풀어둡니다.

방거사[龐公]는 말하였습니다. "하루아침에 뱀이 삼베 속옷 안으로 기어 들어온다. 이것이 어떠한 시절인지 종사에게 물어보라."¹⁸⁹⁾ 어제의 일도 오늘이 되면 기억하지 못하는데 하물며 전생의 일을 어찌 잊어버리지 않을 수 있겠습니까? 결단코 금생에 깨닫고자 하면 부처도 의심하지 말고 조사도 의심하지 마십시오. 삶도 의심하지 말고 죽음도 의심하지 마십시오. 반드시 결정적인 믿음[決定心]과 결정적인 의지[決定志]를 갖추어 모든 순간마다 머리에 붙은 불을 끄는 것처럼 하십시오.

이렇게 했는데도 아직 철저하게 깨닫지 못할 때에 비로소 근기가 둔하다고 말할 수 있습니다. 그러나 만약 그 자리에서 곧장 "나는 근기가 우둔해서 금생에 철저하게 깨달을 수가 없다. 우선 부처의 종자라도 심어 인연이라도 맺어두겠다"고 스스로 말한다면, 이것은 출발하지도 않고 목적지에 도달하려는 것과 같습니다. 절대로 옳지 못합니다.

---

187) 긍심(肯心)은 깨달음에 도달하려는 결정적인 믿음을 납득하는 마음이다.
188) 결정적인 믿음을 지니고 수행하면 반드시 그에 상응하는 결과인 깨달음을 얻는다는 말이다.
189) 뱀은 무상한 세월이고, 삼베 속옷은 자기의 육신이며, 시절은 임종하는 때를 비유한다.

저는 늘 이 도(道)를 믿는 사람들에게 말합니다. "일상에서 24시간 중에 점점 힘이 더는 것[省力]¹⁹⁰)을 느낄 때가 바로 불법을 배우는 데 힘을 얻는 곳이다." 자신이 힘을 얻은 곳을 다른 사람이 알 수 없고, 그것을 다른 사람에게 보여줄 수도 없습니다. 노행자(盧行者)¹⁹¹)가 도명 상좌에게 "만약 그대가 자기의 본래면목을 반조하면 비밀스러운 뜻[密意]은 모두 그대에게 있다"¹⁹²)고 말한 것이 바로 이것입니다.

비밀스런 뜻이란 바로 일상에서 힘을 얻는 것이며, 힘을 얻는 것은 바로 힘을 더는 것입니다. 세간의 번뇌 망상의 일은 하나를 얻으면 하나를 놓게 되어 끝도 없이 계속됩니다. 걷고 머물며 앉고 눕는 일상의 행위에서 일찍이 번뇌를 내려놓지 못하는 것은 까마득한 옛날 부터 번뇌에 얽힌 반연이 깊기 때문입니다. 반대로 반야의 지혜는 까마득한 옛날부터 그것과 맺은 인연이 얕습니다. 그래서 언뜻 선 지식의 설법을 들으면 한결같이 이해하기 어렵다고 합니다. 그러나 만약 아득한 옛날부터 번뇌의 반연은 얕고 반야의 인연이 깊은 사람 이라면 무슨 알기 어려운 것이 있겠습니까?

그러므로 번뇌의 반연이 깊은 것은 얕게 해주고, 반야의 인연이 얕은 것은 깊게 해주며, 반야의 인연이 생소한 것은 익숙하게 해주고, 번뇌의 반연이 익숙한 것은 생소하게 하십시오. 문득 세간의 번뇌

---

190) 생력(省力)은 참선의 수행이 의도적이지 않고 자연스럽고 수월하게 진행되어가는 모 습이다.

191) 노행자(盧行者)는 중국 선종의 제6대 조사인 조계혜능(曹溪慧能: 638-713)을 가리 킨다. 혜능은 속성이 노(盧)씨로서 계를 받기 이전에 행자의 신분으로 있으면서 오조 홍인(五祖弘忍: 601-674)에게 의발(衣鉢)을 받고 조사의 지위를 계승하였기 때문 에 노행자라고 불렸다.

192) 『육조대사법보단경(六祖大師法寶壇經)』[대정장(大正藏)48, p.349中]

망상의 일을 생각하고 있음을 깨달을 때는 힘을 써서 물리치려고 하지 마십시오. 다만 사량하고 분별하는 곳에 나아가서 가볍게 화두를 살피십시오. 힘이 무한히 덜릴 것이며 무한한 힘을 얻게 될 것입니다.[193]

바라건대 공께서는 오직 이처럼 밀어붙이십시오. 마음을 두어 깨치기를 기다리지 않으면 홀연히 저절로 깨닫게 될 것입니다. 이참정공을 매일 만날 것으로 생각합니다. 서로 만나서 바둑을 두는 이외에 일찍이 이러한 일에 대해 이야기를 나눈 적이 있습니까? 만약 그저 바둑만 두었을 뿐 일찍이 이러한 일에 대해 이야기를 나누지 않았다면, 흑백[194]을 나누기 전에 바둑판을 흔들어 바둑알을 흩어버린 후에 그에게 "저 일착자(一著子)[195]를 찾았습니까?" 하고 물어보십시오. 만약 찾아내지 못한다면 그야말로 참으로 근기가 둔한 사람입니다. 이 일은 그만 마치겠습니다.

答 趙待制 道夫 [明般若上 起決定信]

示諭를 一一備悉호라 佛言有心者는 皆得作佛이라하니 此心은

---

193) 번뇌사를 배척하는 데 들어가는 힘이 무한히 줄어들수록 반대로 화두참구에 대한 힘은 무한히 증가하는 것을 말한다.
194) 흑백미분처(黑白未分處)는 분별심이 일어나기 이전의 자기의 청정한 본래면목(本來面目)을 말한다. 바둑알의 흑돌과 백돌에 비유하여 설명한 것이다.
195) 일착자(一著子)는 바둑에서 승부를 판가름하는 가장 중요한 한 수를 말한다. 여기에서는 선수행에서 깨달음으로 나아가는 중요한 단서를 가리킨다.

非世間塵勞妄想心이라 謂發無上大菩提心이니 若有是心하면

無不成佛者리라 士大夫學道호대 多自作障難은 爲無決定信故也라

佛이 又言하사대 信爲道元功德母라 長養一切諸善法하며

斷除疑網出愛流하야 開示涅槃無上道라하며 又云하사대

信能增長智功德하며 信能必到如來地라하시니 示諭에 鈍根이

未能悟徹인댄 且種佛種子於心田이라하니 此語雖淺近이나 然이나

亦深遠하니 但辨肯心하라 必不相賺이니라 今時學道之士_

往往에 緩處는 却急하고 急處는 却放緩하나니 麗公이 云호대

一朝에 蛇入布袵褌하면 試問宗師甚時節고하니 昨日事도 今日에

尙有記不得者온 況隔陰事를 豈容無忘失耶아 決欲今生에

打敎徹인댄 不疑佛不疑祖하며 不疑生不疑死하고 須有決定信하며

具決定志하야 念念에 如救頭燃이니 如此做將去하야 打未徹時라사

方始可說根鈍耳이니라 若當下에 便自謂호대 我는 根鈍하야

不能今生에 打得徹이라 且種佛種結緣이라하면 乃是不行欲到라

無有是處니라 某每爲信此道者하야 說漸覺得日用二六時中에

省力處_ 便是學佛得力處也라하노니 自家得力處는 他人이

知不得하며 亦拈出與人看不得이니 盧行者_ 謂道明上座曰

汝若返照自己本來面目하면 密意_ 盡在汝邊이라하니 是也라

密意者는 便是日用得力處也며 得力處는 便是省力處也라

世間塵勞事는 拈一放一이라 無窮無盡커늘 四威儀內에 未嘗相捨는

爲無始時來에 與之結得緣深故也요 般若智慧는 無始時來에

與之結得緣淺故也라 乍聞智識의 說着하고 覺得一似難會하나니

若是無始時來에 塵勞緣이 淺하고 般若緣이 深者인댄 有甚難會處리요

但深處는 放敎淺하고 淺處 放敎深하며 生處는 放敎熟하고 熟處는

放敎生이어다 纔覺思量塵勞事時에 不用着力排遣하고 只就思量處하야

輕輕撥轉話頭하면 省無限力하고 亦得無限力하리니 請公은

只如此崖將去하고 莫存心等悟하면 忽地自悟去하리라 參政公이

想日日相會리니 除圍碁外에 還曾與說着遮般事否아 若只圍碁코

不曾說着遮般事인댄 只就黑白未分處하야 掀了盤撒了子하고

却問他호대 索取那一着고하야 若索不得인댄 是眞箇鈍根漢이리라

姑置是事하노라

허사리 수원[196]에게 답한 대혜의 편지 ①[197]

[오로지 신심을 갖출 뿐 초심자와 구참을 따지지 말라]

부처님께서 말씀하셨습니다.

"믿음은 도의 근원이고 공덕의 어머니다.

일체의 모든 선법을 키우고 길러낸다."[198]

또 말씀하셨습니다.

"믿음은 지혜와 공덕을 증장시키고

믿음은 반드시 여래의 경지에 이르게 한다."[199]

천 리나 되는 길을 가려고 할 때 한 걸음을 내딛는 것이 그 시작입니다. 십지(十地)[200]의 보살이 번뇌의 장애를 끊고 법문을 증득하는 것도 처음 십신(十信)의 경지에 들어간 이후에 제10지 법운지 (法雲地)에 올라가 정각을 성취하는 것입니다. 십지의 처음에 해당하는 환희지(歡喜地)도 믿음을 바탕으로 환희를 일으킵니다.

만약 결정코 척량골(脊梁骨)을 곧추세워 세간과 출세간에서 가장 뛰어난 사람[沒量人][201]이 되고자 하면 강철과 같은 마음을 지닌 사람

---

196) 허사리(許司理)의 이름은 수원(壽源)이고, 사리(司里)란 벼슬 명칭이다. 전기는 미상이다.

197) 대혜의 나이 52세(1140) 때 경산사에서 보낸 글이다.

198) 『대방광불화엄경(大方廣佛華嚴經)』 권14[대정장(大正藏)10, p.72中]

199) 『대방광불화엄경(大方廣佛華嚴經)』 권14[대정장(大正藏)10, p.72中]

200) 십지(十地)는 『화엄경』의 십신(十信), 십주(十住), 십행(十行), 십회향(十廻向), 십지(十地)의 수행 계위에서 열 가지 지(地)의 단계를 가리킨다.

201) 몰량인(沒量人)은 분별심과 집착심을 초월하여 살아가는 사람으로 과량대인(過量大人), 몰량대인(沒量大人)이라고도 한다.

이어야 감당할 수가 있습니다. 만약 어중간하게 밝거나 어중간하게 어두우며, 어중간하게 믿거나 어중간하게 의심하면 결코 이룰 수 없습니다. 이 일은 인정을 두지 않기에 전해줄 수 없습니다. 모름지기 스스로 살피고 분발해야 비로소 나아갈 수 있습니다. 만약 타인의 말을 따라서 판단한다면 영겁이 지나도록 번뇌가 그칠 날이 없습니다.

부디 하루 24시간을 헛되이 보내지 마십시오. 날마다 일상의 살림 살이가 원만함이 석가와 달마와 더불어 조금도 다름이 없습니다. 그런데도 자신의 견해가 투철하지 못하여 온몸이 소리와 사물에 빠져 있으면서 다시 그 속에서 빠져나오기를 구하지만 점점 멀어질 뿐입니다.

또한 이 일은 오랫동안 선지식을 방문하며 두루 총림(叢林)을 찾아 다닌 연후에야 마칠 수 있는 것도 아닙니다. 오늘날 총림에는 머리가 하얗고 이빨이 누렇도록 머물러 있으면서 깨닫지도 못한 사람이 수두룩합니다. 또한 갓 총림에 들어와 대번에 바로 깨달아 만사를 통달한 사람도 있습니다. 발심에는 선후가 있지만 깨닫는 시절에는 선후가 없습니다.

옛날에 이문화 도위(李文和 都尉)[202]는 석문자조(石門慈照)[203] 선사를 찾아뵙고 한마디 말에 깨닫고서 곧장 만사를 이해하였습니다. 이에 게송을 지어 자조선사에게 바쳤습니다.

---

202) 이문화(李文和) 도위(都尉)는 송의 인종황제의 부마(駙馬)이다. 이름은 준욱(遵勗)
    이고, 자는 공무(公武)이며, 시호는 문화(文和)다.
203) 석문자조(石門慈照)는 석문온총(石門蘊聰)을 말한다. 임제종 분양선소(汾陽善昭:
    947-1024)의 제자이다.

"도를 닦으려면 반드시 무쇠로 된 사람이어야

착수하자마자 곧바로 뜻을 성취할 수 있다.

곧장 가장 높은 깨달음을 얻으려고 하면

일체의 옳고 그름에 상관하지 마라."[204]

당장 그 자리에서 계속 정진하여 끝내 자기가 죽어야 쉬게 됩니다. 지난날이나 앞일을 생각하지 말며 번뇌도 일으키지 마십시오. 번뇌는 도를 장애합니다.

간절히 바랍니다.

答 許司理 壽源(一) [但辨信心 莫念初後]

黃面老子曰 信爲道元功德母라 長養一切諸善法이라하며 又云하사대

信能增長智功德하고 信能必到如來地라하시니 欲行千里인댄

一步爲初라 十地菩薩[205]이 斷障證法門도 初從十信而入然後에

登法雲地而成正覺하나니 初歡喜地도 因信而生歡喜故也라

若決定豎起脊梁骨하야 要做世出世間沒量漢인댄

---

204) 『고존숙어록(古尊宿語錄)』권48[만신속장(卍新續藏)68, p.338下]

205) 십지보살(十地菩薩)의 십지(十地)란 『화엄경(華嚴經)』에서 말하는 보살의 수행 계위(階位)인 52위 가운데 제41에서 제50까지의 위를 말한다. 즉 제1 환희지(歡喜地), 제2 이구지(離垢地), 제3 발광지(發光地), 제4 염혜지(焰慧地), 제5 난승지(難勝地), 제6 현전지(現前地), 제7 원행지(遠行地), 제8 부동지(不動地), 제9 선혜지(善慧地), 제10 법운지(法雲地)다. 부처를 이루어 지혜를 발생하게 하는 것이 마치 대지가 초목을 자라나게 하는 것과 같다는 뜻에서 '지(地)'라고 하였다.

須是箇生鐵鑄就底라사 方了得이어니와 若半明半暗하며 半信半不信인댄

決定了不得하리라 此事는 無人情하야 不可傳授니 須是自家省發하야사

始有趣向分이어니와 若取他人口頭辦인댄 永劫에 無有歇時하리니

千萬十二時中에 莫令空過어다 逐日起來應用處에 圓陀陀地_

與釋迦達磨로 無少異언만은 自是當人이 見不徹透不過하고 全身이

跳在聲色裏하야 却向裏許求出頭하나니 轉沒交涉矣리라 此事는

亦不在久參知識이 徧歷叢林而後에 了得이니 而今에 有多少_

在叢林하야 頭白齒黃호대 了不得底하며 又有多少_ 乍入叢林에

一撥便轉하야 千了百當底하니 發心은 有先後어니와 悟時는 無先後니라

昔에 李文和都尉_ 參石門慈照할새 一句下에 承當하야 便千了百當하고

嘗有偈하야 呈慈照云호대 學道는 須是鐵漢이라사 着手心頭便判이니

直取無上菩提인댄 一切是非莫管이라하니 但從脚下崖將去하야

死便休언정 不要念後思前하며 亦不要生煩惱니 煩惱則障道也리라

祝祝하노라

허사리 수원에게 답한 대혜의 편지 ②[206]

[물이 깊고 고요하다는 의미인 잠연(湛然)이라는 호를 통해 깨달음의 이치를 드러 낸다]

공(허사리)께서 바른 마음을 갖추고 바른 뜻을 세웠으니 이것은 부처를 성취하고 조사가 되는 기본입니다. 그런 까닭에 저는 공에게 잠연(湛然)이라는 도호(道號)[207]를 지어드립니다. 마치 물이 깊고 고요하여 출렁이지 않으면 밝은 광명이 저절로 비치는 것과 같아서 수고로이 마음의 힘을 쓸 필요가 없습니다. 세간법과 출세간법은 모두 잠연에서 벗어나지 않고 털끝만큼도 새어나감이 없습니다. 다만 이 잠연이라는 도장을 가지고 일체처에 도장을 찍어두면 옳은 것도 없고 옳지 않은 것도 없습니다. 낱낱이 해탈의 경지이고 낱낱이 밝고 미묘하며 낱낱이 진실합니다. 작용할 때도 잠연하고 또 작용하지 않을 때도 잠연합니다.

조사께서는 "다만 유심(有心)으로 분별하고 계교하면 자기의 마음에 나타나는 것은 모두 꿈에 불과하다"[208]고 말씀하셨습니다. 만약 심식(心識)[209]이 적멸해져 일념도 망념이 일어나지 않으면 그것을 정각(正覺)이라고 합니다.

---

206) 대혜의 나이 52세(1140) 때 경산사에서 보낸 글이다.

207) 도호(道號)는 불교에 입문하여 새로 받는 이름이다. 법명(法名)이라고도 한다.

208) 유심(有心)은 공을 터득하지 못하고 유(有)에 집착하는 마음 곧 실체를 인정하는 무지몽매한 마음을 가리킨다. [『대장일람집(大藏一覽集)』, p.76]

209) 심식(心識)은 심의식(心意識)을 줄인 것이다. 심(心)은 육식(六識)이고, 의(意)는 제칠식(第七識)이며, 식(識)은 제팔식(第八識)으로 분별하는 마음을 총칭하는 말이다. 『소실육문(少室六門)』「안심법문(安心法門)」[대정장(大正藏)48, p.370中]

깨달음이 올바르면 일상의 살림살이에서 색을 보고 소리를 들으며, 냄새를 맡고 맛을 보며, 촉감을 느끼고 생각을 알아차리며, 걷고 머물며 앉고 누우며, 말하고 침묵하며 움직이고 고요한 상황이 잠연하지 않음이 없습니다. 또한 스스로 전도된 생각[顚倒想]을 일으키지 않으므로 생각이 있든지 없든지 모두 청정합니다. 이미 청정함을 얻으면 움직일 때 잠연의 작용이 드러나고, 가만히 있을 때는 잠연의 본체로 돌아갑니다. 비록 본체와 작용은 다를지라도 잠연하다는 점은 동일합니다. 마치 전단향(旃檀香)은 잘라내도 조각조각이 모두 전단향인 것과 같습니다.

오늘날 한 종류의 엉터리 같은[杜撰] 사람들이 자기의 앞가림도 잘하지 못하면서 단지 타인들에게 "마음을 가다듬고 고요하게 앉아서 앉은 채로 호흡[氣息]이 끊어지게 하라"고 합니다. 이들 무리는 참으로 불쌍한 자들이라고 말할 수 있습니다.

바라건대 공께서는 단지 앞에서 일러드린 대로 공부해 가십시오. 제가 비록 이와 같이 지시해드리지만 참으로 마지못해서 말하는 것입니다. 만약 진실로 이와 같이 공부를 하는 일이 있다면[210] 곧 공을 오염시키는 것입니다. 이 마음은 실체가 없습니다. 어떻게 억지로 마음을 거두어들여 머물게 할 수가 있으며, 거두어들인다고 해도 어디에 두겠습니까?

이미 둘 곳이 없기에 시절도 없고 옛날과 지금도 없으며 범부와 부처도 없고 얻음과 잃음도 없으며 고요함과 산란함도 없고 삶과 죽음도

---

210) 어설픈 무리들이 일러준 "마음을 가다듬고 고요하게 앉아서 앉은 채로 호흡이 끊어지게 하라"는 가르침을 말한다.

없습니다. 또한 잠연이라는 이름도 없고, 잠연이라는 본체도 없으며, 잠연이라는 작용도 없습니다. 또한 이렇게 잠연에 대하여 말하는 사람도 없으며, 이렇게 잠연에 대해 말하는 것을 받아들이는 사람도 없습니다.

만약 이와 같은 견해가 투철하다면 저 또한 이 잠연이라는 도호를 쓸데없이 지어드린 것이 아닐 것이고, 공께서도 그 잠연이라는 도호를 쓸데없이 받은 것이 아닐 것입니다. 어떻습니까?

又(二) [湛然一號 弄現道理]

左右_ 具正信立正志하니 此乃成佛作祖基本也라 山野_ 因以湛然으로 名公道號호니 如水之湛然하야 不動則虛明自照하야 不勞心力하리라 世間出世間法이 不離湛然하야 無纖毫透漏하나니 只以此印으로 於一切處에 印定하면 無是無不是하야 一一解脫이며 一一明妙며 一一實頭라 用時에도 亦湛然하며 不用時에도 亦湛然이리라 祖師_ 云호대 但有心分別計較하면 自心見量者_ 悉皆是夢이라하시니 若心識이 寂滅하야 無一動念處면 是名正覺이니 覺旣正則於日用二六時中에 見色聞聲하며 齅香了味하며 覺觸知法하며 行住坐臥와 語黙動靜이 無不湛然호대 亦自不作顚倒想하야 有想無想이 悉皆淸淨하리라 旣得淸淨하면 動時에는 顯湛然之用하고 不動時에는 歸湛然之體하리니 體用이 雖殊나 而湛然則一也라 如析栴檀에 片片皆栴檀이니라

今時에 有一種杜撰漢이 自己脚跟下도 不實하면서 只管教人으로

攝心靜坐하야 坐教絶氣息하라하나니 此輩는 名爲眞可憐愍이니라

請公은 只恁麼做工夫어다 山野_ 雖然如此指示公이나

眞不得已耳니 若實有恁麼做工夫底事인댄 卽是汚染公矣니라

此心은 無有實體어늘 如何硬收攝得住며 擬收攝이나 向甚處安着고

旣無安着處則無時無節하며 無古無今하며 無凡無聖하며 無得無失하며

無靜無亂하며 無生無死하며 亦無湛然之名하며 亦無湛然之體하며

亦無湛然之用하며 亦無恁麼說湛然者하며 亦無恁麼受湛然說者하리니

若如是見得徹去하면 徑山도 亦不虛作此號요 左右도

亦不虛受此號하리니 如何如何오

유보학 언수[211]에게 답한 대혜의 편지[212]

[잘 보림(保任)하여 그것이 자기뿐만 아니라 타인에게 도움이 되도록 권장한다]

오늘은 찌는 듯이 무덥습니다. 편안하고 한갓진 곳에서 구속되지 않고 자유롭게 지내면서 여러 가지 유혹의 장애를 받고 있지는 않습니까? 일상의 걷고 머물며 앉고 눕는 행위에서 "개에게 불성이 없다"는 화두와 더불어 하나가 됩니까? 움직임과 고요함의 양쪽을 분별하지 않습니까? 꿈을 꿀 때와 깨어 있을 때가 같습니까? 이치와 사물이 하나가 됩니까? 마음과 경계가 모두 한결같습니까?

방거사[龐蘊]가 말했습니다.

"마음이 여여하면 경계도 여여하네.

실다움도 없고 허망함도 없다네.

있음도 상관하지 않고

없음에도 구속되지 않네.

성인과 현인이 아니라

일 마친 범부라네."[213]

만약 진실로 일을 마친 범부가 되었다면 석가와 달마는 무엇입니까?

---

211) 유보학(劉寶學)의 속성은 유(劉)씨이고, 자는 언수(彦脩)이며, 이름은 자우(子羽)이다. 유겹(劉韐)의 아들로 숭안(崇安) 출신이다. 보학은 국사(國史)를 편찬하는 관직인 보문각학사(寶文閣學士)를 약칭한 직명(職名)이다.

212) 대혜 51세(1139) 때 임안 경산사에서 답한 글이다.

213) 『방거사어록(龐居士語錄)』 권上[만신속장(卍新續藏)69, p.134上] ; 『조당집(祖堂集)』 권15[대장경보편(大藏經補編)25, p.593中] ; 『경덕전등록(景德傳燈錄)』 권8[대정장(大正藏)51, p.263下]

진흙덩어리이고 흙덩어리입니다.

삼승십이분교는 무엇이겠습니까? 그것은 뜨거운 주발에 찬물을 부으면 나는 소리일 뿐입니다.

공(유보학)께서는 이미 이 선문을 깊이 믿어 의심이 없는데, 그것은 결코 사소한 것이 아닙니다. 요컨대 낯선 것은 익숙하게 하고 익숙한 것은 생소하게 만들어야[214] 비로소 이 일과 약간이나마 상응하게 됩니다. 가끔 사대부들은 하는 일이 뜻대로 되지 않을 때는 선문의 깨달음을 언뜻 맛보다가 도리어 하는 일이 뜻대로 될 때는 깨달음을 잊어버립니다. 그래서 공에게 꼭 알려드리지 않을 수 없습니다. 공부가 뜻대로 될 때도 항상 뜻대로 되지 않는 시절을 염두에 두고 잠시도 잊어버리지 마십시오.

근본을 얻고자 하면 지말에 대하여 신경을 써서는 안 됩니다.[215] 단지 부처가 되는 것을 알아야 할 뿐 부처가 말할 줄 모를까를 염려해서는 안 됩니다. 이 일착자(一著子)를 얻는 것은 손쉽지만 지키는 것은 어렵기 때문에 절대 소홀히 하지 마십시오. 반드시 처음과 끝을 바르게 하고 넓혀서 채운 연후에 자기 공부의 여력이 생기면 타인에게 미치도록 해야 합니다. 공께서 획득한 것은 이미 한 구역에 국한된 것이 아닙니다. 일상에서 억지로 마음을 일으켜 그대로 유지하거나 [起心管帶] 마음을 고목처럼 만들어 생각을 잊어버리려고 해서도 안

---

214) 낯선 것은 반야심을 일으키는 것으로 출세간적인 지혜이고, 익숙한 것은 전세부터 지녀온 중생의 습성으로 세간의 번뇌를 가리킨다.

215) 『증도가(證道歌)』 [대정장(大正藏) 48, p.396上]

됩니다[枯心忘懷].²¹⁶⁾

근년 이래로 선도(禪道)의 불법(佛法)이 쇠퇴하였습니다. 어떤 어설픈 장로들은 근본도 깨닫지 못하고, 무명업을 짓는 식(識)만 아득하여 의거할 만한 근본도 없고, 실제의 기량도 없으면서 배우는 사람들을 끌어들입니다. 그리하여 모든 사람들에게 자기네들과 마찬가지로 칠흑처럼 어둡게 눈을 꼭 감으라고 하면서 "묵묵히 항상 비추고 있는 것[黙而常照]"²¹⁷⁾이라고 부릅니다.

언충(彦沖)²¹⁸⁾이 그 무리의 가르침에 넘어가 현혹된 것은 심히 안타까운 일입니다. 만약 공께서 구자무불성 화두[狗子無佛性話]를 깨닫지 못했다면 저 역시 언충에 대한 이야기를 언급하지 않았을 것입니다. 부디 체면을 따지지 말고 있는 힘껏 수단을 발휘하여 언충을 구해내십시오. 간절히 바랍니다.

그러나 한 가지 반드시 알아두셔야 합니다. 그분(언충)은 본래 청정하게 살아가면서 오랫동안 세속에 물들지 않았습니다. 그래서 이것을 집착하여 기특함으로 삼고 있습니다. 만약 그분을 구제하고자 하면 반드시 그와 함께 같은 일을 하면서 기쁘게 해주고, 마음에 의심을 일으키지 않게 해야만 믿음을 형성하여 기꺼이 이쪽으로 머리를 돌릴

---

216) 기심관대(起心管帶)는 마음을 일으켜 그대로 유지하고 있는 모습이다. 고심망회(枯心忘懷)는 마음을 잠재워 잊고 있는 모습을 의미한다.
217) 묵이상조(黙而常照)는 진헐청료(眞歇清了)와 굉지정각(宏智正覺)의 묵조선(黙照禪)이 가진 근본적인 개념을 표현한 말이다. 묵(黙)은 몸으로 침묵하고 좌선하는 것을 가리키고, 조(照)는 마음이 항상 또록또록하게 깨어 있는 것을 가리킨다. 이처럼 묵과 조가 함께 성취됨으로써 몸의 깨달음과 마음의 깨달음이 다르지 않는 온전한 묵조의 선풍이 성립한다.
218) 언충(彦沖)은 유보학(劉寶學)의 동생이다.

것입니다. 정명(淨名)이 말한 "먼저 좋아하는 것으로 끌어들이고 연후에 부처의 지혜에 들어가게 한다"²¹⁹⁾는 것이 바로 이것입니다.

부처님께서 말씀하셨습니다.

"법의 선후를 관찰하여 지혜로 분별하며, 옳고 그름을 잘 살펴서 법인에 어긋나지 않게 하라. 차례대로 끝이 없는 수행문을 건립하여 모든 중생으로 하여금 일체의 의혹을 끊게 하라."²²⁰⁾

이것이야말로 중생을 위해 만든 법칙으로서 만세의 본보기입니다. 이분(언충)의 근성은 공과 전혀 다릅니다.

"천상에 태어나는 것은 분명히 사령운보다 먼저이겠지만, 성불하는 것은 분명히 사령운보다 나중일 것이다"²²¹⁾라는 말이 있는데 언충이 그런 사람입니다.

이 사람은 결코 지혜로 끌어들일 수 없을 것입니다. 반드시 그가 좋아하는 것으로 끌어들여야 합니다. 날마다 달마다 노력하여 스스로 잘못을 알게 되어 홀연히 해오던 공부를 버릴 수 있을지 단언할 수 없습니다. 만약 기꺼이 전향하여 이쪽으로 돌아온다면 오히려 역량을 갖춘 사람이 될 것입니다. 공께서도 한 걸음 물러나 그분에게 양보해야 할 것입니다.

요사이 위수좌[暐禪]라는 제자가 돌아오는 길에 자암노자(紫巖老子)²²²⁾에게 답변한 편지 하나를 베껴 왔습니다. 산승은 그 편지를

219) 『유마힐소설경(維摩詰所說經)』 권中[대정장(大正藏)14, p.550中], "선이욕구견 후령입불도(先以欲鉤牽 後令入佛道)" 참조.
220) 『대방광불화엄경(大方廣佛華嚴經)』 권18[대정장(大正藏)10, p.97上]
221) 『남사(南史)』 「열전(列傳)」 권9 「사령운전(謝靈運傳)」 참조.
222) 자암노자(紫巖老子)는 장준거사(張浚居士)인 승상(丞相) 장덕원(長德遠)을 가리킨다.

기쁘게 일독하고 여러 날 찬탄하고 기뻐했습니다. 그것은 대단히 좋은 일단의 문장[一段文章]이었습니다. 이에 한 편의 대의[一篇大義]를 쓰고 글의 끝에 그것에 대해 대답했는데[223] 공께서는 어떻게 생각합니까?

옛날에 달마가 이조에게 말했습니다.

"그대는 다만 밖으로 모든 인연을 쉬고 안으로는 마음에 헐떡거림이 없어야 한다. 마음이 장벽과 같아야 도에 들어갈 수 있다."

이조 혜가는 갖가지로 마음을 설명하고 성품에 대해 말했지만 모두 계합하지 못하였습니다. 그러던 어느 날 달마가 제시한 수행의 간명한 법문을 통해 홀연히 깨닫고 달마에게 말했습니다.

"제가 이제 모든 인연을 쉬었습니다."

달마는 이조가 이미 깨달았음을 알고 더 이상 추궁하지 않았습니다. 다만 다음과 같이 물었습니다.

"그것은 단멸을 이룬 것이 아닌가?"

이조가 말했습니다.

"아닙니다."

달마가 말했습니다.

"그대는 어떠한 상태인가?"

이조가 말했습니다.

"분명하게 항상 알고 있기에 말로써 설명할 수 없습니다."

달마가 말했습니다.

---

223) 근대(勤對)는 삼가 답변을 피력한다는 뜻으로 겸손을 표현한 말이다. 대혜가 붙인 근대의 글은 본 편지의 뒷부분에 붙여놓은 "언충인공자(彦沖訒孔子) …"가 그것이다.

"그런 경지가 바로 삼세의 제불과 역대의 조사가 전승한 마음의 본체이다. 그대가 지금 터득한 것을 다시 의심하지 말라."[224]

언충이 편지에서 말했습니다.

"십여 년 동안 밤에도 꿈꾸고 낮에도 생각해보았지만 아직도 번뇌를 완전히 극복하지 못했습니다. 그러다가 단정하게 앉아서 고요하게 침묵하며 일단 그 마음을 비우고서 헤아리는 마음에 반연하지 않고 경계에 의지함이 없게 되니 자못 경안(輕安)[225]의 경지를 느끼게 되었습니다."

이 대목까지 읽다가 저도 모르게 웃어버리고 말았습니다. 왜냐하면 이미 "헤아리는 마음에 반연하지 않는다"고 하였는데, 그것이 어찌 달마가 말한 "안으로는 마음이 헐떡거림이 없다"는 것이 아니겠습니까? 그리고 "경계에 의지함이 없다"고 하였는데, 그것이 어찌 달마가 말한 "밖으로는 온갖 반연을 쉰다"는 것이 아니겠습니까?

혜가도 처음에는 달마가 제시한 방편을 몰라서 "밖으로는 온갖 반연을 쉬고 안으로는 마음에 헐떡거림이 없다"는 말에 대하여 "마음을 말하고, 성품을 말하며, 도를 말하고 이치를 말하였다"라고 하면서 문자를 끌어다가 증거로 삼아서 스승의 인가(印可)를 구하려고 하였습니다. 그러자 달마가 낱낱이 부정해 마음을 쓸 곳이 없게 한 뒤에 비로소 "마음이 장벽과 같아야 한다"는 말이 달마의 실다운 법이 아님을 알게 되어, 홀연히 장벽 위에서 모든 인연을 쉬었습니다.

---

224) 『경덕전등록(景德傳燈錄)』 권3[대정장(大正藏)51, pp.219下-220上]
225) 경안(輕安)은 좌선을 통하여 몸과 마음이 가뿐해지는 경지를 말한다.

그리고 그 자리에서 달을 보고 손가락을 잊게 되어 바로 말하였습니다. "분명하고 분명하게 항상 알기에 말로써 표현할 수가 없습니다." 그러나 이 답변도 그 상황에서 달마의 다그침을 받아서 촉발된 소식입니다. 이 또한 혜가의 진실한 법문이 아닙니다.

엉터리 장로[226]들은 스스로 깨달은 바도 없으면서 이리저리 꿰맞추어서 사람들에게 쉬라고 합니다. 그러나 정작 그들 자신의 번뇌[心火]는 치성하여 밤낮으로 그치지 않았습니다. 마치 봄가을에 걸쳐 두 번이나 세금을 바치지 못한 백성처럼 안절부절못합니다. 언충 자신은 오히려 복잡한 번뇌가 없지만, 단지 엉터리 스님들의 독에 심각하게 중독되었습니다. 오로지 바깥으로 어지럽게 치달리면서 움직임과 고요함을 말하고, 언어와 침묵을 말하며, 이득과 손실을 말합니다. 나아가서 외전[周易]과 불경[內典]을 끌어다가 내용을 대충 짜맞추기도 합니다. 이것이야말로 참으로 부질없는 것으로 무명만 키울 뿐입니다. 한 단락 생사의 공안을 아직 해결하지 못하면 임종에 이르러 어떻게 할 것인지는 전혀 생각하지 못합니다. 목숨이 끊어 질락 말락 하는 즈음에 염라대왕에게 "내가 정신을 차리고 생각을 안정시킬 때까지 기다려주십시오. 그런 뒤에 서로 봅시다"라고 말할 수는 없는 일입니다. 이런 때가 되면 종횡으로 걸림이 없이 말한다고 해도 아무런 소용이 없고, 마음을 목석처럼 가진다고 해도 아무런 소용이 없습니다. 반드시 생사에 대한 분별심을 타파하지 않으면 안 됩니다. 만약 생사에 대한 분별심을 타파했다면 더 이상 정신을

---

226) 장로(長老)는 연배가 높은 스님을 일컫는 말이다.

차리고 생각을 안정시킬 필요도 없고, 종횡으로 걸림 없이 말할 필요도 없으며, 불경과 외전을 논할 필요가 있겠습니까? 하나를 알면 일체를 알고, 하나를 깨달으면[悟] 일체를 깨달으며, 하나를 증득(證得)하면 일체를 증득하는 것이 마치 한 타래의 실을 자를 때 한 번 자르면 일체가 잘리는 것과 같습니다. 끝없는 법문을 증득하는 것도 이와 마찬가지로 단계가 없습니다.

공께서 이미 무자화두[狗子無佛性話]를 깨달으셨다면, 이와 같은 경험을 하셨습니까? 만약 그렇지 못하면 반드시 이와 같은 경지에 도달해야 합니다. 만약 이미 이와 같은 경지에 도달했다면 반드시 이 법문을 가지고 대비심을 일으켜서 모든 순경(順境)과 역경(逆境)에서 보살행[和泥合水][227]을 실천해야 합니다. 목숨을 아끼지 말고, 구업 짓는 것도 두려워하지 말고 일체의 중생을 제도하여 부처님의 은혜에 보답하는 것이 대장부가 할 일입니다. 만약 이렇게 할 수 없다면 결코 옳지 못합니다.

언충은 공자가 말한 "역(易)의 도는 자주자주 변하는 것이다"[228]는 말을 인용하여 불경 가운데 "응당히 머무는 바 없이 그 마음을 낸다"[229]는 것과 짜맞추어[和會] 하나로 통한다고 말했습니다. 또 "고요하여 움직임이 없다"[230]는 말을 인용하여 "흙과 나무와 다름이

---

227) 화니합수(和泥合水)는 진흙에 들어가고 물속에 들어간다는 말이다. 보살이 중생과 더불어 어울리면서 중생을 제도하는 행위를 의미한다.

228) 『주역(周易)』「계사전(繫辭傳)」下 참조.

229) 『금강반야바라밀경(金剛般若波羅蜜經)』[대정장(大正藏)8, p.754上]

230) 적연부동(寂然不動)은 고요하여 움직이지 않는다는 의미이다. 『주역(周易)』「계사전(繫辭傳)」上에 나오는 구절이다.

없다"고 말했는데 더욱 가소롭습니다.

그분[언충]에게 말합니다. "무간업을 초래하고 싶지 않거든 여래의 올바른 교법[正法輪]을 비방하지 마십시오." 그러므로 경전에서 말씀하셨습니다. "결코 색(色)에 집착하여 마음을 일으키지 말라. 결코 소리[聲]·냄새[香]·맛[味]·접촉[觸]·법[法]에 집착하여 마음을 일으키지 말라."[231] 이것은 광대하고 적멸하며 미묘한 마음은 색으로 보거나 소리로 추구할 수가 없다는 것입니다. "응당히 머무는 바가 없다"는 말은 이 마음이 실체가 없다는 것입니다. "그 마음을 낸다"는 말은 이 마음은 청정심[眞]을 떠나서 존재할 수가 없고, 현재 있는 그 자리가 바로 청정심이라는 것입니다.

그리고 공자가 말한 "역(易)의 도는 자주자주 변하는 것이다"는 것은 이런 뜻으로 말한 것이 아닙니다. "루(屢)"는 "거듭한다[荐]"는 뜻이고, "천(遷)"은 "바뀐다[革]"는 뜻입니다. 행복[吉]과 불행[凶]과 후회[悔]와 욕심[吝]은 움직이는 과정에서 발생합니다. "거듭하여 변화한다[屢遷]"는 것은 "항상함을 돌이켜 도에 합한다[返常合道]"는 것입니다.

그런데 어떻게 "응당히 머무는 바 없이 그 마음을 낸다"는 말과 합치되어 한 덩어리가 되겠습니까? 언충은 부처님의 의도만 모르는 것이 아니라 공자의 의도까지도 모릅니다. 공께서는 공자의 가르침을 공원에서 오가는 것처럼 자유롭게 이해하시고, 부처님의 가르침에 대해서도 핵심까지 꿰뚫고 계십니다. 산승이 이와 같이 어설프게

---

231) 『금강반야바라밀경(金剛般若波羅蜜經)』[대정장(大正藏)8, p.754上]

지껄인 것이 옳지 않겠습니까?

옛적에 규봉종밀(圭峯宗密)[232]이 말했습니다.

"원형이정(元亨利貞)[233]은 하늘의 덕이다. 그 시작은 일기(一氣)이다. 상락아정(常樂我淨)[234]은 부처님의 덕이다. 근본은 일심(一心)이다. 일기에 전념하면 부드러움[柔]에 이르고, 일심을 닦으면 깨달음[道]을 성취한다."[235]

이 노인(종밀)처럼 회통시켜야 비로소 유교와 불교의 어디에도 치우침[偏枯]이 없고 여한[遺恨]도 없습니다. 그러므로 언충이 "응당히 머무는 바 없이 마음을 낸다"는 것과 "역의 도는 자주자주 변하는 것이다"는 것을 동일한 뜻으로 간주한 것은 납득할[承服] 수 없습니다. 만약 언충의 일방적인 주장에 의거한다면 공자와 석가에게 곧바로 짚신이라도 사서 신겨드리는 것이 좋을 것입니다.[236] 왜냐하면 한 사람은 거듭하여 변화하기 때문이고, 한 사람은 어디에도 머물지 않기 때문입니다. 아마 여기까지 읽어보게 되면 반드시 배를 움켜쥐고 웃을 것입니다.

---

232) 규봉종밀(圭峯宗密: 780-841)은 당(唐)의 승려로 중국 화엄종의 제5대 종사며 선종 가운데 하택종(荷澤宗)의 제5대 조사이기도 하다.

233) 원형이정(元亨利貞)은 천도(天道)의 네 가지 덕을 말한다. 원(元)은 만물의 시초인 봄으로 인(仁)에 해당하며 선(善)을 길러낸다. 형(亨)은 만물이 자라는 여름으로 예(禮)에 해당하며 미(美, 嘉)를 모은다. 이(利)는 만물을 이루는 가을로 의(義)에 해당하며 평등하게 화합하는 것이다. 정(貞)은 만물을 거두는 겨울로 지(智)에 해당하며 섬김의 근간이다.

234) 상락아정(常樂我淨)은 열반의 네 가지 덕을 말한다. 각각 세간의 무상(無常), 고(苦), 무아(無我), 부정(不淨)에 상대된다. 『대반열반경(大般涅槃經)』 권2[대정장(大正藏)12, p.377下]

235) 『원각경대소(圓覺經大疏)』 「서문(序文)」[만신속장(卍新續藏)9, p.323下]

236) 공자와 석가는 어느 한 지역에 정착하지 않고 천하를 주유했다는 공통점을 지니고 있다. 이에 양자에게 신발이 절실하게 필요함을 해학적으로 말하고 있다.

答 劉寶學 彦脩 [策勸保任 推己及人]

卽日涼溽호니 不審커라 燕處悠然하야 放曠自如하야 無諸魔撓否아
日用四威儀內에 與狗子無佛性話로 一如否아 於動靜二邊에
能不分別否아 夢與覺로 合否아 理與事로 會否아 心與境으로
皆如否아 老龐이 云호대 心如하면 境亦如하야 無實亦無虛라하니
有亦不管하며 無亦不拘하면 不是聖賢이라 了事凡夫니라
若眞箇作得箇了事凡夫인댄 釋迦達磨는 是甚麽오 泥團土塊니라
三乘十二分敎는 是甚麽오 熱盌鳴聲이니라 公이 旣於此箇門中에
自信不疑하니 不是小事라 要須生處란 放敎熟하고 熟處란 放敎生하야사
始與此事로 少分相應耳니라 往往에 士大夫_ 多於不如意中에
得箇瞥地處라가 却於如意中에 打失了하나니 不可不使公知라
在如意中하야 須時時以不如意中時節로 在念하야 切不可暫忘也어다
但得本이언정 莫愁末하며 但知作佛이언정 莫愁佛不解語어다
遮一着子는 得易守難하니 切不可忽이어다 須敎頭正尾正하야
擴而充之然後에 推己之餘하야 以及物이니 左右所得이
旣不滯在一隅하야 想於日用中에 不着起心管帶하며 枯心忘懷也리라
近年已來에 禪道佛法이 衰弊之甚일새 有般杜撰長老는 根本이
自無所悟하고 業識이 茫茫하야 無本可據하며 無實頭伎倆으로
收攝學者하고 敎一切人으로 如渠相似하야 黑漆漆地로 緊閉却眼하야
喚作黙而常照라하나니 彦沖이 被此輩에 敎壞了라 苦哉苦哉로다

遮箇話를 若不是左右_ 悟得狗子無佛性이런들 徑山도 亦無說處니라

千萬捺下面皮하고 痛與手段하야 救取遮箇人하라 至禱至禱하노라

然이나 有一事하니 亦不可不知니라 此公이 淸淨自居하야 世味澹薄이

積有年矣라 定執此爲奇特이리니 若欲救之인댄 當與之同事하야

令其歡喜하야 心不生疑하야사 庶幾信得及하야 肯轉頭來하리니

淨名의 所謂先以欲으로 鉤牽하고 後令入佛智_ 是也라 黃面老子_

云호대 觀法先後하야 以智分別하며 是非審定하야 不違法印하고

次第建立無邊行門하야 令諸衆生으로 斷一切疑라하시니

此乃爲物作則이며 萬世楷模也온 況此公의 根性이 與左右로

逈不同하니 生天은 定在靈運前이요 成佛은 定在靈運後者也라

此公은 決定不可以智慧攝이요 當隨所好攝하야 以日月磨之하면

恐自知非하야 忽然肯捨를 亦不可定이니 若肯轉頭來하면

却是箇有力量底漢이라 左右도 亦須退步하야 讓渠出一頭라사

始得다 比에 晦禪이 歸에 錄得渠答紫嚴老子一書어늘 山僧이

隨喜讀一徧하고 讚歎歡喜累日호니 直是好一段文章이러라

又似一篇大義하고 末後에 與之下箇謹對호리니 不識케라 左右는

以謂如何오 昔에 達磨_ 謂二祖曰 汝但外息諸緣하고 內心無喘하야

心如牆壁이라사 可以入道라하야늘 二祖_ 種種說心說性호대

俱不契러니 一日에 忽然省得達磨所示要門하고 遽白達磨曰

弟子此回에사 始息諸緣也니다 達磨知其已悟하시고 更不窮詰하시며

只曰莫成斷滅去否아 曰無니다 達磨曰 子_ 作麼生고

曰了了常知故로 言之不可及이니다 達磨曰 此乃從上諸佛諸祖의

所傳心體니 汝今旣得이라 更勿疑也하라하시니 彦沖이

142   서장

云호대 夜夢晝思十年之間에 未能全克이라 或端坐靜黙하야

一空其心하야 使慮無所緣하며 事無所託하야사 頗覺輕安이라하니

讀至此에 不覺失笑호라 何故오 旣慮無所緣이라하니 豈非達磨의

所謂內心無喘乎아 事無所託이라하니 豈非達磨의 所謂外息諸緣乎아

二祖도 初不識達磨의 所示方便하고 將謂外息諸緣하며 內心無喘을

可以說心說性하며 說道說理라하야 引文字證據하야 欲求印可할새

所以로 達磨_ 一一列下하사 無處用心코사 方始退步하야

思量心如牆壁之語는 非達磨實法이라하고 忽然於牆壁上에

頓息諸緣호니 卽時에 見月亡指하고 便道了了常知故로

言之不可及이라하니 此語도 亦是臨時하야 被達磨抆出底消息이라

亦非二祖實法也어늘 杜撰長老輩_ 旣自無所證하고 便逐旋捏合하야

雖敎他人歇이나 渠自心火熠熠하야 晝夜不停호미

如欠二稅百姓相似라 彦沖은 却無許多勞攘이나 只是中得毒深이라

只管外邊亂走하야 說動說靜하며 說語說黙하며 說得說失하며

更引周易內典하야 硬差排和會하니 眞是爲他閑事長無明이로다

殊不思量一段生死公案을 未曾結絶하면 臘月三十日에

作麽生折合去리요 不可眼光欲落未落時에 且向闔家老子道호대

待我澄神定慮少時코사 却去相見이니 得麽아 當此之時하야는

縱橫無礙之說이라도 亦使不着이며 心如木石이라도 亦使不着이라

須是當人의 生死心을 破하야사 始得다 若生死心을 破하면

更說甚麽澄神定慮며 更說甚麽縱橫放蕩이며

更說甚麽內典外典이리요 一了一切了하며 一悟一切悟하며

一證一切證호미 如斬一結絲에 一斬一時斷이라 證無邊法門도

亦然하야 更無次第니라 左右_ 旣悟狗子無佛性話하니

還得如此也未아 若未得如此인댄 直須到恁麼田地라사 始得다

若已到恁麼田地인댄 當以此法門으로 興起大悲心하야

於逆順境中에 和泥合水하야 不惜身命하며 不怕口業하고

拯拔一切하야 以報佛恩이니 方是大丈夫의 所爲라 若不如是면

無有是處니라 彦冲이 引孔子_ 稱易之爲道也屢遷하야

和會佛書中에 應無所住而生其心으로 爲一貫이라하며

又引寂然不動을 與土木無殊라하니 此尤可笑也로다 向渠道하노라

欲得不招無間業인댄 莫謗如來正法輪이라하니 故로 經에

云호대 不應住色生心하며 不應住聲香味觸法生心이라하시니

謂此廣大寂滅妙心은 不可以色見聲求라 應無所住는 謂此心이

無實體也요 而生其心은 謂此心이 非離眞而立處라 立處卽眞也니라

孔子_ 稱易之爲道也屢遷은 非謂此也라 屢者는 荐也오 遷者는

革也라 吉凶悔恪이 生乎動하나니 屢遷之旨는 返常合道也어늘

如何與應無所住而生其心으로 合得成一塊리오 彦冲이

非但不識佛意라 亦不識孔子意로다 左右_ 於孔子之敎에 出沒을

如游園觀하며 又於吾敎에 深入閫域이라 山野의 如此杜撰이

還是也無아 故로 圭峯이 云호대 元亨利貞은 乾之德也니

始於一氣하고 常樂我淨은 佛之德也니 本乎一心이라

專一氣而致柔하고 修一心而成道라하니 此老의 如此和會라사

始於儒釋二敎에 無偏枯하며 無遺恨이어늘 彦冲이

以應無所住而生其心이 與易之屢遷大旨로 同貫은 未敢相許로니

若依彦冲差排인댄 則孔子與釋迦老子를 殺着買草鞋하야사

始得다 何故오 一人은 屢遷하고 一人은 無所住일새니라 想讀至此에
必絶倒也리라

유통판 언충[237]에게 답한 대혜의 편지 ①[238]

[고요한 곳이거나 산란한 곳이거나 상관하지 말고 활구를 참구하라]

그대(유통판)의 형인 유보학공께서는 일찍이 어떤 일을 붙들고 고수하는 관대(管帶)와 일체를 내려놓고 방기하는 망회(忘懷)[239]의 일에 대해 알지 못했지만 핵심[鼻孔]을 파악하였습니다. 비록 제방에서 이루어지고 있는 수행과 깨달음에 대한 잘잘못[邪正]을 모두 파악하지는 못했지만, 기본이 견실하여 삿된 독이 침범하지 못했습니다. 망회와 관대도 그 가운데 있습니다.

만약 오로지 관대와 망회에만 매달리면서 생사심을 타파하지 못하면 음마(陰魔)[240]가 그 틈을 타고 침범해 허공을 두 쪽으로 갈라놓는 꼴을 면하지 못할 것입니다.

고요한 곳에 있을 때는 한량없는 즐거움을 누리고, 시끄러운 곳에 있을 때는 한량없는 괴로움을 받게 됩니다. 고와 락에 치우치지 않고자 한다면, 억지로 마음을 일으켜 생각을 고수하거나 반대로 억지로

---

237) 유통판 언충은 이름이 자휘(子翬)이고, 자는 언충(彦冲)이며, 호는 병산거사(屛山居士)이고, 통판은 벼슬 이름이다. 주자(朱子)의 장인[外舅]이다. 유언충의 형은 유보학 언수로 앞의 편지에 소개되었다.

238) 대혜 51세(1139)에 임안의 경산사에 주석할 때 답한 편지이다.

239) 관대망회(管帶忘懷)는 마음을 일으켜 붙잡고 있는 기심관대(起心管帶)와 마음을 쉬어 잊고 있는 고심망회(枯心忘懷)를 말한다. 삿된 공부의 두 가지 종류이다. 무엇을 꾸준히 지니고 있거나 모든 것을 싹 잊어버리고 텅텅 비우는 것은 모두 유무(有無) 양변에 치우친 공부이다. 바른 공부는 유(有)와 무(無), 색(色)과 공(空)을 나누지 않고 모든 분별심(分別心)이 부서지는 것이다.

240) 음마(陰魔)는 온마(蘊魔), 오중마(五衆魔)라고도 하는데 중생을 괴롭히는 사마(四魔) 가운데 하나이다. 유정(有情)은 오온(五蘊, 五陰)으로 이루어져 있는 육신을 지니고 있기 때문에 갖가지 장해(障害)를 받는 것을 말한다.

마음을 가져서 생각을 잊어버리려고 해서도 안 됩니다. 하루 24시간 중에 마음을 내려놓아 탕탕하게 하십시오.

그러는 가운데 홀연히 그대가 익혀온 나쁜 습관이 언뜻 일어나더라도 애써 억누르려고 하지 마십시오. 다만 언뜻 일어나는 곳에서 "개에게도 불성이 있습니까?" "무"라는 화두를 참구하십시오. 바로 이러한 때에는 언뜻 일어난 망념이 화로에 떨어진 눈송이처럼 금방 사라집니다.

눈으로 판단하고 손에 친숙한 곳을 한번 뛰어넘어야 바야흐로 우두법융[懶融]²⁴¹⁾이 말한 다음의 내용이 사람을 속이는 말이 아닌 줄을 알게 됩니다. "적절히 마음을 쓸 때에는 적절히 무심으로 쓴다. 굽은 말은 명상(名相)이 수고롭고 곧은 말은 번거로움이 없다. 무심하게 적절하게 쓰되 항상 써도 적절해서 무심하다. 지금 말하는 무심은 유심과 다르지 않다."

옛적에 바수반두(婆藪盤豆)²⁴²⁾는 항상 한 끼만 먹고, 눕지 않았으며,

---

241) 우두법융(牛頭法融: 594-657)은 나융(懶融)이라고도 불렸다. 중국 선종의 우두종(牛頭宗)의 개조로 사조도신(四祖道信)의 제자이다.

242) 바수반두(婆藪盤豆, Vasubandhu: 316-396년 무렵)는 세친(世親) 또는 천친(天親)으로 한역되었다. 인도의 대승불교 사상가이다. 간다라국의 정통 브라만 출신으로 형인 무착(無著)과 동생 사자각(師子覺)도 유명한 불교학자이다. 처음에는 소승불교 가운데 최대 학파였던 설일체유부(說一切有部)와 경량부(經量部)의 사상을 공부하여 『아비달마구사론(阿毘達磨俱舍論)』을 저술하였다. 이 책은 소승불교의 여러 사상을 잘 간추려 엮은 것으로 인도, 중국, 한국, 일본 등지에서 널리 읽혔다. 뒤에 형 무착의 권유로 대승불교로 전향하였으며, 미륵(彌勒)과 무착(無著)으로 이어져 확립된 유식사상(唯識思想)을 『유식십이론(唯識二十論)』과 『유식삼십송(唯識三十頌)』에 결집하였다. 특히 형 무착의 유식학을 계승하여 이를 완성시켰다. 무착과 세친의 대승불교는 유가행파(瑜伽行派)로 불리어 용수(龍樹) 등의 중관파(中觀派)와 더불어 인도 대승불교의 양대 주류를 이루었다. 『대승성업론(大乘成業論)』, 『불성론(佛性論)』, 『변중변론(辯中邊論)』 등의 저서도 있다.

육시(六時)²⁴³⁾로 예불하며, 청정하고 욕심이 없어서 많은 사람이 그에게 귀의하였습니다. 제20조 사야다(闍夜多)²⁴⁴⁾가 바수반두를 제도하려고 그의 제자들에게 물었습니다.

"바수반두가 널리 두타행(頭陀行)을 닦고 범행(梵行)을 닦는데 그것으로 깨달음[佛道]을 얻을 수 있겠는가?"

제자들이 말했습니다.

"우리 스승께서 그렇게 정진하시는데 어찌 깨달음을 얻지 못하겠습니까?"

사야다가 말했습니다.

"그대들의 스승은 깨달음과 거리가 멀다. 설령 영겁토록 고행을 닦는다고 해도 그것은 모두 허망의 근본일 뿐이다."

제자들이 분노를 참지 못하고 모두 안색을 바꾸고 성난 말로 사야다에게 물었습니다.

"존자께서는 어떤 덕행을 쌓았길래 우리 스승을 비방하는 것입니까?"

사야다가 말했습니다.

"나는 추구하지 않지만 전도(顚倒)되지 않는다. 나는 부처님에게 예배하지 않지만 경만하지도 않다. 나는 장좌(長坐)²⁴⁵⁾하지 않지만 게으르지도 않다. 나는 하루 한 끼만 먹지 않지만 함부로 먹지 않는다. 나는

---

243) 육시(六時)는 하루를 새벽, 한낮, 일몰, 초야, 중야, 후야의 여섯 시간대로 나눈 것이다.
244) 사야다(闍夜多)는 인도의 제20대 조사로서 세친(世親)의 스승이다.
245) 장좌(長坐)는 장좌불와(長坐不臥)의 줄임말로 항상 좌선하며 눕지 않는 수행을 말한다. 여기에서 사야다는 바수반두의 수행을 고행으로 간주하여 비판하고 있다.

만족을 모르지만 탐내지 않는다. 이처럼 마음에 바라는 바가 없는 것을 불도라고 한다."

바수반두가 그 말을 듣고 무루지(無漏智)를 얻었습니다.[246]

이것이 소위 "먼저 선정으로 흔들어놓고 나중에 지혜로써 뽑아낸다"[247]는 것입니다. 엉터리 장로들이 공에게 고요하게 앉아서 부처가 되기를 기다리라고 하는데, 이것이 어찌 허망의 근원이 아니겠습니까? 또한 "고요한 곳에서는 잃어버림이 없고, 시끄러운 곳에서는 잃어버림이 있다"고 말하는데, 어찌 세간의 모습[世間相]을 부정하고 실상(實相)을 추구하는 것이 아니겠습니까? 만약 이와 같이 수행하면 우두법융[懶融]의 "지금 말하는 무심이 유심과 다르지 않다"라는 말과 어찌 합치될 수가 있겠습니까? 바라건대 공께서는 이 점에 대하여 잘 생각해보십시오.

바수반두도 처음에는 장좌불와(長坐不臥)하면 성불할 수 있다고 했지만, 사야다가 일깨워준 가르침에 힘입어서 한 마디 말에 곧장 돌아갈 곳을 알아[知歸] 무루지(無漏智)를 얻었습니다. 과연 훌륭한 말은 채찍의 그림자만 보아도 달려가는 것과 같습니다.[248]

중생이 광란하는 것은 병이기 때문에 부처님께서는 적정바라밀(寂靜波羅蜜)이라는 약으로 치유해줍니다. 그러나 병이 나았는데도 그 약을 계속 사용한다면 병은 더욱 심해집니다. 하나를 잡고 하나를 놓는

---

246) 『경덕전등록(景德傳燈錄)』 권2[대정장(大正藏)51, p.213上] 무루지(無漏智)는 번뇌를 벗어난 청정한 지혜로서 깨달음을 가리킨다.
247) 『대반열반경(大般涅槃經)』 권31[대정장(大正藏)12, p.548中]
248) 『대지도론(大智度論)』 권26[대정장(大正藏)25, p.252上]

일이라 어느 때에 마칠 수 있겠습니까?

삶과 죽음의 문제에 대면했을 때 고요함과 시끄러움의 두 경계는 도무지 조금도 쓸모가 없습니다. 시끄러운 곳에서는 잃어버림이 많고 고요한 곳에서는 잃어버림이 적다고 말하지 마십시오.

적고 많음, 얻고 잃음, 고요함과 시끄러움을 한 묶음으로 묶어서 타방세계로 보내버리고 다시 일상에서 많음도 아니고 적음도 아니며, 고요함도 아니고 시끄러움도 아니며, 얻음도 아니고 잃음도 아닌 곳에서 '이것이 무엇인가?'라고 참구하는 것만 못합니다.

세간사는 무상하고 빨라서 백 년의 세월도 손가락 한 번 튕기는 사이에 휙 지나가 버립니다. 다시 무슨 한가한 공부가 있어서 얻음과 잃음을 이해하며, 고요함과 시끄러움을 이해하며, 많음과 적음을 이해하며, 망회와 관대를 이해하겠습니까?

석두희천(石頭希遷)[249] 화상은 말했습니다.

"이에 참선하는 사람에게 권하니

시간을 헛되이 보내지 말라."[250]

이 한 마디 가르침에 대하여 눈을 떠도 붙잡고 눈을 감아도 붙잡으며, 생각을 잊어도 붙잡고 항상 생각할 때도 붙잡으며, 광란할 때도 붙잡고 고요할 때도 붙잡으십시오.

이것이 바로 나 경산(대혜)의 가르침입니다. 엉터리 장로들에게는 이와 다른 가르침이 있을 것으로 생각합니다.

---

249) 석두희천(石頭希遷: 700-790)의 법계는 조계혜능(曹溪慧能) - 청원행사(靑原行思) - 석두희천(石頭希遷)이다.

250) 『경덕전등록(景德傳燈錄)』 권30[대정장(大正藏)51, p.459中]

돌(咄)!

이것으로 마치겠습니다.

答 劉通判 彦冲(一) [靜鬧一如 參商活句]

令兄寶學公이 初未嘗知管帶忘懷之事나 信手摸着鼻孔하며
雖未盡識得諸方邪正이나 而基本이 堅實하야 邪毒이 不能侵이라
忘懷管帶도 在其中矣니라 若一向에 忘懷管帶하고 生死心을
不破면 陰魔_ 得其便하야 未免把虛空하야 隔截作兩處라 處靜時에
受無量樂하고 處鬧時에 受無量苦하리니 要得苦樂이 均平인댄
但莫起心管帶하며 將心忘懷하고 十二時中에 放敎蕩蕩地니
忽你舊習이 瞥起라도 亦不着用心按捺하고 只就瞥起處하야
看箇話頭호대 狗子도 還有佛性也無잇가 無니라하면 正恁麼時하야
如紅鑪上一點雪相似하리니 眼辦手親者를 一逴에 逴得하야사
方知懶融이 道호대 恰恰用心時에 恰恰無心用이니 曲談은 名相勞요
直說은 無繁重이라 無心恰恰用호대 常用恰恰無니 今說無心處_
不與有心殊라함이 不是誑人語리라 昔에 婆修盤頭_ 常一食不臥하고
六時禮佛하며 淸淨無欲하야 爲衆所歸러니 二十祖闍夜多_
將欲度之하야 問其徒曰 此偏行頭陀能修梵行이 可得佛道乎아
其徒曰 我師精進이 如此어늘 何故로 不可리요 闍夜多曰 汝師_
與道遠矣라 設苦行을 歷於塵劫이라도 皆虛妄之本也니라

其徒不勝其憤하야 皆作色厲聲하야 謂闇夜多曰 尊者는 蘊何德行이관대
而譏我師어뇨 闇夜多曰 我不求道호대 亦不顚倒하며 我不禮佛호대
亦不輕慢하며 我不長坐호대 亦不懈怠하며 我不一食호대 亦不雜食하며
我不知足호대 亦不貪欲이라 心無所希名之曰道라한대 婆修聞已에
發無漏智하니 所謂先以定으로 動하고 後以智로 拔也라 杜撰長老輩_
敎左右로 靜坐하야 等作佛하나니 豈非虛妄之本乎아 又言靜處에
無失하고 鬧處에 有失이라하니 豈非壞世間相하고 而求實相乎아
若如此修行인댄 如何契得懶融의 所謂今說無心處_ 不與有心殊리요
請公은 於此에 諦當思量看하라 婆修도 初亦將謂호대 長坐不臥하면
可以成佛이라하더니 纔被闇夜多의 點破코사 便於言下에 知歸하야
發無漏智하니 眞是良馬_ 見鞭影而行也니라 衆生의 狂亂이
是病이어늘 佛이 以寂靜波羅蜜藥으로 治之하시니 病去藥存이며 其病이
愈甚이라 拈一放一이어니 何時是了리요 生死到來에 靜鬧兩邊은
都用一點不得이니 莫道鬧處에 失者多하고 靜處에 失者少니라
不如少與多와 得與失과 靜與鬧를 縛作一束하야 送放他方世界하고
却好就日用에 非多非少하며 非靜非鬧하며 非得非失處하야
略提撕看是箇甚麼니라 無常이 迅速하야 百歲光陰이 一彈指頃에
便過也니 更有甚麼閑工夫_ 理會得理會失하며 理會靜理會鬧하며
理會多理會少하며 理會忘懷理會管帶石리요 石頭和尙이 云호대
謹白參玄人하노니 光陰을 莫虛度하라하시니 遮一句子를 開眼也着하며
合眼也着하며 忘懷也着하며 管帶也着하며 狂亂也着하며 寂靜也着이니
此是徑山의 如此差排어니와 想杜撰長老輩는 別有差排處也리라
咄且置是事하노라

유통판 언충에게 답한 대혜의 편지 ②²⁵¹⁾

[고요한 경지에 힘쓰는 마음을 타파하고 무자화두를 참구하라고 권장한다]

공(유통판)께서는 고요한 경지를 추구하는 공부를 오랫동안 해오셨습니다. 어떻습니까? 눈을 뜨고 외부경계를 상대할 때 마음이 안락하고 한가합니까? 만약 아직도 안락하고 한가한 경지가 아니라면 그것은 고요한 곳에서 하는 공부가 아직 힘을 얻지 못한 것입니다.

만약 오래 공부했는데도 불구하고 아직도 힘을 얻지 못했으면 마땅히 지름길로 힘을 얻는 곳을 구해야 비로소 평소에 힘써온 공부가 헛되지 않을 것입니다.

평소에 고요한 곳에서 공부하는 것은 단지 시끄러운 것을 내보내기 위한 것입니다. 그런데 시끄러운 곳에 있을 때에 그 시끄러운 것이 마음을 어지럽게 한다면 도리어 평소에 고요한 곳에서 공부하지 않은 것과 같은 것입니다. 깨달음의 도리는 지극히 가까운 곳에 있습니다. 제아무리 멀다고 해도 자기의 눈동자를 벗어나 있지 않습니다. 그래서 눈을 뜨면 바로 보이고, 눈을 감아도 모자라지 않습니다. 입을 열면 곧바로 말을 하고, 입을 닫으면 저절로 드러납니다. 그러나 마음을 일으키고 생각을 움직여 이해하려고 하면 벌써 십만 팔천 리나 어긋나버립니다. 곧바로 마음을 쓸 곳이 없는 것이 바로 가장 힘을 더는 것입니다. 그런데도 요즘 도를 닦는 사람들 대부분이 애써 깨달음을 추구합니다. 깨달음은 추구하면 추구할수록 더욱 사라지고 지향하면

---

251) 대혜 51세(1139) 때 임안의 경산사에 주석할 때 답한 편지이다.

지향할수록 더욱 멀어집니다.

그런데 어찌 득(得)과 실(失)을 분별하고 이해하는 입장에서 시끄러운 곳에서는 잃는 것이 많고, 고요한 곳에서는 잃는 것이 적다고 말할 수 있겠습니까?

공께서는 고요한 곳에서 20여 년을 머물렀습니다. 그렇다면 조금이라도 힘을 얻은 것을 가지고 잘 살펴보십시오. 만약 말뚝처럼 우두커니 앉아 고요한 곳에서 힘을 얻었다면 무슨 이유로 시끄러운 곳에서는 잃어버리는 것입니까?

지금 힘을 덜어서 고요함과 시끄러움이 하나가 되려고 한다면 다만 조주무자(趙州無字)를 꿰뚫어야 합니다. 홀연히 뚫어지면 바야흐로 고요함과 시끄러움이라는 이 두 가지가 서로 방해되지 않을 것입니다. 또한 힘을 써서 버틸 필요도 없고 힘을 써서 버티지 않는다는 생각도 하지 않을 것입니다.

又(二) [破他靜勝 勸參無字]

左右_ 做靜勝工夫積有年矣라 不識커라 於開眼應物處에
得心地安閑否아 若未得安閑인댄 是는 靜勝工夫未得力也니라
若許久호대 猶未得力인댄 當求箇徑截得力處하야사 方始不孤負平昔에
許多工夫也리라 平昔에 做靜勝工夫는 只爲要支遣箇鬧底니 正鬧時에
却被鬧底의 聒擾自家方寸인댄 却似平昔에 不曾做靜勝工夫로

一般耳라라 遮箇道理는 只爲太近이라 遠不出自家眼睛裏하야

開眼에 便刺着하고 合眼處에 亦不欠少하며 開口에 便道着하고

合口處에 亦自現成하리니 擬欲起心動念承當인댄 渠_

早已蹉過十萬八千了也라 直是無你用心處라사 遮箇最是省力이어늘

而今學此道者는 多是要用力求하나니 求之轉失하고 向之愈背하리니

那堪墮在得失解路上하야 謂鬧處에 失者多하고 靜處에 失者少리요

左右_ 在靜勝處하야 住了二十餘年이라 試將些子得力底하야

來看則箇어니와 若將椿椿地底하야 做靜中得力處인댄

何故로 却向鬧處失却고 而今要得省力하야 靜鬧一如인댄

但只透取趙州無字어다 忽然透得하면 方知靜鬧兩不相妨이며

亦不着用力支撐호대 亦不作無支撐解矣리라

진국태부인[252]에게 답한 대혜의 편지[253]

[존귀의 관념에 집착하지 말고 자비를 일으켜 중생을 제도하라]

도겸(道謙)[254] 수좌가 돌아오면서 국태부인께서 보내주신 편지와 손수 적은 몇 개의 게송을 산승에게 보내주었습니다. 처음에는 매우 의심스러웠지만, 도겸 수좌에게 자세히 묻고 나서 비로소 스스로 속이지 않고 오랜 세월 밝히지 못했던 일이 활연히 나타났고 다른 사람으로부터 얻은 것이 아니라는 사실을 알게 되었습니다. 법희와 선열의 즐거움은 세간의 즐거움과 비교할 수 없음을 알게 되었을 것입니다. 산승은 국태부인을 위하여 여러 날 기뻐하면서 침식을 모두 잊었습니다.

아들은 재상이 되고, 자신은 국태부인이 된 것은 귀중한 것이라고 할 수가 없습니다. 똥무더기와 거름무더기[糞掃堆]에서 값을 따질 수 없는 보배를 얻어서 영원토록 써도 끝이 없는 것이야말로 비로소 진정으로 귀중한 것이라고 할 수 있습니다.

그러나 절대로 이 귀함에 집착하지 마십시오. 만약 집착한다면 존귀하다는 관념에 빠져서 다시는 자비와 지혜를 일으켜서 중생을 연민하지 못할 것입니다. 반드시 기억하여 잊지 마십시오.

---

252) 장주부인(狀主夫人)의 속성은 허(許)씨이고, 법명은 법진(法眞)이다. 태사장공(太師 張公)의 부인(夫人)이다.

253) 대혜 52세(1140) 때 임안 경산사에 주석할 때 답한 편지이다.

254) 도겸(道謙)은 건녕부(建寧府) 개선도겸(開善道謙)이다. 처음에 원오극근(圓悟克勤) 에게 의지했지만 깨닫지 못하였다. 후에 대혜에게 공부하고 그 법을 이었다.『오등회 원(五燈會元)』권20[만신속장(卍新續藏)80, pp.423下-424上]

答 秦國太夫人 [莫着尊貴 興悲度生]

謙禪이 歸에 領所賜教와 幷親書數頌하고 初亦甚疑之러니

及詢謙子細코사 方知不自欺하야 曠劫未明之事_ 豁爾現前호대

不從人得이라 始知法喜禪悅之樂은 非世間之樂에 可比리니

山野_ 爲國太하야 歡喜累日에 寢食俱忘호이다 兒子는 作宰相하고

身作國夫人은 未足爲貴어니와 糞埽堆頭에 收得無價之寶하야

百劫千生에 受用不盡이라사 方始爲眞貴耳라 然이나

切不得執着此貴어다 若執着則墮在尊貴中하야 不復興悲起智하야

憐愍有情耳리니 記取記取어다

장승상 덕원[255]에게 답한 대혜의 편지[256]

[찬탄하고 수희하는 수행으로 불사를 지으라]

삼가 생각해보니, 장승상[鈞候][257]께서는 아란야(阿蘭若)[258]에 편안하게 머물며 그곳의 스님과 함께 비로자나불의 세계에서 유희하면서 인연에 따라 불사를 지었습니다. 병고와 번뇌가 적으니 당신의 생활이 만복할 것입니다. 예로부터 모든 성인도 전부 그랬을 것입니다. 『화엄경』에서는 말합니다.

"생각생각 가운데 일체법의 멸진삼매(滅盡三昧)[259]에 들어가서도 보살도에서 물러나지 않고, 보살의 임무를 저버리지 않으며, 대자비심을 저버리지 않고, 일찍이 그친 적이 없이 육바라밀을 수습하였고, 싫어함과 게으름이 없이 일체의 국토를 관찰하며, 중생제도의 서원을 버리지 않고, 법륜을 중단함이 없이 굴리며, 중생교화의 사업을 멈춘 적이 없고, 모든 뛰어난 서원을 다 원만하게 획득하며, 일체 국토의 차별을 분명하게 이해하여 불종성(佛種性)[260]에 들어가 피안에

---

255) 승상(承相) 장덕원(張德遠: 1097-1164)은 앞에 나온 진국태부인(秦國太夫人)의 아들이다. 면죽(綿竹) 출신으로 구고(九皐)의 아들이다. 자는 덕원(德遠)이고, 이름은 준(浚)이며, 자호(自號)는 자암거사(紫岩居士)이고, 시호는 충헌(忠獻)이다.

256) 대혜는 68세(1156) 때 16년 동안 유배생활을 마치고 매주(梅州)에서 석방되어 장사(長沙)에 잠깐 주석하고 있었다. 그때 장승상(張承相)이 찾아오자 일러준 것이다.

257) 균후(鈞候)에서 균(鈞)은 그릇을 만들 때 틀을 형성하는 것이다. 균후(鈞候)는 국정을 쥐고 있는 사람으로서 정승을 가리킨다.

258) 아란야(阿蘭若)는 아련야(阿練若), 아란나(阿蘭耶)라고도 하며 한정처(閑靜處)라고 번역되었다. 숲속의 고요한 수행처를 의미한다.

259) 멸진삼매(滅盡三昧)는 멸진정(滅盡定)이다. 일체의 번뇌를 소멸한 경지를 의미한다.

260) 불종성(佛種性)은 일체중생이 갖추고 있는 불성(佛性)을 말한다.

도달한다."²⁶¹⁾

이것들은 대장부가 일상의 행주좌와에서 수용하는 집안의 일입니다. 대(大)거사께서도 이와 같은 행위에 부지런히 정진하셨습니다. 산승도 그러한 행위에 동참하는 보주의 사람[普州人]²⁶²⁾이 되고자 합니다. 외부인이 끼어드는 것을 받아주실지 궁금합니다.

장사(長沙)에 도착했을 때²⁶³⁾ 공께서는 비야리성(毘耶離城)의 유마 거사가 침묵한 것처럼 깊이 불이법문(不二法門)²⁶⁴⁾에 드셨다고 들었습니다. 이 역시 분에 넘치는 일이 아닙니다. 불법은 원래 이와 같기[如是]²⁶⁵⁾ 때문입니다. 바라건대, 거사께서 이와 같이[如是] 수용한다면 곧 모든 마군과 외도들도 반드시 불법을 수호하는 선신(善神)이 되어줄 것입니다. 그 밖의 갖가지 차별적인 다른 뜻도 모두 자신의 마음에 나타난[自心現量]²⁶⁶⁾ 경계일 뿐입니다. 이 또한 특별한 것이 아닙니다. 거사께서는 어찌 생각하시는지요?

261) 『대방광불화엄경(大方廣佛華嚴經)』 권44[대정장(大正藏)10, pp.231下-232上]

262) 보주인(普州人)은 어떤 일에 동참하는 사람을 가리킨다. 일찍이 보주(普州)에 도적이 많은 것을 비유한 것이다. 여기서는 장승상의 훌륭한 행위를 조금이나마 훔쳐가고 싶은 사람이 되고 싶다는 것을 의미한다.

263) 대혜가 68세 때 유배에서 풀려나 돌아가는 도중에 장사(長沙)에 들렀는데, 당시 장사에 있었던 장승상이 대혜를 초청했던 것을 가리킨다.

264) 『유마힐소설경(維摩詰所說經)』 권中[대정장(大正藏)14, pp.550中-551下] 참조.

265) 여시(如是)는 이와 같이, 있는 그대로, 이대로 등의 뜻을 지니고 있다. 여시의 해석은 다양하다. ① 육성취(六成就)의 하나로서 신성취(信成就)이다. ② 제법실상(諸法實相)의 당체를 보여주는 말로 이치에 부합하여 오류가 없다. ③ 다른 설(說)과 다른 해(解)에 대하여 긍정하고 찬성한다. 여기에서는 ②의 의미로 쓰였다.

266) 자심현량(自心現量)은 자기의 마음으로 만들어내고 조작한 것으로 일체의 번뇌를 가리킨다. 『대방광불화엄경(大方廣佛華嚴經)』 권6[대정장(大正藏)10, p.688上] ; 『능가아발다라보경(楞伽阿跋多羅寶經)』 권1[대정장(大正藏)16, p.485上] 참조.

答 張丞相 德遠 [讚嘆隨喜行作佛事]

恭惟호니 燕居阿練若하야 與彼上人으로 同會一處하야

娛戲毗盧藏海하야 隨宜作佛事호대 少病少惱하야 鈞候動止萬福호잇가

從上諸聖이 莫不皆然이시니 所謂於念念中에 入一切法滅盡三昧하야

不退菩薩道하며 不捨菩薩事하며 不捨大慈悲心하며 修習波羅蜜호대

未嘗休息하며 觀察一切佛國土호대 無有厭倦하며 不捨度衆生願하며

不斷轉法輪事하며 不廢敎化衆生業하며 乃至所有勝願을

皆得圓滿하야 了知一切國土差別하며 入佛種性하야 到於彼岸이니

此는 大丈夫四威儀中에 受用家事耳라 大居士_ 於此에

力行無倦일새 而妙喜도 於此에 亦作菩州人하노니 又不識커라

還許外人揷手否아 聞到長沙하야 即杜口毗耶하야 深入不二라하니

此亦非分外라 法如是故니라 願居士는 如是受用하면 則諸魔外道_

定來作護法善神也리라 其餘種種差別異旨도 皆自心現量境界라

亦非他物也니 不識커라 居士는 以爲如何오

장제형 양숙²⁶⁷⁾에게 답한 대혜의 편지²⁶⁸⁾

[자기의 마음을 반조하여 갖가지 반연에 빠지지 말라]

노거사(장제형)의 하시는 일이 모두 도와 그윽이 계합합니다. 다만 한번 '탁' 깨닫는 최후의 고비를 경험하지 못했을 뿐입니다. 그러나 일상의 인연에서 옛 걸음을 잃지 않으면 비록 한번 '탁' 깨닫는 경험은 없을지라도 죽음에 이르러서는 염라대왕도 두 손을 맞잡고[拱手] 항복할 것입니다. 하물며 한 생각이 상응하는 것이겠습니까?

제(대혜)가 비록 직접 목격하지는 못했습니다. 그러나 공의 행위를 살펴보면 크고 작은 일에 중도를 취하여 지나치거나 미치지 못하는 경우가 없는데, 이것이 바로 그것입니다. 바로 도와 합치되는 곳입니다. 여기에 이르러서는 번뇌라는 생각도 일으키지 말고 불법이라는 생각도 일으키지 말아야 합니다. 불법과 번뇌는 모두 밖의 일입니다. 그러나 밖의 일이라는 생각도 일으키지 말아야 합니다.

다만 마음의 빛을 돌이켜 비춰보십시오. '이처럼 생각하는 사람은 어디에서 왔으며, 어떤 행위를 할 때에는 무슨 형체가 있으며, 행위를 이미 했을 때 나의 마음을 따라서 주선(周旋)하지 않음이 없고 모자라거나 남음이 없는 바로 이 때에 누구의 은혜를 입은 것인가?'라고 반조하십시오. 이와 같이 날이 가고 달이 지나도록 공부하면 마치

---

267) 장제형(張提刑) 양숙(暘叔)은 진국태부인(秦國太夫人)의 맏아들이고, 승상(丞相) 장덕원(張德遠)의 형으로 이름은 양숙(暘叔, 昭遠 또는 暘仲)이다. 제형(提刑)은 형수(刑囚)를 관장(管掌)한 직책이다.

268) 대혜 52세(1140) 때 임안 경산사에 주석할 때 답한 글이다.

활쏘기를 연습하는 사람이 저절로 적중(的中)하는 것과 같습니다.

그러나 중생은 전도되어 있어서 자기를 잃고 외물을 쫓으며, 작은 욕망에 탐착하여 만족하다가 무량한 고통을 받습니다. 날마다 눈을 뜨기 이전에 그리고 침상에서 내려오기 이전과 비몽사몽 할 때에 마음[心識]은 이미 분분하여 망상이 흘러가는 대로 따라갑니다. 선과 악의 행위는 아직 나타나지 않았지만 침상에서 내려오기도 전에 천당과 지옥은 이미 마음에서 일시에 성취되어 있습니다. 그래서 선과 악의 행위가 일어나는 때는 벌써 제팔식에 떨어져 있습니다.

부처님께서 말씀하지 않으셨습니까?

"일체의 제근(諸根)[269]은 자기의 마음이 드러난 것이다. 기세간[器藏]과 신체[身藏][270]와 같은 것도 자기 망상의 모습이 시설되어 드러난 것이다. 그것은 마치 강물이 흐르는 것과 같고, 종자와 같으며, 등불과 같고, 바람과 같으며, 구름과 같아서 찰나에 변하고 있다. 마음이 성급하게 움직이는 것은 원숭이와 같고, 더러운 곳을 좋아하는 것은 똥파리와 같으며, 만족을 모르는 것은 바람에 나부끼는 불꽃과 같으며, 끝없는 옛날부터 생겨난 허망하고 거짓된 습기들의 씨앗은 마치 물을 긷는 두레박과 같다."[271]

---

269) 제근(諸根)은 중생이 지니고 있는 안근(眼根)·이근(耳根)·비근(鼻根)·설근(舌根)·신근(身根)·의근(意根)으로 신체의 감각기관이다.

270) 기세간(器世間)은 중생들이 의지하고 있는 물질적인 세계를 말한다. 장식(藏識)은 제8아뢰야식이다. 아뢰야식은 무몰식(無沒識)·장식(藏識)이라 번역되며, 제8식·본식(本識)·택식(宅識) 등의 명칭이 있다. 진제삼장은 이 식이 중생의 근본 심식으로 결코 없어지거나 잃어버릴 수 있는 것이 아니라는 뜻에서 무몰식(無沒識)이라 번역했다. 현장(玄奘)은 능장(能藏)·소장(所藏)·집장(執藏)의 세 뜻이 있으므로 장식(藏識)이라 번역하였다.

271) 『능가아발다라보경(楞伽阿跋多羅寶經)』 권1[대정장(大正藏)16, p.487下]

여기에서 알아차리고 타파하면 곧 '인상(人相)도 없고 아상(我相)도 없는 지혜'라고 부를 것입니다. 천당과 지옥은 다른 곳에 있는 것이 아닙니다. 그저 자기가 잠에서 깰 듯 말 듯 할 때와 아직 침상에서 내려오기 이전의 마음속에 있습니다. 결코 외부에서 오는 것이 아닙니다. 선악의 생각을 일으켰지만 아직 선악의 업이 드러나지 않을 때 그리고 잠은 깼지만 아직 의식이 또렷하지 않을 때 반드시 자기를 비추어 보십시오. 그러나 비추어 볼 때에도 거기에 힘을 쏟아 억지로 하지 마십시오. 억지로 하면 힘만 낭비합니다. 조사께서 말씀하지 않으셨습니까? "움직이는 것을 멈추어 멈춘 곳으로 돌아가려 하면, 멈춘 것이 다시 움직이게 된다."

일상의 번뇌에서 점점 힘을 더는 것을 깨달을 때가 바로 자기 자신이 힘을 얻는 곳입니다. 바로 자기가 부처가 되고 조사가 되는 곳이며, 바로 자신이 지옥을 바꾸어 천당으로 만드는 곳입니다. 바로 이곳이 자기가 편안하게 앉는 곳이며, 바로 자신이 생사를 벗어나는 곳이며, 바로 자기가 현재의 황제를 요(堯)와 순(舜)을 능가하는 성군으로 만드는 곳입니다. 바로 자신이 도탄에 빠진 백성을 일으켜 세우는 곳이며, 바로 자기가 후손에게 음덕을 물려주는 곳입니다.

그러나 이런 경지에 이르러서 부처를 말하고 조사를 말하며, 마음을 말하고 성품을 말하며, 현묘함을 말하고 미묘함을 말하며, 이법(理法)을 말하고 사법(事法)을 말하며, 애호(愛好)를 말하고 혐오(嫌惡)를 말하더라도 이 또한 주변사에 불과합니다. 이와 같은 일들도 오히려 주변사에 속하는데, 하물며 번뇌에 빠져서 선성(先聖)의 질타를 받는 행위를 할 수 있겠습니까? 좋은 일을 하는 것도 오히려 긍정하지 않는데 어찌 좋지 않은 일을 기꺼이 할 수 있겠습니까?

만약 저의 이런 말을 믿는다면 영가현각(永嘉玄覺)[272]의 "걸어가는 것도 선이고, 앉아 있는 것도 선이며, 말하고 침묵하며 움직이고 가만히 있는 어떤 행위에서도 본체가 편안하다"[273]는 말씀이 거짓이 아닐 것입니다. 바라건대 이와 같은 행리에 의거하여 처음부터 끝까지 변함없이 해나가면 비록 자기의 본지풍광(本地風光)을 철저하게 깨닫지 못하고, 자기의 본래면목(本來面目)을 분명하게 보지 못하더라도 생소한 것은 익숙해지고 익숙한 것은 생소해질 것입니다.

간절히 기억하십시오. 힘이 덜리는 것을 깨달을 때가 바로 힘을 얻는 곳입니다.

저는 항상 납자들을 만날 때마다 위와 같은 말을 해주었습니다. 그렇지만 자주 말하는 것을 보고는 대부분 소홀히 여겨 기꺼이 일삼으려고 하지 않습니다. 거사께서는 시험 삼아 이처럼 공부해 보십시오. 그러면 불과 열흘이면 바로 힘을 덜고 덜지 못함과 힘을 얻고 얻지 못함을 스스로 보게 될 것입니다. 마치 어떤 사람이 물을 마셔보고 차가운지 따뜻한지 직접 아는 것과 같습니다. 다른 사람에게 말해줄 수도 없고 보여줄 수도 없습니다.

선덕(先德)이 말씀하셨습니다. "깨달음에 대해 말할 수 있으나 다른 사람에게 보일 수 없다. 이치로 설명할 수 있으나 깨닫지 못하면 알지

---

272) 영가현각(永嘉玄覺: 665-713)은 조계혜능(曹溪慧能)의 제자로 『선종영가집(禪宗永嘉集)』과 『증도가(證道歌)』를 남겼다.
273) 『영가증도가(永嘉證道歌)』[대정장(大正藏)48, 396上]

못한다."[274] 그러므로 스스로 증득하고 터득하며 스스로 믿고 깨닫는 이치는 오직 일찍이 증득하고 터득하며 일찍이 믿고 깨달아야 비로소 묵묵히 계합할 수 있습니다. 아직 증득하지 못하고 터득하지 못하며, 아직 믿지 못하고 깨닫지 못한 경우에는 스스로도 믿지 못할 뿐만 아니라 다른 사람에게도 이와 같은 경계가 있다는 것도 믿지 못합니다.

노거사께서는 선천적인 자질이 도에 가까워서 하시는 모든 일이 분명하여 더는 고칠 것이 없습니다. 다른 사람과 비교하면 만 분에서 이미 9천9백9십9분을 덜어내었습니다. 다만 "확" 하고 한 번에 깨달 아버리는 것이 모자랄 뿐입니다. 사대부들은 도를 닦지만 대부분이 착실하게 이해하지 못합니다. 입으로 따지고 마음으로 분별하는 것을 제외하면 곧 망연해져 어찌할 줄을 모릅니다. 어찌할 수 없는 바로 그곳이야말로 바로 좋은 곳인 줄 믿지 못합니다. 단지 마음으로만 헤아려서 도달하려고 하고, 입으로만 말하여 깨달으려고 할 뿐이지 그것이 착각임을 전혀 알지 못합니다.

부처님께서 말씀하셨습니다.

"여래는 일체의 비유로써 갖가지 일을 설명하지만, 이 법은 비유로 써 설명할 수 없다. 왜냐하면 분별할 수 있는 마음의 통로가 끊어져 불가사의하기 때문이다."[275]

사량 분별심은 깨달음에 장애가 되는 줄 반드시 알아야 합니다. 만약 앞뒤가 끊어지면 분별하는 마음은 저절로 사라집니다. 만약

---

274) 『화엄심요법문주(華嚴心要法門註)』[만신속장(卍新續藏)58, p.426中]
275) 『대방광불화엄경(大方廣佛華嚴經)』권52[대정장(大正藏)10, p.277中]

분별하는 마음의 길이 사라지면 어떤 것을 설해도 모두 이 법입니다. 이 법이 이미 밝아지면 바로 이 밝은 곳이 불가사의한 대해탈의 경계이고, 바로 이 불가사의한 대해탈의 경계도 불가사의합니다. 경계가 불가사의하므로 일체의 비유도 불가사의하고, 갖가지 일도 불가사의합니다. 이처럼 불가사의한 경지도 불가사의하며, 이러한 말도 붙을 곳이 없으며, 이 붙을 곳도 없는 곳도 불가사의합니다. 이처럼 굴리면서 추궁하여 나가면 일이나 법이나 비유나 경계가 마치 고리가 끝이 없는 것과 같아서 시작하는 곳도 없고 끝나는 곳도 없어서 전체가 불가사의한 법입니다.

그러므로 부처님께서 말씀하셨습니다.

"보살은 이러한 불사의한 경계에 머물기에

그 속에서 사의하는 것도 끝이 없네.

이처럼 불가사의한 경지에 들어가게 되면

사량과 비사량이 모두 적멸의 경지가 되네."[276]

그러나 결코 적멸의 경지에도 머물러서는 안 됩니다. 만약 적멸의 경지에 머물게 되면 법계라는 생각에 갇혀버리게 됩니다. 경전에서는 이것을 법진번뇌(法塵煩惱)라고 부릅니다. 법계라는 생각도 소멸시키고 갖가지 수승한 것까지도 일시에 없애버린 연후에 비로소 정전백수자(庭前柏樹子),[277] 마삼근(麻三斤),[278] 간시궐(乾屎橛),[279] 구자무불성

---

276) 『대방광불화엄경(大方廣佛華嚴經)』권30[대정장(大正藏)10, p.165上]
277) 『분양무덕선사어록(汾陽無德禪師語錄)』권中[대정장(大正藏)47, p.610下]
278) 『법연선사어록(法演禪師語錄)』권下[대정장(大正藏)47, p.665上]
279) 『진주임제혜조선사어록(鎭州臨濟慧照禪師語錄)』[대정장(大正藏)47, p.496下]

(狗子無佛性),[280] 일구흡진서강수(一口吸盡西江水),[281] 동산수상행(東山水上行)[282]과 같은 화두를 잘 살펴보십시오. 홀연히 한 구절 아래서 투과해버리면 그것을 법계의 한량없는 회향이라고 합니다.

여실하게 보고, 여실하게 수행하며, 여실하게 활용하면 하나의 터럭 끝에서 불국토를 드러내고, 미세한 먼지 속에 앉아서 대법륜을 굴립니다. 갖가지 법을 성취하고, 갖가지 법을 파괴하지만 일체가 자신을 말미암는 것이 마치 장사(壯士)가 남의 힘을 빌리지 않고 팔을 펴고, 사자가 돌아다니지만 반려를 구하지 않는 것과 같습니다. 갖가지 뛰어나고 신묘한 경계가 현전해도 마음은 놀라지 않으며, 갖가지 악업의 경계가 현전해도 마음은 두려워하지 않습니다. 일상의 걷고 머물며 앉고 눕는 행위에서도 인연을 따라 거리낌이 없이 마음대로 소요자재하십시오. 이러한 경지에 도달해야 비로소 천당도 없고 지옥도 없다고 말할 수 있습니다.

영가현각(永嘉玄覺)은 말했습니다.

"중생과 부처라는 분별조차 없다.

삼천대천세계는 바다 가운데 물거품이며

일체의 성현은 번갯불과 같다."[283]

만약 이 노인(영가현각)이 이러한 경지에 도달하지 못했다면 어떻게 이런 말을 했겠습니까? 이 말을 오해하는 사람이 매우 많습니다.

280) 『고존숙어록(古尊宿語錄)』 권25[만신속장(卍新續藏)68, p.167中]
281) 『방거사어록(龐居士語錄)』 권上[만신속장(卍新續藏)69, p.131上]
282) 『운문광진선사광록(雲門匡真禪師廣錄)』 권上[대정장(大正藏)47, p.545下]
283) 『영가증도가(永嘉證道歌)』[대정장(大正藏)48, p.396下]

참으로 근원에 투철하지 못하면 언설에 의지하여 알음알이를 일으킵니다. 그리하여 "일체가 모두 없다"고 하며, 인과를 부정합니다. 제불과 제조사가 말씀하신 언교(言敎)마저도 모두 거짓이라고 하는데 이들을 광인 혹은 미혹한 사람이라고 합니다.

이와 같은 병을 제거하지 못하면 어둡고 아득하여 재앙을 초래하는[284] 사람이 됩니다. 부처님께서 말씀하셨습니다. "허망하고 들뜬 마음이 모든 교묘한 견해를 만든다."[285] 만약 유(有)에 집착하지 않으면 곧 무(無)에 집착하고, 유와 무에 집착하지 않으면 곧 유와 무 사이에서 분별과 사량으로 헤아립니다. 설령 이러한 병을 알아차린다고 해도 다시 비유(非有)와 비무(非無)에 집착합니다.

그 때문에 선성(先聖)은 고구정녕(苦口叮嚀)하게 사구(四句)를 벗어나고 백비(百非)를 단절하여[離四句絶百非],[286] 곧장 일도양단하여 다시는 과거와 미래에 집착하지 않으며, 바로 그 자리에서 일천 성인의 정수리를 끊어버리게 하였습니다. 사구는 곧 유(有), 무(無), 비유비무(非有非無), 역유역무(亦有亦無)입니다. 만약 이 사구를 투철하게 꿰뚫으면 어떤

---

284) 『영가증도가(永嘉證道歌)』[대정장(大正藏)48, p.396上]

285) 『대방광원각수다라요의경(大方廣圓覺修多羅了義經)』[대정장(大正藏)17, p.916上]

286) 이사구절백비(離四句絶百非)는 사구(四句)를 벗어나고 백비(百非)를 단절한다는 의미이다. 사구는 일체의 분별이고, 백비는 일체의 부정이다. 대혜는 본 편지에서 "사구는 곧 유(有), 무(無), 역유역무(亦有亦無), 비유비무(非有非無句)이다"라고 하였다. 일반적으로 사구는 "A이다", "非A이다", "A이고 또 非A이다", "A도 아니고 非A도 아니다"의 분별 형식을 의미한다. 백비는 일(一)·이(異)·유(有)·무(無) 각각에 사구분별을 적용하면 16가지가 되고, 이것에 과거·미래·현재의 삼세를 적용하면 48가지가 되며, 여기에 이기(已起)와 미기(未起)를 적용하여 96가지가 되는데, 다시 여기에 원래의 일(一)·이(異)·유(有)·무(無)를 더하여 100가지가 됨을 말하는 것이다. 사구백비를 벗어난다는 것은 진리란 어떠한 언어분별도 초월해 있음을 말하기 위한 것이다.

사람이 "일체의 제법이 실로 있다"고 말하는 것을 보고 그 말에 따라 실로 있다고 말하더라도 실로 있음에 걸리지 않습니다. 어떤 사람이 "일체 제법이 실로 없다"라고 말하는 것을 보고 그 말을 따라 그와 함께 없음을 말하더라도 이것은 세간에서 말하는 허무의 무(無)가 아닙니다. 어떤 사람이 "일체 제법이 있기도 하고 없기도 하다"라고 설하는 것을 보고 그 말을 따라 있기도 하고 없기도 함을 말하더라도 이것은 희론이 아닙니다. 또 어떤 사람이 "일체 제법은 있는 것도 아니고 없는 것도 아니다"라고 설하는 것을 보고 그 말을 따라 있는 것도 아니고 없는 것도 아님을 설하더라도 서로 어긋나는 것이 아닙니다. 정명(淨名)이 말씀하셨습니다. "육사외도가 떨어진 곳에 그대 또한 따라서 떨어져야 옳다."[287]

사대부들이 도를 배우면서 대부분 선지식의 지시에 마음을 비우고 경청하려고 하지 않습니다. 선지식이 입을 열면 자기는 벌써 선지식의 말보다 앞에 있으면서 일시에 알아버립니다. 그런데 그들에게 이해한 것을 일러보라고 하면 모두 잘못 이해하고 있습니다. 말을 하기도 전에 알고 있던 사람이 또한 말에서 막혀버린 것입니다.

또한 어떤 부류는 오로지 총명한 지식으로 도리를 설하며 "세간의 갖가지 기예에 대하여 나는 모르는 것이 없는데 단지 선에 대해서만은 아직 모른다"고 합니다. 그러면서 관청에 몇몇 엉터리 장로들을 초청하여 한차례 공양을 대접한 후에 그 사람들을 마음대로 지껄이게

---

287) 『유마힐소설경(維摩詰所說經)』 권上[대정장(大正藏)14, p.540中-下]

합니다. 그리고 분별심[心意識]²⁸⁸⁾을 가지고 엉터리 장로들의 말을 기억해두었다가 그것으로 다시 사람들을 검증합니다. 한 마디씩 주고받으면서 그것을 선문답[廝禪]²⁸⁹⁾이라고 합니다. 그러다가 마지막에 이르러 자기가 한 구절이 많고 상대가 말이 없을 때 곧 자기가 이겼다고 합니다.

그러다가 진실로 안목이 밝은 사람을 만나게 되면 도리어 아무것도 모릅니다. 설령 안다고 해도 확실한 믿음[決定信]이 없기에 몸과 마음을 모두 내려놓지 못합니다. 그럼에도 불구하고 선지식에게 나아가서 이해한다고 하면서 인가(印可)를 요구합니다. 그러나 선지식이 역순(逆順)의 경계에서 본분을 깨닫게 하는 수단[本分鉗鎚]²⁹⁰⁾을 보여주게 되면 도리어 두려워서 감히 곁에 다가가지도 못합니다. 이러한 사람들은 참으로 불쌍합니다.

노거사(장제형)께서 젊은 나이에 높은 급제에 올라 가문을 일으켰고, 자신이 머무는 곳에서는 수시로 사람들에게 이익을 베풀었습니다. 문장과 업적이 모두 남보다 뛰어납니다. 그러면서도 일찍이 자랑하지도 않고 한마음 한뜻으로 한걸음 물러나서 이 일대사인연(一大事因緣)을 깨닫고자 합니다. 그 지극한 정성을 보고 저도 모르게 미주알고주알 말이 길어졌습니다. 이것은 비단 노거사께 이러한

---

288) 심의식(心意識)에서 심(心)은 육식(六識)이고, 의(意)는 제칠식(第七識)이며, 식(識)은 제팔식(第八識)으로 분별하는 마음을 총칭한다.『소실육문(少室六門)』「안심법문(安心法門)」[대정장(大正藏)48, p.370中]

289) 시선(廝禪)은 서로 문답을 주고받으면서 그것으로 선을 공부하는 행위를 말한다.

290) 본분겸추(本分鉗鎚)는 선지식이 공부하는 사람의 본래면목을 깨우치기 위하여 활용하는 수단을 말한다.

병통을 알려드리는 것일 뿐만 아니라 참선 공부에 처음 마음을 낸 보살들에게 도에 들어가는 양식을 권장하기 위함입니다.

答 張提刑 暘叔 [回光返照 不落諸緣]

老居士의 所作所爲冥與道合호대 但未能得团地一下耳라

若日用應緣에 不失故步하면 雖未得团地一下나 臘月三十日에

闍家老子_ 亦須拱手歸降이오 況一念相應耶아 妙喜老漢이

雖未目擊이나 觀其行事컨대 小大折中하야 無過不及하니

只此便是道所合處라 到遮裏하야 不用作塵勞想하며

亦不用作佛法想이어다 佛法塵勞_ 都是外事라 然이나

亦不得作外事想이어다 但回光返照호대 作如是想者는 從甚麼處得來며

所作所爲時에 有何形段이며 所作을 旣辦하야는 隨我心意하야

無不周旋하며 無有少剩하나니 正當恁麼時하야 承誰恩力고

如此做工夫하야 日久月深하면 如人이 學射에 自然中的矣리라

衆生이 顚倒하야 迷己逐物일새 耽少欲味하야 甘心受無量苦하나니

逐日未開眼時와 未下床時와 半惺半覺時에 心識이 已紛飛하야

隨妄想流蕩矣라 作善作惡은 雖未發露나 未下床時에 天堂地獄이

在方寸中하야 已一時成就矣라가 及待發時하야는 已落在第八이니라

佛이 不云乎아 一切諸根이 自心現이며 器身等藏이 自妄想相하야

施設顯示호니 如河流하며 如種子하며 如燈如風如雲하야 刹那展轉호대

懷躁動은 如猿猴하며 樂不淨處는 如飛蠅하며 無厭足은 如風火하며

無始虛僞習氣因은 如汲水輪等事라하시니 於此에 識得破하면

便喚作無人無我智리라 天堂地獄이 不在別處라 只在當人의

半惺半覺와 未下床時方寸中이라 幷不從外來니 發未發覺未覺時에

切須照顧호대 照顧時에 亦不得與之用力爭이니 爭着則費力矣리라

祖不云乎아 止動歸止하면 止更彌動이라하니 纔覺日用塵勞中에

漸漸省力時_ 便是當人의 得力之處며 便是當人의 成佛作祖之處며

便是當人의 變地獄作天堂之處며 便是當人이 穩坐之處며

便是當人의 出生死之處며 便是當人의 致君於堯舜之上之處며

便是當人의 起疲氓於凋瘵之際之處며 便是當人의 覆蔭子孫之處니

到遮裏야 說佛說祖하며 說心說性하며 說玄說妙하며 說理說事하며

說好說惡라도 亦是外邊事라 如此等事도 尙屬外矣은

況更作塵勞中에 先聖所訶之事耶아 作好事도 尙不肯이어든

豈肯作不好事耶아 若信得此說及인댄 永嘉의 所謂行亦禪坐亦禪이라

語默動靜體安然이라호미 不是虛語리니 請依此行履하야 始終에

不變易則雖未徹證自己의 本地風光하며 雖未明見自己의

本來面目이라도 生處란 已熟하고 熟處란 已生矣리니 切切記取어다

纔覺省力處_ 便是得力處也라 妙喜老漢이 每與箇中人으로

說此話호니 往往에 見說得頻了하고 多忽之하야 不肯將爲事러라

居士는 試如此做工夫看하라 只十餘日에 便自見得省力不省力과

得力不得力矣리니 如人이 飲水에 冷煖을 自知라 說與人不得이며

呈似人不得이니라 先德이 云호대 語證則不可示人이나 說理則非證이면

不了라하시니 自證自得하며 自信自悟處는 除曾證曾得하며

已信已悟者라사 方黙黙相契어니와 未證未得하며 未信未悟者는

不唯自不信이라 亦不信他人의 有如此境界리라 老居士는 天資近道라

現定所作所爲하야 不着更易하니 以他人으로 較之컨대 萬分中에

已省得九千九百九十九分이요 只欠噴地一發便了로다 士大夫學道호대

多不着實理會일새 除却口議心思하야는 便茫然하야 無所措手足하나니

不信無措手足處_ 正是好處하고 只管心裏에 要思量得到하며 口裏에

要說得分曉하나니 殊不知錯了也로다 佛言하사대 如來_ 以一切譬喩로

說種種事호대 無有譬喩能說此法하나니 何以故요 心智路絶하야

不思議故라하시니 信知思量分別은 障道必矣로다 若得前後際斷하면

心智路_ 自絶矣라 若得心智路絶하면 說種種事皆此法也라 此法이

旣明하면 卽此明處_ 便是不思議大解脫境界며 只此境界도

亦不可思議니 境界_ 旣不可思議인댄 一切譬喩도 亦不可思議며

種種事도 亦不可思議며 只遮不可思議底도 亦不可思議며 此語도

亦無着處며 只遮無着處底도 亦不可思議니 如是展轉窮詰하면

若事若法과 若譬喩若境界_ 如環之無端하야 無起處며 無盡處라

皆不可思議之法也니라 所以로 云호대 菩薩이 住是不思議하야는

於中思議不可盡이라 入此不可思議處하면 思與非思皆寂滅이라하시니라

然이나 亦不得住在寂滅處니 若住在寂滅處則被法界量之所管攝이라

教中에 謂之法塵煩惱니 滅却法界量하며 種種殊勝을 一時蕩盡了하고

方始好看庭前栢樹子와 麻三斤과 乾屎橛과 狗子無佛性과

一口吸盡西江水와 東山水上行之類니 忽然一句下에 透得하면

方始謂之法界無量回向이라 如實而見하며 如實而行하며

如實而用하야 便能於一毛端에 現寶王刹하며 坐微塵裏하야

轉大法輪이라 成就種種法하며 破壞種種法호대 一切由我리니

如壯士展臂에 不借他力이며 師子游行에 不求伴侶라

種種勝妙境界現前이라도 心不驚異하며 種種惡業境界現前이라도

心不怕怖하고 日用四威儀中에 隨緣放曠하며 任性逍遙하리니

到得遮箇田地하야사 方可說無天堂無地獄等事리라 永嘉_ 云호대

亦無人亦無佛이라 大千沙界海中漚요 一切聖賢如電拂이라하니

此老_ 若不到遮箇田地인댄 如何說得出來리요 此語를 錯會者_

甚多하니 苟未徹根源이면 不免依語生解하야 便道一切皆無라하며

撥無因果하야 將諸佛諸祖의 所說言教하야 盡以爲虛하나니

謂之誑惑人이라 此病을 不除하면 乃莽莽蕩蕩하야 招殃禍者也리라

佛言하사대 虛妄浮心이 多諸巧見이라하시니 若不着有면 便着無하고

若不着此二種이면 便於有無之間에 思量卜度하며 縱識得此病이나

定在非有非無處하야 着到하나니 故로 先聖이 苦口叮嚀하사

令離四句絶百非하고 直下에 一刀兩段하야 更不念後思前하고

坐斷千聖頂顠케하시니 四句者는 乃有無非有非無와 亦有亦無_

是也라 若透得此四句了하면 見說一切諸法이 實有하고 我亦隨順하야

與之說有라도 且不被此實有所礙하며 見說一切諸法이 實無하고

我亦隨順하야 與之說無라도 且非世間虛豁之無며 見說一切諸法이

亦有亦無하고 我亦隨順하야 與之說亦有亦無라도 且非戱論이며

見說一切諸法이 非有非無하고 我亦隨順하야 與之說非有非無라도

且非相違니라 淨名이 云호대 外道六師所墮에 汝亦隨墮_

是也라 士大夫_ 學道호대 多不肯虛却心하야 聽善知識指示하고

善知識이 纔開口면 渠_ 已在言前하야 一時領會了也라가

及至敎渠로 吐露하야는 盡一時錯會하나니 正好在言前領略底_

又却滯在言語上이로다 又有一種은 一向에 作聰明說道理하야

世間種種事藝는 我無不會者어니와 只有禪一般을 我_ 未會在라하야

當官處에 呼幾枚杜撰長老來하야 與一頓飯하고 喫却了하야는

敎渠로 恣意亂說하고 便將心意識하야 記取遮杜撰說底하야

却去勘人호대 一句來一句去하나니 謂之厮禪이라 末後에 我多一句하고

你無語時에는 便是我得便宜了也라가 及至撞着箇眞實明眼漢하야는

又却不識하며 縱然識得이 又無決定信하야 不肯四楞塌地放下하야

就師家理會하고 依舊要求印可라가 及至師家_ 於逆順境中에

示以本分鉗鎚하야는 又却怕懼하야 不敢親近하나니 此等은

名爲可憐愍者니라 老居士_ 妙年에 登高第起家하야 所在之處에

隨時作利益事하며 文章事業이 皆過人호대 而未嘗自矜하고 一心一意로

只要退步하야 着實理會此段大事因緣일새 見其至誠이라 不覺에 切

怛如許하노라 非獨要居士로 識得遮般病痛이라 亦作勸發初心菩薩의

入道之資糧也하노라

왕내한 언장²⁹¹⁾에게 답한 대혜의 편지 ①²⁹²⁾

[삼세의 일을 생각하지 말고 모름지기 무자화두만 참구하라]

편지를 받아보니, "문을 닫아두고 벽관(壁觀)²⁹³⁾을 한다"고 하니 이것은 마음을 쉬는 좋은 약입니다. 만약 다시 문자를 통한 경전공부에 집중한다면 필시 심층의 무의식[藏識] 속에 까마득한 옛날부터 심어둔 생사윤회의 뿌리와 싹을 불러일으킬 것입니다. 이렇게 하면 선근(善根)에 집착하는 어려움과 도를 장애하는 어려움을 지을 것이 분명합니다.

마음을 쉬며 그리고 마음을 쉬고 나서는 과거의 일 가운데 선이나 악, 역경계나 순경계를 사량하지 마십시오. 현재의 일은 털어낼 수 있다면 바로 털어내십시오. 일도양단(一刀兩斷)해야지 주저하고 의심할 필요가 없습니다. 이렇게 되면 미래의 일은 자연히 단절될 것입니다. 부처님께서 말씀하셨습니다.

"마음이 제멋대로 과거의 법에 집착하지 않고

미래의 일에 대하여 탐착하지 않게 하라.

현재에도 머물지 않으면

---

291) 내한(內翰)의 성은 왕(汪)씨이고, 이름은 조(藻)이며, 자는 언장(彦章)이고, 덕흥(德興) 출신이다. 내한(內翰)은 벼슬 명칭으로 한림학사(翰林學士)이다. 고종 황제 때 중서사인(中書舍人) 및 조주(潮州)의 지사(知事) 등을 역임하였다.

292) 대혜 55세(1143) 때 형주의 유배지에서 답한 글이다.

293) 벽관(壁觀)은 본래 보리달마의 선법을 가리키는 말로 보리달마의 선법을 계승한 중국 선종의 선법을 통칭하는 말이다. 보리달마의 제자 담림이 기록한 「약변대승입도사행론서(略弁大乘入道四行論序)」에서 제시하고 있는 달마의 선법은 이입사행(二入四行)의 법이다. 달마는 도에 들어가는 길은 이(理)를 통하여 들어가는 이입(理入)과 행(行)을 통하여 들어가는 행입(行入)의 두 가지 길이 있다고 하였다.

삼세가 모두 공적함을 깨달을 것이다."[294]

다만 한 스님이 조주에게 묻되, "개에게도 불성이 있습니까 없습니까?" 조주가 말하기를 "무"라고 한 것을 참구하십시오. 부디 쓸데없이 사량하는 마음을 붙잡아 무자화두로 돌려서 한번 사량해보십시오. 홀연히 사량이 미치지 않는 곳에서 이 한 생각을 타파하면 바로 과거·현재·미래를 깨닫게 될 것입니다. 깨달았을 때는 안배(安排)할 수 없고 계교할 수도 없으며 인증할 수도 없습니다. 왜냐하면 깨닫는 곳에서는 안배를 용납하지 않고 계교를 용납하지 않으며 인증을 용납하지 않기 때문입니다. 비록 인증하고 계교하며 안배한다고 하여도 깨달음과는 전혀 상관이 없습니다. 다만 탁 놓아서 선악을 모두 사량하지 마십시오. 생각에 집착하지도 말며, 생각을 잊어버리지도 마십시오. 생각에 집착하면 생각을 따라 흘러가버리고, 생각을 잊으면 혼침에 떨어집니다. 생각에 집착하지도 않고 생각을 잊어버리지도 않으면 선은 선이 아니며 악은 악이 아닙니다. 만약 이와 같이 깨달으면 생사의 마(魔)가 어느 곳에서 나를 찾을 수 있겠습니까?

왕언장이라는 이름 하나는 그 명성이 천하에 자자합니다. 평생 안배하고 계교하고 인증하는 것들은 문장이고 명예이며 관직입니다. 만년에 씨앗을 거두고 결실을 맺는 곳에 어떤 것이 진실한 것입니까? 끝없이 쓸데없는 것들만을 만들었을 뿐입니다. 어느 일구(一句)에서 힘을 얻을 수 있습니까? 명예가 이미 드러났는데 덕을 숨기고 빛을 감추고 있는 사람과 그 차이가 얼마나 되겠습니까? 또 관직이 크게

---

294) 『대방광불화엄경(大方廣佛華嚴經)』 권28[대정장(大正藏)10, p.156中]

양제(兩制)[295]에 이르렀는데 젊어서 수재(秀才)[296]로 있었을 때와 그 차이가 얼마나 됩니까?

지금 공께서는 70세가 다 되어 기량을 모두 사용하였는데 다시 무엇을 기대하고 있습니까? 임종[臘月三十日]할 때에는 어떤 마음으로 맞이할 생각입니까? 무상이라는 죽음의 귀신은 잠시도 멈추지 않습니다.

설봉진각(雪峯眞覺)[297] 선사가 말씀하셨습니다.

"세월은 덧없어 수유간에 흘러가니

헛된 세상에 어찌 오래 머물 건가.

비원령 넘던 때 서른두 살이었는데

민 땅으로 돌아오니 벌써 마흔이 되었네.

남의 허물은 이것저것 들추지 말고

자기 허물은 부지런히 없애야 하네.

궁궐의 고관대작들에게 말하노니

염라대왕은 높은 벼슬 두려워하지 않네."[298]

고인이 이처럼 간절하게 말한 것은 무엇 때문이겠습니까? 세간의 어리석은 사람들은 추위와 배고픔에 쫓겨 일상에 여념이 없습니다.

---

295) 송나라 때 한림학사를 내제라 하고, 중서사인을 외제라고 했는데 겸직하면 양제라고 했다. 왕언장은 이 둘을 겸직하였다.

296) 수재(秀才)는 과거에 급제하기 이전의 선비를 말한다.

297) 설봉진각(雪峯眞覺)은 설봉의존(雪峯義存: 822-908)을 말한다. 그 밑에서 선종오가(禪宗五家) 가운데 운문종(雲門宗)과 법안종(法眼宗)이 출현하였다. 『송고백칙(頌古百則)』과 『염고백칙(拈古百則)』이후 원오극근(圓悟克勤)에 의하여 『벽암록(碧巖錄)』과 『청익록(請益錄)』으로 출현하였다.

298) 『설봉의존선사어록(雪峰義存禪師語錄)』권下[만신속장(卍新續藏)69, p.84中]

단지 몸이 조금 따뜻하고 배가 고프지 않으면 그것으로 만족합니다. 그들의 관심사는 단지 추위와 배고픔 두 가지뿐이므로 생사의 문제는 도리어 번뇌가 되지 않습니다.

그들을 부귀한 사람과 비교하면 경중이 크게 다릅니다. 부귀를 누리는 사람들의 경우 몸은 항상 따뜻하고 배는 항상 가득 차 있습니다. 이미 이러한 두 가지 문제에 핍박받지 않게 되면 도리어 말할 수 없는 나쁜 죄를 짓기도 합니다.[299] 이런 까닭에 항상 생사의 그물 속에서 벗어나지 못합니다. 오직 숙세부터 뛰어난 선근을 갖추어온 사람만이 생사의 번뇌를 제대로 보고 투철하게 타파할 수 있습니다.

선성(先聖)은 말했습니다. "문득 일어나는 것은 병이지만 지속되지 않는 것은 약이다. 생각이 일어나는 것을 두려워하지 말고, 오직 일어나는 것을 늦게 깨닫는 것을 염려하라."[300] 부처라는 것은 '깨달음'이라는 뜻입니다. 항상 깨달아 있기에 큰 깨달음이라고 하며 또한 깨달음의 왕이라고도 합니다. 그런데 이들 모두는 범부로부터 성취된 것입니다. 부처님도 본래 장부였는데 우리라고 어찌 그렇게 되지 않겠습니까?[301] 백 년이라는 세월이 얼마나 되겠습니까? 순간순간 머리에 붙은 불을 끄듯이 해야 합니다. 좋은 일을 하는 것도 힘쓰지 못할까 염려되는데, 하물며 순간순간 번뇌 속에 있으면서 자각하지 못하는 것입니까? 참으로 두려워해야 합니다.

---

299) 무장(無狀)은 선업을 기록한 것이 하나도 없는 모습으로 죄만 짓고 살았다는 것을 의미한다.

300) 『종경록(宗鏡錄)』 권38[대정장(大正藏)48, p.638上]

301) 『불설대아미타경(佛說大阿彌陀經)』 권下[대정장(大正藏)12, p.340上], "彼旣丈夫我亦爾" 참조.

근래 여거인(呂居仁)[302]이 4월 초에 보낸 편지를 받았습니다. 증숙하 (曾叔夏)와 유언례(劉彦禮)가 죽었다고 합니다. 여거인은 "사귀던 친구가 이번에 다시 한두 명이나 세상을 떠났습니다. 참으로 두렵습니다"라고 하였습니다. 그분은 요즘 이 공부를 매우 간절하게 하면서 문득 머리를 돌리는 것이 늦어지고 있음을 한스러워합니다. 그래서 지난번 답장에서 다음과 같이 말했습니다.

"다만 마지막에 잘못인 줄 아는 그 한 생각으로 바름을 삼을지언정 늦고 빠름을 묻지 마십시오. 잘못인 줄 아는 그 한 생각이 바로 부처가 되고 조사가 되는 기본이며 마의 그물을 타파하는 예리한 무기이자 생사에서 벗어나는 길입니다."

바라건대 공께서는 오직 이렇게 공부하십시오. 이렇게 공부하여 점차 익숙해지면 곧 하루 24시간 중에 힘이 덜리는 것을 깨닫게 될 것입니다. 힘이 덜어짐을 깨달을 때에 느슨하게 하지 말고 다만 힘이 덜어지는 곳에 나아가 밀어붙이십시오. 밀어붙이다 보면 힘이 덜어지는 것이 어느 때에 덜어진 줄 알지 못할 것입니다. 오직 무자화두만 참구할지언정 얻고 얻지 못함을 상관하지 마십시오. 간절히 빌겠습니다.

---

302) 여거인(呂居仁)은 성이 여(呂)씨고, 아명(兒名)은 대중(大中)이며, 후명(後名)은 본 중(本中)이다. 자는 거인(居仁)이며, 문호(文號)는 동래선생(東萊先生)이고, 시호(諡 號)는 문청(文淸)이다. 고종 때 승무랑(承務郎), 중서사인(中書舍人), 태평관학사(太 平舘學士) 등을 역임하였다.

答 汪內翰 彦章(一) [莫念三世事 但參無字話]

承杜門壁觀이라하니 此는 息心良藥也라 若更鑽故紙인댄

定引起藏識中에 無始時來의 生死根苗하야 作善根難이며

作障道難이 無疑리니 得息心하고 且息心已하야는 過去底事에

或善或惡과 或逆或順을 都莫思量하며 現在事는 得省便省호대

一刀兩段하야 不要遲疑하면 未來事는 自然不相續矣리라

釋迦老子_ 云하사대 心不妄取過去法하며 亦不貪着未來事하고

不於現在有所住 하면 了達三世悉空寂이라하니 但看僧이 問趙州호대

狗子도 還有佛性也無잇가 州云無하고 請只把閑思量底心하야

回在無字上하야 試思量看하라 忽然向思量不及處하야

得遮一念破하면 便是了達三世處也니라 了達時에는 安排不得이며

計較不得하며 引證不得이니 何以故요 了達處에는 不容安排며

不容計較며 不容引證이라 縱然引證得計較得安排得이라도

與了達底로는 了沒交涉이니 但放敎蕩蕩地하야 善惡을 都莫思量하며

亦莫着意하며 亦莫忘懷어다 着意則流蕩하고 忘懷則昏沈하리라

不着意不忘懷하면 善不是善이요 惡不是惡이라 若如此了達하면

生死魔_ 何處摸揉이리요 一箇汪彦章의 聲名이 滿天下하니 平生에

安排得計較得引證得底는 是文章이며 是名譽며 是官職이나

晩年收因結果處에 那箇是實고 做了無限之乎者也니라 那一句에

得力하야 名譽旣彰하면 與匿德藏光者로 相去幾何오 官職이

已做到大兩制하니 與作秀才時로 相去多少오 而今에 已近七十歲라
儘公伎倆커니 待要如何며 臘月三十日에 作麼生折合去오
無常殺鬼_ 念念不停이니라 雪峯眞覺이 云호대 光陰倏忽暫須臾라
浮世那能得久居아 出嶺年登三十二러니 入閩早是四旬餘로다
他非不用頻頻擧하고 己過還須旋旋除어다 爲報滿城朱紫道하노니
閻王이 不怕佩金魚라하시니 古人의 苦口叮嚀이 爲甚麼事오
世間愚庸之人은 飢寒所迫으로 日用에 無他念이라 只得身上이 稍煖하고
肚裏不飢하면 便了하나니 只是遮兩事라 生死魔_ 却不能爲惱어니와
以受富貴者로 較之컨대 輕重이 大不等하니 受富貴底는
身上이 旣常煖하고 肚裏又常飽라 旣不被遮兩事의 所迫하야는
又却多一件不可說底無狀하나니 以故로 常在生死魔網中하야
無由出離라 除宿有靈骨하니는 方見得徹識得破니라 先聖이 云호대
瞥起는 是病이요 不續은 是藥이며 不怕念起요 唯恐覺遲라하니라
佛者로 覺也라 爲其常覺故로 謂之大覺이며 亦謂之覺王이니라 然이나
皆從凡夫中하야 做得出來라 彼旣丈夫어니 我寧不爾리요 百年光景이
能得幾時아 念念에 如救頭然이니 做好事도 尙恐做不辦이온 況念念에
在塵勞中而不覺也요 可畏可畏니라 近收呂居仁四月初書호니
報曾叔夏劉彦禮_ 死라하고 居仁이 云호대 交游中에
時復抽了一兩人호니 直是可畏라하며 渠邇來에 爲此事甚切호대
亦以瞥地回頭稍遲로 爲恨이리하야늘 比에 已作書答之云호대
只以末後知非底一念으로 爲正하고 不問遲速也어다 知非底一念은
便是成佛作祖底基本이며 破魔網底利器며 出生死底路頭也라
願公은 亦只如此做工夫하라 做得工夫漸熟則日用二六時中에

便覺省力矣리니 覺得省力時에 不要放緩하고 只就省力處하야
崖將去어다 崖來崖去에 和遮省力處하야 亦不知有時不爭多也러니
但只看箇無字언지 莫管得不得이어다 至禱至禱하노라

왕내한 언장에게 답한 대혜의 편지 ②[303]

[화두를 참구하고 깨달음으로 법칙을 삼아라]

편지를 받아보니, 문을 닫아두고 교유를 쉬고, 세간사의 일체를 털어버리며 아침부터 저녁까지 제가 지난번에 말씀드린 화두를 참구하고 계신다니 대단히 훌륭합니다. 이미 이러한 마음을 갖추었으니 마땅히 깨달음으로 법칙을 삼으십시오. 그렇지 않고 스스로 퇴굴심을 내어 "근성이 열악하므로 깨달아 들어가는 곳을 추구하려고 한다"고 하면 그것은 함원전(含元殿) 안에 있으면서 장안(長安)이 어디냐고 묻는 격입니다.

공(왕언장)께서 참구할 때에 참구하는 그 사람은 누구이고, 또 근성이 열악하다고 생각하는 그 사람은 누구이며, 입문할 곳을 찾는 사람은 누구입니까? 제가 구업을 무릅쓰고 거사를 위해 설파하겠습니다. 그 사람은 오직 왕언장일 뿐입니다. 달리 두 가지가 없습니다. 다만 한 사람의 왕언장이 있을 뿐이지 다시 어디에 화두를 참구하는 왕언장이 따로 있고, 또 근성이 열악하다고 생각하는 왕언장이 따로 있으며, 입문할 곳을 찾는 왕언장이 따로 있겠습니까?

반드시 알아야 합니다. 그 모두는 왕언장의 그림자일 뿐이고 본분의 왕언장과 아무런 상관이 없습니다. 만약 이것이 참된 왕언장이라면 근성이 결코 열악하지 않으며, 결코 입문할 곳을 추구하지도 않을 것입니다. 다만 자기의 주인공임을 믿는다면 허다한 수고로움을

---

303) 대혜 55세(1143) 때 형주의 유배지에서 답한 글이다.

낭비하지 않을 것입니다.

옛적에 한 스님[恩臨]이 앙산혜적(仰山慧寂)[304]에게 물었습니다.

"선종은 돈오입니다. 필경에 문에 들어가는 뜻이 어떠합니까?"

앙산이 말했습니다.

"그 뜻은 대단히 어렵다. 만약 조사선의 문하에서도 상근상지(上根
上智)의 근기이어야 하나를 들으면 천 가지를 깨달아 걸림이 없는
대지혜[大總持]를 얻는다. 그러나 이러한 근기는 드물다. 대부분은 근기가
미약하고 지혜가 하열하다. 그러므로 고덕[大珠慧海]은 말씀하셨다.
'만약 선정에 들어 조용히 사유하지 않으면[安禪靜慮][305] 여기에 이르러
서는 모두 망연할 뿐이다.'"[306]

스님이 말했습니다.

"이 격외를 제외하고 다른 방편이 있어서 학인으로 하여금 깨닫게
해줄 것이 있습니까?"

앙산이 말했습니다.

"달리 있기도 하고 없다고 한다면 너의 마음이 불안해질 것이다.
너에게 묻는다. 그대는 어디 출신인가?"

스님이 말했습니다.

"유주(幽州) 사람입니다."

앙산이 말했습니다.

---

304) 앙산혜적(仰山慧寂: 803-887)은 위산영우(潙山靈祐)의 제자로서 스승과 함께 위
    앙종(潙仰宗)의 개조이다.
305) 안선정려(安禪靜慮)는 선정을 통하여 마음이 평정한 모습이다.
306) 『경덕전등록(景德傳燈錄)』권28[대정장(大正藏)51, p.441中]

"그대는 아직 고향 생각을 하는가?"

스님이 말했습니다.

"항상 생각합니다."

앙산이 말했습니다.

"고향의 누대와 공원에는 사람과 말들이 가득하다. 너는 생각하는 것을 돌이켜 생각하라. 아직도 수많은 것들이 있는가?"

스님이 말했습니다.

"여기에 이르러서는 아무것도 보지 못합니다."

앙산이 말했습니다.

"그대의 견해는 여전히 경계에 치우쳐 있구나. 신위(信位)라고 하면 옳겠지만 인위(人位)라고 하면 옳지 않다."[307]

제 노파심이 간절하여 주석을 붙여보겠습니다. 인위는 곧 왕언장입니다. 신위는 곧 근성이 열악함을 아는 것이며 입문할 곳을 구하는 사람입니다. 만약 바로 화두를 참구할 때 능히 화두를 참구하고 있는 것을 돌이켜 생각하십시오. 도리어 왕언장입니까? 이곳에 이르러서는 터럭만큼도 용납할 사이가 없습니다. 그러나 만약 생각에 머물고 근기에 머물면 그림자에 미혹되고 맙니다. 바라건대 속히 정신을 바짝 차리고 결코 소홀하게 참구하지 마십시오.

기억해보니 지난번 편지에서 "마음을 쉬며, 그리고 마음을 쉬고

---

307) 신위(信位)와 인위(人位)는 앙산의 96종 원상(圓相)가운데 3위인 신위(信位) · 인위(人位) · 무위(無位) 가운데의 신위와 인위를 의미한다. 신위는 자기 몸에 불성이 있고 본디 청정하다고 믿는 자리이다. 인위는 무생법인(無生法忍)을 얻어서 불퇴전 경지에 드는 자리이다. 『선문염송염송설화회본(禪門拈頌拈頌說話會本)』제14권, p.574 참조.

나서는 과거의 일 가운데 선이나 악, 역경계나 순경계를 사량하지 마십시오. 현재의 일은 덜어낼 수 있으면 바로 덜어내십시오. 일도양단(一刀兩斷)해야지 주저하고 의심할 필요가 없습니다. 이렇게 되면 미래의 일은 자연히 단절될 것입니다”라고 썼습니다. 어떻습니까? 일찍이 이와 같이 살펴보고 있습니까? 이것이 바로 가장 힘을 덜어 공부하는 곳입니다. 이렇게 공부하시기를 간절히 바랍니다.

又(二) [提撕話頭 以悟爲則]

伏承호니 杜門息交하며 世事를 一切闊略하고 唯朝夕에
以某向所擧話頭로 提撕라하니 甚善甚善이로다 旣辦此心이라
當以悟爲則이니 若自生退屈하야 謂根性이 陋劣이라하며
更求入頭處라하면 正是含元殿裏에 問長安이 在甚處爾이니라
正提撕時는 是阿誰며 能知根性이 陋劣底는 又是阿誰며
求入頭處底는 又是阿誰오 妙喜_ 不避口業하고 分明爲居士說破호리라
只是箇汪彦章이라 更無兩箇니 只有一箇汪彦章이어늘
更那裏에 得箇提撕底와 知根性陋劣底와 求入頭處底來리요
當知皆是汪彦章影子라 並不干他汪彦章事니라 若是眞箇汪彦章인댄
根性이 必不陋劣이며 必不求入頭處니 但只信得自家主人公及인댄
並不消得許多勞攘하리라 昔에 有僧이 問仰山호대 禪宗은 頓悟라
畢竟入門的意_ 如何닛고 山이 曰此意는 極難하니 若是祖宗門下에

上根上智인댄 一聞千悟하야 得大總持어니와 此根人은 難得이라

其有根微智劣일새 所以로 古德이 道호대 若不安禪靜慮면 到遮裏하야

總須茫然이라하니라 僧이 曰除此格外코 還別有方便이 令學人으로

得入也無잇가 山이 曰別有別無라하면 令汝心으로 不安이리니

我今問汝하노라 汝是甚處人고 曰幽州人이니다 山이 曰汝還思彼處否아

曰常思니다 山이 曰彼處樓臺林苑에 人馬騈闐하나니 汝返思思底하라

還有許多般也無아 曰某甲이 到遮裏하야 一切不見有니다 山이

曰汝解_ 猶在境이라 信位는 卽是어니와 人位는 卽不是라하니 妙喜는

已是老婆心切이라 須着更下箇注脚호리라 人位는 卽是汪彦章이요

信位는 卽是知根性陋劣과 求入頭處底니 若於正提撕話頭時에

返思能提撕底하라 還是汪彦章否아 到遮裏하야는 間不容髮이니

若佇思停機則被影子의 惑矣라 請快着精彩하야 不可忽不可忽이어다

記得호니 前書中嘗寫去에 得息心하고 且息心已하야는 過去底事에

或善或惡과 或逆或順을 都莫理會하며 現在事에 得省便省호대

一刀兩段하야 不要遲疑하면 未來事는 自然不相續矣라호니 不識커라

曾如此覷捕否아 遮箇便是第一省力做工夫處也니 至禱至禱하노라

왕내한 언장에게 답한 대혜의 편지 ③[308]

[뼈에 사무치게 무상을 느끼는 때가 수행하기 가장 좋은 여건이다]

편지를 받아보니, "다섯째 아드님이 병으로 세상을 떠났다"고 했습니다. 부자의 정은 세세생생에 은애와 습기가 흘러온 것입니다. 이러한 경계를 당하면 옳은 것이 없다고 생각할 것입니다. 오탁악세(五濁惡世)[309]에는 모든 일이 허깨비와 같아서 영원한 것이란 없습니다. 부디 걷고 머물며 앉고 눕는 일상의 행위에서 항상 이처럼 관찰하면 날이 가고 달이 가면서 점점 없어질 것입니다.

그러나 번뇌하는 바로 그때 번뇌가 어디에서 일어났는지 자세하게 살펴보십시오. 만약 번뇌가 일어난 이치를 찾을 수 없다면 지금의 번뇌는 어디에서 온 것입니까? 바로 번민하고 있는 그때 있는 것입니까 없는 것입니까? 허망한 것입니까 실다운 것입니까? 궁구하고 궁구하면 마음 갈 곳이 없어질 것입니다.

생각이 나거든 생각하시고 울고 싶으면 오직 울기만 하십시오. 울고 또 울며 생각하고 또 생각하여 장식(藏識) 가운데 있는 허다한 은애와 습기를 모두 떨구게[抖擻][310] 되면 자연히 얼음이 녹아서 물이 되는 것처럼 번뇌도 없고 사량도 없고 근심도 없고 기쁨도 없는 자기의

---

308) 대혜 55세(1143) 때 형주의 유배지에서 답한 글이다.
309) 오탁악세(五濁惡世)는 오탁(五濁)의 모양이 나타나 나쁜 일이 많은 세상이다. 오탁이란 겁탁(劫濁), 견탁(見濁), 번뇌탁(煩惱濁), 중생탁(衆生濁), 명탁(命濁)을 말한다. 오재(五滓), 오혼(五渾)이라고도 한다.
310) 두수(抖擻)는 일체의 번뇌를 떨구어버리고 모든 집착, 망상을 버린다는 의미이다. 두수(斗擻)라고도 쓴다.

본래면목으로 돌아갑니다.

세간에 들어가서 세간을 남김없이 벗어나면, 세간법이 불법이고, 불법이 세간법입니다. 부자(父子)는 천성이 하나입니다. 만약 자식이 죽었는데 아버지가 번뇌하지 않고 생각하지 않으며, 아버지를 여의었는데 자식이 번뇌하지 않고 생각하지 않는 일이 가능하겠습니까? 만약 억지로 억눌러서 울고 싶을 때 울지 않고 생각날 때에 생각하지 않는다면 이것은 자연의 섭리를 거스르고 자연의 본성을 부정하는 것입니다. 크게 소리치면서 메아리를 그치려는 것이고, 기름을 끼얹으면서 불을 끄려는 것과 같습니다. 번뇌하는 바로 이때는 모두 밖의 일이 아닙니다. 그러니 밖의 일이라는 생각도 하지 마십시오.

영가현각(永嘉玄覺)은 말했습니다.

"무명의 본래 성품이 그대로 참불성이고

허깨비 텅 빈 몸뚱아리 그대로 법신이다."[311]

이것은 참된 말[眞語]이고 실다운 말이며[實語], 속이지 않는 말이고 [不誑語] 거짓이 아닌 말[不妄語][312]입니다. 이렇게 보아버리면 생각하고자 하고 슬퍼하고자 하여도 그렇게 되지 않을 것입니다. 이처럼 관찰하는 것을 정관(正觀)이라고 하고, 달리 관찰하면 사관(邪觀)이라고 합니다. 삿되고 바른 것을 나누지 않았을 때가 바로 힘을 쓰기 좋을 때입니다. 이것이 저의 결정적인 뜻입니다. 지혜가 없는 사람에게는 말하지 마십시오.

---

311) 『영가현각증도가(永嘉玄覺證道歌)』[대정장(大正藏)48, p.395下]
312) 『금강반야바라밀경(金剛般若波羅蜜經)』[대정장(大正藏)8, p.750中]

又(三) [痛念無常 正好着力]

伏承호니 第五令嗣_ 以疾로 不起라하니 父子之情은 千生百劫에
恩愛習氣之所流注라 想當此境界하면 無有是處리라 五濁世中에
種種虛幻이라 無一眞實이니 請行住坐臥에 常作是觀則日久月深하면
漸漸銷磨矣리라 然이나 正煩惱時에 子細揣摩窮詰호대 從甚麼處起오
若窮起處不得이면 現今煩惱底는 却從甚麼處得來오 正煩惱時에
是有是無아 是虛是實가 窮來窮去하면 心無所之하리니 要思量커든
但思量하고 要哭커든 但哭이니 哭來哭去하며 思量來思量去하야
抖擻得藏識中許多恩愛習氣盡時에 自然如水歸水하야
還我箇本來無煩惱無思量無憂無喜底去耳리라 入得世間하야
出世無餘하면 世間法이 則佛法이오 佛法이 則世間法也니라 父子는
天性一而已니 若子喪而父_ 不煩惱不思量하며 如父喪而子_
不煩惱不思量을 還得也無아 若硬止遏하야 哭時에 又不敢哭하고
思量時에 又不敢思量하면 是特欲逆天理滅天性이라 揚聲止響이며
潑油救火耳니라 正當煩惱時에 總不是外事나 且不得作外邊想이어다
永嘉云호대 無明實性이 卽佛性이오 幻化空身이 卽法身이라하니 是는
眞語實語며 不誑不妄等語라 怎麼見得了하면 要思量要煩惱라도
亦不可得이니 作是觀者는 名爲正觀이오 若他觀者는 名爲邪觀이라
邪正을 未分이어든 正好着力이니 此是妙喜의 決定義어니와 無智人前에는
莫說이니라

書 하권 狀

대혜보각선사서(하)

하운사[313]에게 답한 대혜의 편지[314]

[하지굉의 행위가 자재하며 그윽이 깨달음과 계합되어 펼쳐진 모습을 찬탄한다]

편지에서 말하기를, "도와 계합하면 하늘과 땅이 같은 곳이고, 취지가 다르면 얼굴을 마주하고 있어도 초나라와 월나라의 관계와 같다"라고 하였습니다. 이 말씀은 참으로 옳습니다. 이것이 바로 서로 전해줄 수 없는 미묘한 이치입니다. 공(하운사)께서 뜻을 내어 저(대혜)에게 편지를 쓰려고 붓을 쥐어 종이를 펴기 이전에 벌써 공의 마음이 저에게 전해졌습니다. 무엇 때문에 끝까지 굳게 참으며 다른 날 편지 받기를 기다리겠습니까?

이러한 도리는 오직 깨달은 사람만이 비로소 묵묵히 계합하는 것으로 저속한 사람들과 더불어 말하기 어렵습니다.

연평(延平)은 민령(閩嶺)에서도 경치가 아름다운 곳입니다. 공께서는 능히 스스로 조복하여 역순 경계의 문빗장[關捩子][315]에 굴림을 당하지 않으니 그야말로 대해탈인입니다. 이러한 사람은 능히 모든 문빗장을

---

313) 하운사(夏運使)의 성은 하(夏)씨이고, 이름은 준(俊)이며, 자는 지굉(志宏)이고, 호는 각명거사(覺明居士)다. 운사(運使)는 직명(職名)으로 군량미와 군수품을 보급하고 조달하는 벼슬이다.

314) 대혜 55세(1143) 때 형주의 유배지에서 답한 글이다.

315) 관려자(關捩子)는 관려자(關梛子)라고도 한다. 톱니바퀴가 부드럽게 회전하는 모습이다. 자신을 자재(自在)하게 향상시켜 나아가는 관건(關鍵)이나 기관(機關), 혹은 자신을 자유롭게 조종하는 모습을 의미한다.

굴려서 일상이 활발발할 것입니다. 잡아끌려 해도 그를 잡아끌 수 없습니다. 참으로 곧장 이렇게 받아들이면 자연히 터럭 끝만큼도 스스로를 장애할 수 없습니다.

고덕은 말씀하셨습니다.

"부처님께서 설한 일체법은 모든 사람들의 마음을 제도하기 위함이다. 나에게 일체의 마음이 없으니 어디에 일체의 법을 쓰겠는가?"[316]

나융(懶融)[317]은 말했습니다.

"온전히 마음을 쓸 때에는

온전히 무심으로 써야 한다네.

장황한 말은 명상(名相)만 수고롭게 하고

곧은 말은 번거로움이 없다네.

무심으로 온전하게 쓰면

항상 써도 온전히 무심하니

지금 말하는 무심은

유심과 다르지 않네."[318]

비단 나융의 경우만 그런 것이 아닙니다. 저와 공께서도 그 가운데 있습니다. 그 가운데의 일은 꺼내서 보여줄 수 있는 것이 아닙니다. 앞에서 말한 "묵묵히 서로 계합한다"는 것이 바로 그것입니다.

---

316) 『황벽단제선사완릉록(黃檗斷際禪師宛陵錄)』[대정장(大正藏)48, p.384中]
317) 나융(懶融)은 우두법융(牛頭法融: 594-657)으로 우두종의 개조이다.
318) 『경덕전등록(景德傳燈錄)』권4[대정장(大正藏)51, p.227下]

大慧普覺禪師書(下)

答 夏運使 [讚行李自在 黙契展演]

示諭호대 道契則霄壤이 共處요 趣異則覿面楚越이라하니 誠哉라
是言이여 卽此乃不傳之妙라 左右發意하야 欲作妙喜書할새
未操觚拂紙에 已兩手分付了也라 又何待堅忍究竟하야
以俟他日耶리요 此箇道理는 唯證者라사 方黙黙相契요
難與俗子言이니라 延平은 乃閩嶺佳處라 左右_ 能自調伏하야
不爲逆順關捩子의 所轉하니 便是大解脫人이로다 此人은
能轉一切關捩子하야 日用活鱍鱍地라 拘牽惹絆他不得이니라
苟若直下에 便恁麽承當하면 自然無一毫毛나 於我作障이니라
古德이 有言호대 佛說一切法은 爲度一切心이어니와 我無一切心커니
何用一切法이리요하며 又懶融이 云호대 恰恰用心時에 恰恰無心用이니
曲談은 名相勞요 直說은 無繁重이라 無心恰恰用호대 常用恰恰無니
今說無心處_ 不與有心殊라하니 非特懶融이 如是라 妙喜與左右도
亦在其中이니 其中事는 難拈出似人이라 前所謂黙黙相契_ 是也니라

여사인 거인에게 답한 대혜의 편지[319]

[사량하지 말고 다만 화두를 타파하라]

천 가지 의심과 만 가지 의심이 다만 이 하나의 의심입니다. 화두에서 의심을 깨뜨리면 천 가지 의심과 만 가지 의심이 일시에 깨집니다. 화두를 깨뜨리지 못하면 바로 화두에 나아가 겨루어보십시오. 만약 화두를 버리고 달리 문자에서 의심을 일으키거나 경전의 가르침에서 의심을 일으키거나 고인들의 공안에서 의심을 일으키거나 일상의 번뇌 가운데에서 의심을 일으키면 모두 삿된 마구니의 무리입니다.

제일 중요한 것은 화두를 드는 곳에서 알려고 하지 말고, 사량하고 헤아리지 마십시오. 다만 사량할 수 없는 곳에 마음을 두고 사량하면 마음이 갈 곳이 없어진 것이 마치 쥐가 쇠뿔 속에 들어가서 꼼짝도 못하게 되는 것과 같습니다. 또한 마음이 시끄러울 때는 다만 구자무불성 화두를 참구하십시오. 만약 무 자를 꿰뚫으면 부처님과 조사의 말씀, 제방 노숙의 말씀, 천 가지 차별과 만 가지 차별을 일시에 꿰뚫게 되어 다른 사람에게 물을 필요가 없을 것입니다. 만약 한결같이 다른 사람들에게 부처의 말씀은 어떠하며, 조사의 말씀은 어떠한지, 제방 노숙의 말씀은 어떠한가를 묻는다면 영겁토록 깨달을 때가 없을 것입니다.

---

319) 대혜 55세(1143) 때 형주의 유배지에서 답한 글이다.

答 呂舍人 居仁 [莫作思量 但破話頭也]

千疑萬疑_ 只是一疑니 話頭上에 疑破則千疑萬疑_ 一時破하리라

話頭를 不破則且就上面하야 與之廝崖어다 若棄了話頭하고

却去別文字上起疑어나 經教上起疑어나 古人公案上起疑어나

日用塵勞中起疑하면 皆是邪魔眷屬이니라 第一에

不得向舉起處承當하며 又不得思量卜度하고 但着意就不可思量處하야

思量하면 心無所之_ 老鼠入牛角에 便見倒斷也리라 又方寸이 若鬧어든

但只舉狗子無佛性話니 佛語祖語와 諸方老宿語와 千差萬別을

若透得箇無字하면 一時透過하야 不着問人하리라 若一向問人호대

佛語는 又如何며 祖語는 又如何며 諸方老宿語는 又如何오하면 永劫에

無有悟時也리라

여낭중 융례[320]에게 답한 대혜의 편지[321]

[부지런히 공부하되 단견과 상견에 빠지지 말라]

공(여낭중)의 형(여사인)으로부터 두 번 편지를 받아보았는데 이 일 때문에 매우 바쁘다고 하였습니다. 그렇습니다. 마땅히 서둘러야 합니다. 나이가 이미 예순이고 관직도 모두 마쳤는데 다시 무엇을 바라겠습니까? 만약 일찍부터 서두르지 않으면 죽는 날에 이르러서 해결할 수 있겠습니까?

요즘 공께서도 바삐 서두른다고 들었습니다. 다만 이 바삐 서두르는 것이 바로 죽음이 닥친 소식입니다.

"무엇이 부처입니까?" "간시궐."[322] 여기서 꿰뚫지 못하면 죽음의 소식과 무엇이 다르겠습니까? 사대부[措大家][323]는 한평생 옛 종이만 뒤지면서 이 일을 알아보려고 여러 책들을 널리 읽고 고준한 담론을 펼칩니다. 공자는 어떻고, 맹자는 어떻고, 또한 장자는 어떻고, 주역은 어떻고, 고금의 치세와 난세는 어떻다고 하면서 이러한 말들에

---

320) 여낭중 융례의 성은 여(呂)씨고, 자는 융례(隆禮)이다. 여사인(呂居人)의 아우다. 낭중(郎中)은 벼슬 이름이다.

321) 대혜 55세(1143) 때 형주의 유배지에서 답한 글이다.

322) 『진주임제혜조선사어록(鎭州臨濟慧照禪師語錄)』[대정장(大正藏)47, p.496下]

323) 조대가(措大家)는 조대(措大)라고도 한다. 조대란 '큰일을 처리하다'란 뜻으로 조대가는 '큰일을 처리할 수 있는 사람'이란 뜻이 된다. 한무제(漢武帝)가 반고(班固)에게 명하여 한나라의 역사를 쓰게 했는데 반고는 이 저작을 완성하지 못하고 죽었다. 그 뒤 조수(曹守)의 처(妻)인 반고의 딸이 문장에 능하고 배운 것이 많다는 사실을 알고 무제가 그 딸에게 명하여 아버지의 작업을 완성하도록 하고는 그 딸을 '큰일을 할 만한 사람' 즉 조대가라 하였다. 그 뒤로 문장에 능하고 배운 것이 많은 사대부를 조대 혹은 조대가라 일컬었다. 조대가는 이처럼 긍정적인 뜻이 있지만, 한편으로는 '생각만 크고 실제 행동은 따르지 못하는 사람' 혹은 '글만 읽고 세상 경험이 없는 서생(書生)'을 조롱하거나 스스로 겸손함을 나타내는 뜻으로 사용하되기도 하였다.

휘말려 일곱 번 넘어지고 여덟 번 넘어집니다. 그러다가 어떤 사람이 제자백가에 대하여 한 글자라도 거론하는 것을 들으면 곧 책 한 권을 만들 만큼 많은 내용을 외워댑니다. 그러면서 한 대목이라도 모르는 것이 나오면 부끄럽게 생각합니다. 그런데 막상 자신의 본분사에 대해 물으면 아무도 아는 사람이 없습니다. 가히 종일토록 남의 보배만 세지 정작 자기에게는 반 푼의 돈도 없는 것과 같다[324]고 말할 수 있습니다. 그들은 세상에 헛되이 나와서 한세상 살다가 이 육신 껍데기를 벗을 때가 되면 천당에 오르는 것도 모르고, 지옥에 들어가는 것도 알지 못합니다. 자신의 업력에 따라 육도(六道)에 윤회하는 것도 모릅니다. 그런데 다른 사람들의 상황에 대해서는 크고 작은 것을 모르는 것이 없습니다.

사대부로서 독서를 많이 한 사람은 무명이 많고, 독서를 적게 한 사람은 무명이 적습니다. 또 관직이 낮은 사람은 인아상이 작고, 관직이 높은 사람은 인아상이 큽니다. 이들은 스스로 자신은 총명하며 영리한 척하다가도 털끝만 한 이해(利害)라도 관련되면 총명함도 보이지 않고 영리함도 보이지 않으며, 한평생 읽어온 책을 한 글자도 써먹지 못합니다. 그 까닭은 애시당초[上大人丘乙己時][325] 잘못된 것으로 오로지 부귀만을 얻고자 했기 때문입니다.

그러나 부귀를 얻은 사람 가운데 다시 몇 사람이나 머리를 돌리고

---

324) 『대방광불화엄경(大方廣佛華嚴經)』 권5[대정장(大正藏)9, p.429上], "日夜數他寶, 自無半錢分" 참조.

325) 상대인구을기(上大人丘乙己)는 옛날 중국에서 어린아이들이 붓글씨를 처음 배울 때 사용한 습자첩(習字牒)인 홍모자(紅模子)의 처음에 나오는 글자들이다. '상대인구을 기'로 글자를 연습할 때부터이니 곧 어린 시절 글을 배울 때로부터라는 뜻이다.

마음을 자기의 발밑으로 향하여 '내가 얻은 이 부귀는 어디에서 왔는가, 지금 부귀를 누리고 있는 사람은 다른 날 어느 곳으로 향해 갈 것인가?'라고 추궁하겠습니까? 이미 온 곳을 알지 못하고 또 가는 곳도 모른다면 바로 마음이 답답함을 깨닫게 될 것입니다. 바로 이렇게 마음이 답답할 때 이 역시 다른 것이 아닙니다. 다만 이 속에 나아가서 화두를 살펴보십시오. 어떤 스님이 운문에게 물었습니다. "무엇이 부처입니까?" 운문이 말하였습니다. "간시궐." 다만 이 화두를 들어서 홀연히 기량이 다할 때에 곧 깨닫게 될 것입니다.

절대로 문자를 찾아서 인증하거나 어지럽게 헤아리고 주해를 내지 마십시오. 설령 주해가 분명하고 해설이 맞아떨어지더라도 그것은 모두 귀신집의 살림살이입니다.

의정(疑情)을 타파하지 못하면 생사가 번갈아 더해지지만 의정을 깨뜨리면 생사의 마음이 끊어질 것입니다. 생사의 마음이 끊어지면 부처에 대한 견해와 법에 대한 견해가 사라집니다. 부처에 대한 견해와 법에 대한 견해도 사라지는데 하물며 중생과 번뇌에 대한 견해가 일어나겠습니까?

다만 답답한 마음을 가져다 '간시궐'로 옮겨서 한번 의심하여 의심이 지속되면, 생사를 두려워하는 마음과 미혹하고 답답한 마음과 헤아리고 분별하는 마음과 총명을 짓는 마음이 저절로 작용하지 않을 것입니다. 이러한 마음이 일어나지 않음을 깨달을 때에 공에 떨어질까 염려하지 마십시오. 홀연히 의심이 지속되는 곳에서 소식이 끊어지면 평생 경사스럽고 유쾌함을 이기지 못할 것입니다. 소식이 끊어짐을 경험하면 부처에 대한 견해, 법에 대한 견해, 중생에 대한 견해를 일으켜 사량하고 분별하며 총명을 짓고 도리를 설하더라도 모두 방해되지 않을 것입니다.

일상의 걷고 머물며 앉고 눕는 행위에서 항상 탕탕하게 마음을 지니십시오. 고요하거나 시끄러운 곳에서도 항상 '간시궐'을 참구하면 날이 가고 달이 감에 따라서 마음이[水牯牛][326] 자연스럽게 순숙해집니다. 결코 밖을 향해 따로 의심을 일으키지 마십시오. '간시궐'에서 의심이 타파되면 항하강의 모래 수와 같은 의심도 일시에 타파됩니다.

지난번에 여거인에게도 일찍이 이러한 편지를 써서 보내드렸습니다. 그런데 근래 조경명(趙景明)이 가져온 여거인의 편지를 보니, 거듭 다음과 같이 묻고 있습니다.

"잘 모르겠습니다. 화두 이외에 별도로 공부하는 방법이 있습니까 없습니까? 다만 손을 들고 걸음을 옮기며 옷을 입고 밥을 먹는 행위에서 어떻게 참구해야 합니까? 다만 화두만 보아야 합니까? 아니면 달리 참구하는 길이 있습니까? 또한 평생에 하나의 크게 의심되는 일[一大疑事]을 지금까지 알지 못했는데 사람이 죽은 후에 아주 없어지는 것인지, 그렇지 않은 것인지 어떻게 확실히 알 수 있습니까? 경론에서 설한 것을 인용하지 말고, 고인의 공안을 가리키지도 말며, 단지 목전의 간명직절(簡明直截)한 것에만 의거하여 아주 없어지는 것인지 아니면 없어지지 않는지를 판단하여 가르쳐 보여주십시오."

그가 이와 같이 말하는 것을 보니 도리어 서너 집 사는 시골의 아무

---

326) 수고우(水牯牛)는 본래 물소의 일종으로 암컷 또는 거세된 소를 가리키는 말이다. 그러나 선사들은 중생의 마음이나 본래면목을 가리키는 말로 사용하였다. 지혜가 없이 어리석다는 면에서는 중생의 마음을 가리키고, 잡다한 망상이 없다는 면에서는 본래의 마음을 가리킨다. 『조당집』 제16권 '남전보원(南泉普願)' 참조.

런 일도 없이 살던 사람이 허다한 망상이 없어서 죽게 되면 바로 몸을 벗어나는 것만 같지 못합니다. 저는 그분께 분명하게 말씀드렸습니다.

"천 가지 의심과 만 가지 의심이 다만 이 하나의 의심입니다. 화두에서 의심을 깨뜨리면 천 가지 의심과 만 가지 의심이 일시에 깨집니다. 화두를 깨뜨리지 못하면 바로 화두에 나아가 겨루어보십시오. 만약 화두를 버리고 달리 문자에서 의심을 일으키거나 경전의 가르침에서 의심을 일으키거나 고인들의 공안에서 의심을 일으키거나 일상의 번뇌 가운데에서 의심을 일으키면 모두 삿된 마구니의 무리입니다." 또 말했습니다. "제일 중요한 것은 화두를 드는 곳에서 알려고 하지 말고, 또한 사량하고 헤아리지 마십시오. 다만 사량할 수 없는 곳에 마음을 두고 사량하면 마음이 갈 곳이 없어진 것이 마치 쥐가 쇠뿔 속에 들어가서 꼼짝도 못 하게 되는 것과 같습니다."

이처럼 분명하게 써서 보내드렸는데도 또다시 편지를 보내와서 어지럽게 물으니 그 많던 총명한 지견(知見)은 어디로 사라졌는지 궁금합니다. 내 말을 믿지 못합니까? 평생 책을 읽은 것이 여기에 이르러서는 한 글자도 사용할 수 없습니다.

이제 부득이하게 또 그분을 위해 조금 나쁜 냄새를 피워보려고 합니다. 만약 이대로 그만둔다면 제가 그분의 질문에 다시 답변할 기회가 없을 것이기 때문입니다. 공께서 이 편지를 받아보시면 바로 그분께 보내서 일독하게 해주십시오.

여거인께서는 살아온 나이가 예순 살인데 아직도 이 일을 알지 못했다고 하였습니다. 그분께 묻습니다.

알지 못한다는 것은 손을 들고 걸음을 옮기며 옷을 입고 밥을 먹는 것을 알지 못한다는 것입니까? 만약 손을 들고 걸음을 옮기며 옷을 입고 밥을 먹는 행위라면 또한 어떻게 그것을 알겠다는 것입니까? 그분께서는 사후에 아주 없어지는 것인지 그렇지 않은지를 분명히 알려고 하지만 바로 이것이 염라대왕의 면전에서 쇠몽둥이를 얻어맞는 행위인 줄 전혀 모르고 있습니다. 이러한 의심을 타파하지 못하면 생사윤회의 유랑은 끝날 기약이 없습니다.

그분(여거인)께 말씀드립니다.

천 가지 의심과 만 가지 의심이 다만 이 한 가지 의심입니다. 만약 화두를 타파하면 죽은 뒤에 없어지는지 없어지지 않는지에 대한 의심도 얼음이 녹고 기왓장이 깨지듯 사라질 것입니다. 그런데도 다시 죽은 뒤에 없어지는지 없어지지 않는지 딱 잘라서 가르쳐달라고 하는 데, 이와 같은 식견은 외도와 무엇이 다르겠습니까? 평생 허다한 쓸데없는 것들을 했는데, 그것을 해서 무엇에 쓰겠습니까?

그분께서 이미 아주 멀리서 이처럼 악한 냄새를 풍겨왔기 때문에 저도 이처럼 가만히 있지 못하고 다시 악한 냄새를 풍겨서 그에게 스며 들게 하였습니다. 또 여거인은 경전의 가르침과 고인의 공안을 인용 하지 말고 단지 눈앞의 경계에 의지해 곧바로 죽은 뒤에 아주 없어 지는 것인지 그렇지 않은지를 가르쳐달라고 하였습니다.

옛적에 지도(志道)[327] 선사가 육조에게 물었습니다.

"학인은 출가하여 지금까지 『열반경』을 10년 넘도록 읽어왔는데

---

327) 지도(志道)는 조계혜능(曹溪慧能)과 『열반경(涅槃經)』의 교의에 대하여 문답한 인물로 알려져 있다. 이하 지도와 육조의 문답은 모두 『육조대사법보단경(六祖大師法寶壇經)』[대정장(大正藏)48, pp.356下-357中)] 참조.

아직 대의를 모르겠습니다. 바라건대 화상께서는 가르침을 주십시오."

육조가 말했습니다.

"그대는 어느 곳을 알지 못하는가?"

지도가 말했습니다.

"'일체의 현상은 무상하기에 이것은 생멸의 법칙이다. 생멸을 초월하면 그것이 적멸의 즐거움이다'328)라고 하였습니다. 여기에 의혹이 있습니다."

육조가 말했습니다.

"그대는 무엇이 의심스럽다는 것인가?"

지도가 말했습니다.

"일체중생에게는 두 가지 몸이 있습니다. 말하자면 색신과 법신입니다. (이것은 여거인도 똑같이 말하고 있습니다)329) 색신은 무상하여 발생도 있고 소멸도 있습니다. 그러나 법신은 항상하여 앎도 없고 느낌도 없습니다.330) 그런데『열반경』에서는 '생멸을 초월하면 그것이 적멸의 즐거움이다'고 말합니다. 그렇다면 어떤 몸이 적멸한 것이며 어떤 몸이 즐거움을 받는 것입니까? 만약 색신이라면 색신은 소멸할 때 사대로 흩어집니다. 그것은 모두 고(苦)이기에 낙(樂)이라고 말할 수는 없습니다. 만약 법신이 적멸하다면 곧 초목와석(草木瓦石)과 같은데

---

328) 『대반열반경(大般涅槃經)』권14[대정장(大正藏)12, pp.450上-451中]

329) 괄호( )의 내용은 대혜가 착어(著語)를 붙인 말이다. 이하 동일.

330) 색신은 무상하고 법신은 영원하다는 단견(斷見)과 상견(常見)의 분별에 빠져 판단한 견해이다. 『영가증도가(永嘉證道歌)』[대정장(大正藏)48, p.395下], "不除妄想不求眞 無明實性卽佛性 幻化空身卽法身 法身覺了無一物 本源自性天眞佛 五陰浮雲空去來" 참조. 혜능은 이하에서 이와 같은 지도(志道)의 견해를 사견(邪見)으로 판단하고 그로부터 벗어날 것을 설하였다.

누가 즐거움을 받겠습니까? 또한 법성은 곧 생멸의 본체이며 오온은 생멸의 작용입니다. 이것은 하나의 본체에 다섯 가지 작용이 있는 것으로 생멸이 항상하다는 것입니다. 이를테면 생겨난다는 것은 본체에서 작용을 일으키는 것이고, 소멸한다는 것은 작용을 섭수하여 본체로 돌아가는 것입니다. 만약 다시 생겨나는 것을 받아들인다면 그것은 곧 유정물의 부류가 부단불멸(不斷不滅)하다는 것입니다. 만약 다시 생겨나는 것을 받아들이지 않으면 그것은 곧 영원히 적멸로 돌아가기에 무정물과 똑같을 것입니다. 이와 같다면 일체의 제법이 열반의 도리에 갇혀 있는 모습으로 오히려 생겨날 수 없는데 어찌 즐거움이 있겠습니까? (여기인과 동일한 허물이 있습니다)"

혜능조사는 여기에 이르러 임제의현(臨濟義玄)의 할(喝)과 덕산선감(德山宣鑑)의 방(棒)과 같은 방법을 활용하지 않고 약간의 방편을 활용해 지도(志道)에게 말했습니다.

"그대는 불법의 사문이면서 어찌 외도의 단견과 상견의 사견(邪見)[331]을 익혀서 최상승법을 논하는 것인가? 그대의 말에 의하면, 색신 밖에 따로 법신이 있으며 생멸을 떠나서 적멸을 구하는 것이다. 또한 열반의 상락아정(常樂我淨)을 추측하여 몸으로 받는 자가 있다고 말한다면 이것은 생사를 집착하고 아껴서 세간의 즐거움을 탐착하는 것이다. 그대는 마땅히 알아야 한다. 부처님은 일체의 미혹한 사람들이 오온이

---

331) 단상사견(斷常邪見)이란 만법은 무상(無常)하게 생멸변화하여 사람이 죽으면 몸과 마음이 모두 없어져버린다고 주장하는 단견(斷見)과, 만법의 실상은 영원히 변치 않아서 이 몸도 죽었다가는 다시 태어나서 끝없이 지속된다고 주장하는 상견(常見)을 말한다. 이러한 견해는 곧 분별(分別)에서 생겨난 허망한 견해이다. 단상이견(斷常二見)이라고도 한다.

화합한 것을 오인해 자기 본체의 모습으로 삼고, 일체의 법을 분별하는 것으로 자기 밖의 모습으로 삼으며, 살기를 좋아하고 죽기를 싫어하는 것으로 생각생각 흘러 다니면서 꿈이고 환영이며, 허망하고 거짓인 줄 알지 못해 잘못 윤회를 받으며, 상락의 열반을 뒤집어 괴로움을 삼아 종일토록 밖을 향해 구하고 있음을 알고 있다. 부처님은 이들을 불쌍히 여기는 까닭에 열반의 참된 즐거움은 찰나에도 생겨나는 모습이 없고 찰나에도 멸하는 모습이 없어서 다시 가히 멸할 생멸이 없다.[332] (여기에서 부디 착안하십시오) 이것이 곧 생멸이 앞에 나타난 것이다. 앞에 나타났을 때에도 앞에 나타난다는 생각도 없어야 항상하는 즐거움이다. 이 즐거움은 즐거움을 받는 사람도 없고, 즐거움을 받지 않는 사람도 없다. (조금 비슷해 보입니다) 어찌 하나의 본체에 다섯 가지 작용이라는 이름이 있을 것이며, 어찌 하물며 다시 열반이 모든 법을 가두어 영원히 생겨나지 못하게 한다고 말할 수 있겠는가? 이것은 부처님을 비방하고 법을 훼손하는 것이다. (여거인 역시 한 부분에 해당됩니다)

나의 게송을 들어보아라. (조목조목 따져서는 밝히지 못한다)

'가장 높은 대열반의 경지는

원만히 밝아서 늘 고요히 비춘다.

범부는 죽음이라 말하고

---

332) 열반의 사덕(四德)으로서 열반에는 찰나도 생멸의 모습이 없다. 곧 상불천(常不遷)을 상(常)이라 하고, 낙안온(樂安穩)을 락(樂)이라 하며, 아자재(我自在)를 아(我)라 하고, 정무루(淨無漏)를 정(淨)이라 한다.

외도는 단멸로 집착하네.[333)

모든 이승(二乘)을 구하는 사람은

무작(無作)이라고 하네.[334)

모두 망령된 마음으로 헤아리는 것으로 62견의 근본일 뿐이네.[335)

망령되이 세운 허망한 가짜 이름이니

어찌 진실한 뜻이 되겠는가? (여거인이 진실한 이치를 보려면 다만 이 한

구절을 살펴보십시오)

오직 능력이 뛰어난 사람은[336) (그런 사람을 아직 보지 못했습니다)

통달하여 취사와 분별이 없네. (여거인이라면 다시 30년을 의심해야 합니다)

오온의 법과 오온 가운데의 나와 (여거인은 그 속에 빠져 있어 벗어날 문이

---

333) 열반의 회신멸지(灰身滅智)하고 상적원명(常寂圓明)한 경지를 범부와 외도는 죽음 내지 단멸로 간주하는 것을 가리킨다.

334) 무작(無作)은 분별이 없는 무소작(無所作)이고 무공능(無功能)으로서 삼삼매(三三昧) 가운데 무원삼매(無願三昧)를 가리키기도 한다. 그러나 여기에서는 이승의 경우 열반을 무기공(無記空)의 입장으로만 간주하여 무작(無作)이라고 폄하하는 것을 의미한다. 『대지도론(大智度論)』 권93[대정장(大正藏)25, p.714下], "邪見者 所謂無作見 雖六十二種皆是邪見 無作最重 所以者何 無作言不應作功德求涅槃."

335) 범부와 외도와 이승의 견해인 죽음과 단견과 무기공은 모두 분별계탁(分別計度)으로 온갖 시비망상의 근본이다. 육십이견(六十二見)은 부처님 당시 인도의 사상을 총칭한 제종의 견해를 말한다. 『장아함경(長阿含經)』 권14[대정장(大正藏)1, pp.892下이하]에서는 외도의 소집(所執) 62론에 대해 과거에 대하여 일으키는 상견(常見)인 본겁본견(本劫本見)과 미래에 대하여 일으키는 단견(斷見)인 말겁말견(末劫末見)으로 대별하였다. 전자는 아(我)에 대한 상론(常論) 4가지, 세간(世間)에 대한 상론(常論) 4가지, 역상역무상론(亦常亦無常論) 4가지, 천(天)에 대해 확답을 하지 않는 갖가지 논 4가지, 세간의 창조에 관한 무인론(無因論) 2가지 등 18견을 말한다. 후자는 사후에 정신작용이 있는가 없는가에 대한 유상론(有想論) 16가지, 무상론(無想論) 8가지, 비유상비무상론(非有想非無想論) 8가지, 사후에 신체의 소멸을 설하는 단멸론(斷滅論) 7가지, 현재열반론(現在涅槃論) 5가지 등 44견을 말한다.

336) 과량(過量) 곧 몰량(沒量)은 척도(尺度)의 초월이라는 뜻으로 현량(現量)과 비량(比量)의 인식을 초월함을 말한다. 곧 범성(凡聖) 및 미오(迷悟) 등 일체의 범부를 뛰어넘어 견성(見性)한 사람을 과량대인(過量大人)이라고 한다. 『경덕전등록(景德傳燈錄)』 권3[대정장(大正藏)51, p.220上], "達大道兮過量 通佛心兮出度 不與凡聖同躔 超然名之曰祖" 참조.

없습니다)

밖으로 나타난 갖가지 형상과 (눈에 어리는 헛꽃을 보지 마십시오)

하나하나 음성의 모습이 (사람을 잘 속입니다)

평등하여 꿈과 같고 환상과 같음을 알아 (반타작은 했습니다)

범부와 성인이라는 견해를 일으키지 않고

열반에 대한 이해도 짓지 아니하네. (아직까지 이런 사람을 보지 못했습니다)

양변과 삼제가 모두 끊어져

항상 육근에 응하여 작용하지만[337]

작용한다는 생각도 일으키지 않네.

일체의 법을 분별하지만

분별한다는 생각도 일으키지 않네.[338]

겁화[339]가 일어나 바다 밑을 태우며

바람이 일어나 산이 서로 부딪히더라도[340]

---

337) 『경덕전등록(景德傳燈錄)』권3[대정장(大正藏)51, p.218中], "在胎爲身 處世名人 在眼曰見 在耳曰聞 在鼻辨香 在口談論 在手執捉 在足運奔"참조.

338) 『유마힐소설경(維摩詰所說經)』권上[대정장(大正藏)14, p.537下], "法王法力超群生 常以法財施一切 能善分別諸法相 於第一義而不動 已於諸法得自在 是故稽首此法王"참조.

339) 겁화(劫火)는 산스크리트어 Kalpāgni를 번역한 것으로 우주의 파괴 시기, 종말에 일어나는 화재를 말한다. 불교에서 세상은 성주괴공을 되풀이하는데 괴의 마지막이 되면 큰 불, 큰 바람, 큰 물이 일어난다고 하였다. 큰 불을 겁화(劫火), 큰 바람을 겁풍(劫風), 큰 물은 겁수(劫水)라고 한다. 여러 경전에 이 용어가 등장한다. 『대지도론(大智度論)』에서는 "아라한 등은 지혜력은 엷어서 세간의 불과 같고, 부처의 힘은 커서 겁화와 같다"라고 하였고, 『마하지관(摩訶止觀)』에서는 "겁화가 일어날 때 보살이 침을 한 번 뱉으면 불이 당장 꺼진다"라고 하였다.

340) 성겁(成劫)·주겁(住劫)·괴겁(壞劫)·공겁(空劫) 가운데 괴겁(壞劫)을 말한다. 이 기간에는 대화재(大火災)가 우주를 파멸하는 시대이다. 『인왕호국반야바라밀다경(仁王護國般若波羅蜜多經)』권下[대정장(大正藏)8, p.840中], "劫火洞然 大千俱壞 須彌巨海 磨滅無餘 梵釋天龍 諸有情等 尙皆殄滅"참조.

참되고 항상한 적멸의 즐거움

열반의 모습이 이와 같다네.[341]

내가 지금 억지로 말하여

그대로 하여금 삿된 견해를 버리게 하니 (다만 여거인만 기꺼이 버리지 못합니다)

그대가 말을 따라 알음알이를 내지 않으면 (여거인께서는 기억해두십시오)

그대가 조금 안다고 허락하겠네. (다만 이 사소한 것마저도 소화하지 못하고 계십니다)'"

지도는 게송을 듣고 홀연히 크게 깨달았습니다. (갈등이 적지 않습니다)

다만 이 한 줄거리 이야기는 바로 직절하고 분명하게 여거인에게 지시해 보이는 손가락입니다. 여거인께서 이것을 보시고도 만약에 아직도 경론에서 설한 것이고 또 고인의 공안을 가리킨 것이라고 하면서 이와 같은 견해를 짓는다면 쏜살같이 지옥에 떨어질 것입니다.

答 呂郎中 隆禮 [着忙做工夫 不墮斷常]

令兄居仁의 兩得書호니 爲此事甚忙이라하니 然이나 亦當着忙이니라

年已六十이요 從官도 又做了하니 更待如何오 若不早着忙인댄

---

341) 괴겁(壞劫)의 시대에도 자성은 여여하여 부동한 모습을 가리킨다. 『조론(肇論)』[대정장(大正藏)45, p.151下], "然則乾坤倒覆 無謂不靜 洪流滔天 無謂其動 苟能契神於卽物 斯不遠而可知矣" 참조.

臘月三十日에 如何打疊得辦이리요 聞左右도 邇來에 亦忙이라하니

只遮着忙底_ 便是臘月三十日消息也니라 如何是佛이닛고

乾屎橛이라하니 遮裏에 不透하면 與臘月三十日로 何異리요 措大家_

一生을 鑽故紙호대 是事를 要知라하야 博覽羣書하며 高談闊論호대

孔子는 又如何며 孟子는 又如何며 莊子는 又如何며 周易은

又如何며 古今治亂은 又如何오하야 被遮些言語의 使得來하야

七顚八倒하며 諸子百家를 纔聞人의 擧着一字하고 便成卷念將去하야

以一事不知로 爲恥라가 及乎問着他自家屋裏事하야는

並無一人知者하니 可謂終日數他寶에 自無半錢分이라

空來世上하야 打一遭라가 脫却遮殼漏子하야는 上天堂也不知하며

入地獄也不知하고 隨其業力하야 流入諸趣를 幷不知호대

若是別人家裏事하야는 細大를 無有不知者라 士大夫_ 讀得書多底는

無明이 多하고 讀得書少底는 無明이 少하며 做得官小底는

人我小하고 做得官大底는 人我大하나니 自道我聰明靈利라가

及乎臨秋毫利害하야는 聰明也不見하며 靈利也不見하며

平生所讀底書를 一字也使不着하나니 蓋從上大人丘乙己時로

便錯了也하야 只欲取富貴耳라 取得富貴底는 又能有幾人이

肯回頭轉腦하야 向自己脚跟下하야 推窮호대 我遮取富貴底는

從何處來면 卽今受富貴底는 異日에 却向何處去오 旣不知來處하며

又不知去處하면 便覺心頭迷悶하리니 正迷悶時에 亦非他物이라

只就遮裏하야 看箇話頭호대 僧이 問雲門호대 如何是佛이닛고 門이

云호대 乾屎橛이라하니 但擧此話하야 忽然伎倆이 盡時에 便悟也리라

切忌尋文字引證하고 胡亂博量注解어다 縱然注解得分明하며

說得有下落이라도 盡是鬼家活計니라 疑情을 不破하면 生死交加어니와

疑情을 若破則生死心이 絶矣라 生死心이 絶則佛見法見이

亡矣리니 佛見法見도 尙亡이온 況復更起衆生煩惱見耶아

但將迷悶底心하야 移來乾屎橛上하야 一抵에 抵住하면 怖生死底心과

迷悶底心과 思量分別底心과 作聰明底心이 自然不行也리니

覺得不行時에 莫怕落空이어다 忽然向抵住處하야 絶消息하면

不勝慶快平生하리라 得消息絶了하면 起佛見法見衆生見하야

思量分別하며 作聰明說道理라도 都不相妨하리라 日用四威儀中에

但常放敎蕩蕩地하야 靜處鬧處에 常以乾屎橛로 提撕하면

日往月來에 水牿牛_ 自純熟矣리라 第一에 不得向外面하야

別起疑也어다 乾屎橛上에 疑破則恒河沙數疑_ 一時破矣리라

前此에 亦嘗如此寫與居仁이러니 比 趙景明이 來에 得書호니 書中에

再來問云不知커라 離此코 別有下工夫處也無잇가 只如擧手動足하며

着衣喫飯에 當如何體究리닛고 爲復只看話頭잇가 爲復別有體究닛가

又平生에 一大疑事를 至今未了호니 只如死後에 斷滅不斷滅을

如何決定見得이리닛고 又不要引經論所說하며 不要指古人公案하고

只據目前하야 直截分明히 指示剖判斷滅不斷滅實處라하니

觀渠如此說話컨대 返不如三家村裏省事漢의 却無如許多糞壤하야

死也死得瞥脫이로다 分明向他道호대 千疑萬疑_ 只是一疑니 話頭上에

疑破則千疑萬疑_ 一時破리라 話頭를 不破則且就話頭上하야

與之厮崖어라 若棄了話頭하고 却去別文字上起疑어나

經敎上起疑어나 古人公案上起疑어나 日用塵勞中起疑하면

皆是邪魔眷屬이니라 又不得向擧起處承當하며 又不得思量卜度하고

但只着意就不可思量處하야 思量하면 心無所之_ 老鼠入牛角에

便見倒斷也라하야

寫得如此分曉了어늘 又却更來하야 忉忉怛怛地問하니

不知許多聰明知見은 向甚麼處去也오 不信道아 平生讀書底는

到遮裏하야 一字也使不着호라 而今不得已하야

更爲他放些惡氣息호리라 若只恁麼休去하면 却是妙喜_ 被渠問了에

更答不得也리라 此書纔到어든 便送與渠一看이어다 居仁이 自言行年이

六十歲로대 此事를 未了라하니 問渠하노라 未了底는 爲復是擧手動足하며

着衣喫飯底를 未了아 若是擧手動足과 着衣喫飯底인댄

又要如何了리요 他殊不知只遮欲了知決定見得死後斷滅不斷滅底_

便是閻家老子面前에 喫鐵棒底로다 此疑를 不破하면 流浪生死하야

未有了期하리라 向渠道하노라 千疑萬疑_ 只是一疑니 話頭를 若破하면

死後斷滅不斷滅之疑도 當下에 氷銷瓦解矣리라 更敎直截分明히

指示剖判斷滅不斷滅이라하니 如此見識은 與外道로 何異리요 平生에

做許多之乎者也하야 要作何用고 渠旣許多遠地에 放遮般惡氣息하야

來熏人일새 妙喜도 不可只恁麼休去하고 亦放些惡氣息하야

却去熏他則箇니라 渠敎不要引經敎와 及古人公案하고 只據目前하야

直截分明히 指示斷滅不斷滅實處라하니 昔에 志道禪師_ 問六祖호대

學人이 自出家로 覽涅槃經을 近十餘載로대 未明大意호니

願師는 垂誨하소서 祖曰 汝何處에 未了오 對曰 諸行이 無常하야

是生滅法이라 生滅이 滅已하면 寂滅이 爲樂이라하시니 於此에

疑惑이니다 祖曰 汝作麼生疑오 對曰 一切衆生이 皆有二身하니

謂色身法身也라 此乃居仁同道 色身은 無常하야 有生有滅이어니와

法身은 有常호대 無知無覺이어늘 經에 云호대 生滅이 滅已하면

寂滅이 爲樂者는 未審커이다 是何身이 寂滅이며 何身이 受樂이닛고

若色身者인댄 色身滅時에 四大分散이라 全是苦苦니 不可言樂이요

若法身이 寂滅인댄 卽同草木瓦石이어니 誰當受樂이닛고

又法性은 是生滅之體요 五蘊은 是生滅之用이라 一體五用이

生滅是常하야 生則從體起用이요 滅則攝用歸體어늘 若聽更生인댄

卽有情之類_ 不斷不滅이요 若不聽更生인댄 卽永歸寂滅하야

同於無情之物하리니 如是則一切諸法이 被涅槃之所禁伏하야

尙不得生이어니 何樂之有리닛고 可與居仁一狀領過 祖師_ 到遮裏하야

不能臨濟德山用事하시고 遂放些氣息하야 還他云호대 汝是釋子어늘

何習外道斷常邪見하야 而議最上乘法고 據汝所解컨댄 卽色身外에

別有法身이며 離生滅하고 求於寂滅이로다 又推涅槃常樂하야

言有身受者인댄 斯乃執吝生死하야 耽着世樂이로다 汝今當知하라

佛이 爲一切迷人이 認五蘊和合하야 爲自體相하고 分別一切法으로

爲外塵相하야 好生惡死로 念念遷流하며 不知夢幻虛假하야

枉受輪回하며 以常樂涅槃으로 飜爲苦相하야 終日馳求일새

佛愍此故로 乃示涅槃眞樂은 刹那에 無有生相하고 刹那에

無有滅相하야 更無生滅可滅이라하시니 到此請着眼睛 是則寂滅이 現前이라

當現前時하야 亦無現前之量이라사 乃謂常樂이니 此樂은 無有受者하며

亦無有不受者어니 猶較些子 豈有一體五用之名이며 何況更言涅槃이

禁伏諸法하야 令永不生이리요 此乃謗佛毁法이니 居仁亦有一分子

聽吾偈하라 曰 分踈不下

無上大涅槃이 　　　圓明常寂照어늘

凡愚謂之死하고 　　外道執爲斷하며

諸求二乘人은 　　目以爲無作하나니

盡屬情所計라 　　六十二見本이니라

妄立虛假名이어니 　何爲眞實義리요 居仁要見實處但看此一句子

唯有過量人은 未見其人 　通達無取捨하야 居仁更疑三十年

以知五蘊法과 　　及以蘊中我와 居仁在裏許求出無門

外現衆色像과 莫眼花 　一一音聲相이 賺殺人

平等如夢幻하야 救得一半 　不起凡聖見하고

不作涅槃解하며 亦未見其人 　二邊三際斷하야

常應諸根用호대 　　而不起用想하며

分別一切法호대 　　不起分別想하나니

劫火燒海底하며 　　風鼓山相擊이라도

眞常寂滅樂은 　　涅槃相如是라

吾今强言說하야 　　令汝捨邪見하노니 只是居仁不肯捨

汝勿隨言解하면 居仁記取 　許汝知少分하리라 只遮少分也不消得

志道_ 聞偈하고 忽然大悟하니 葛藤不少　只遮一絡索이

便是直截分明指示居仁底指頭子也니라 居仁이 見此코

若道猶是經論所說이 尙指古人公案이라하야 若尙作如此見인댄

入地獄_ 如箭射하리라

여사인 거인[342]에게 답한 대혜의 편지 ①[343]

[여거인 자신을 반조하여 화두를 참구하라. 이 편지는 오로지 공부하는 지름길을 제시하였다]

편지를 받아보니 일상에서 쉬지 않고 공부한다고 하였습니다. 그 공부가 성숙되면 곧 문빗장[關捩子]을 쳐서 열게 될 것입니다. 소위 공부라는 것은 세간의 번뇌를 생각하는 마음을 '간시궐'로 돌이켜 알음알이가 작동되지 않게 하는 것이 마치 흙이나 나무로 만든 허수아비와 같게 하는 것입니다. 의식이 불분명해서 어떤 단서도 잡을 수 없음을 느낄 때가 바로 좋은 소식입니다. 그 상태가 되면 공에 빠지지 않을까 염려하지 마십시오. 또한 앞일을 생각하고 뒷일을 계산하여 언제 깨달을 수 있을까를 생각하지 마십시오. 만약 이러한 마음을 지니면 곧 잘못된 길로 빠져버립니다.

부처님께서 말씀하셨습니다.

"이 법은 사량과 분별로써 알 수 있는 것이 아니다."[344] 헤아리면 곧 허물이 생길 것입니다.

그렇다면 사량분별로써 이해할 수 없음을 아는 사람은 누구입니까? 다만 여거인 당신뿐이므로 다시는 머리를 돌리고 생각을 굴리지 마십시오.

---

342) 여사인 거인의 성은 여(呂)씨고, 아명(兒名)은 대중(大中)이며, 후명(後名)은 본중(本中)이다. 자는 거인(居仁)이며, 문호(文號)는 동래선생(東萊先生)이며 시호는 문청(文淸)이다.
343) 대혜 55세(1143) 때 형주의 유배지에서 답한 글이다.
344) 『묘법연화경(妙法蓮華經)』 권1[대정장(大正藏)9, p.7上]

앞의 여낭중 융례에게 답한 편지에서 선병(禪病)에 대해서는 모두 설명하였습니다. 모든 부처님과 조사는 한 법도 다른 사람에게 주지 않았습니다.[345] 다만 당사자가 스스로 믿고 납득하며, 스스로 보고 깨달을 뿐입니다. 만약 다른 사람이 말로 설명하는 것을 취한다면 사람을 그르치게 할 것입니다. 이 일은 결정코 언어로 설명하는 방식을 떠났고, 마음으로 반연하는 모양을 떠났으며, 문자의 모양도 벗어나 있습니다.

모든 모양을 떠난 것을 아는 것도 다만 이 여거인입니다. 죽은 뒤에 아주 없는지 있는지를 의심하는 것도 다만 여거인입니다. 곧바로 지시해주기를 바라는 것도 여거인이고, 하루 24시간 가운데 화를 내기도 하고 기뻐하기도 하며, 사량하거나 분별하고, 혼침하거나 망상하는 것 모두 여거인일 뿐입니다. 다만 이 여거인이 갖가지 기특한 변화를 일으키고, 모든 부처와 조사와 더불어 적멸한 대해 탈의 광명해(光明海)에 유희하며, 세간과 출세간의 사업을 성취합니다. 그런데도 여거인 당신이 믿지 못하고 있을 뿐입니다. 만약 믿는다면 부디 제가 드린 말씀에 의지하여 삼매에 들어가십시오. 홀연히 삼매 에서 나와서 어머니가 낳아준 콧구멍을 잃어버리면 문득 깨달을 것입니다.

---

345) 『분양무덕선사어록(汾陽無德禪師語錄)』 권上[대정장(大正藏)47, p.604中], "問從上 諸聖 無一法與 未審師今傳箇什麼 師云 來風可辨" 참조.

答 呂舍人 居仁(一) [返照居仁 參箇話頭]

承호니 日用에 不輟做工夫라하니 工夫熟則撞發關捩子矣리라

所謂工夫者는 思量世間塵勞底心을 回在乾屎橛上하야

令情識不行호미 如土木偶人相似니라 覺得昏怛하는

沒巴鼻可把捉時_ 便是好消息也니 莫怕落空하며

亦莫思前算後하야 幾時得悟어다 若存此心이면 便落邪道하리라

佛이 云호대 是法은 非思量分別之所能解라하시니 解着하면

卽禍生하리라 知得思量分別不能解者是誰오 只是箇呂居仁이니

更不得回頭轉腦也어다 前此答隆禮書에 說盡禪病矣라

諸佛諸祖_ 並無一法與人하고 只要當人으로 自信自肯하며

自見自悟耳니라 若只取他人口頭說底인댄 恐誤人일까하노라 此事는

決定離言說相하며 離心緣相하며 離文字相하나니 能知離諸相者도

亦只是呂居仁이며 疑他死後에 斷滅不斷滅도 亦只是呂居仁이며

求直截指示者도 亦只是呂居仁이며 日用二六時中에 或瞋或喜하며

或思量或分別하며 或昏沈或掉擧도 皆只是呂居仁이니

只遮呂居仁이 能作種種奇特變化하며 能與諸佛諸祖로

同游寂滅大解脫光明海中하야 成就世間出世間事언만은 只是呂居仁이

信不及耳이니라 若信得及인댄 請依此注脚하야 入是三昧어다

忽然從三昧起하야 失却孃生鼻孔하면 便是徹頭也리라

여사인 거인에게 답한 대혜의 편지 ②[346]

[사량분별 하지 말고 다만 화두를 참구하라]

공(여거인)의 아우 자육(子育)께서 지나는 길에 건네준 편지를 읽고 기쁘고 위로가 되었습니다. 무상이 신속하여 백 년 세월이 번갯불과 같으므로 곧 죽을 때가 도래할 것입니다. '간시궐'은 어떠합니까? 잡을 단서도 없고 재미도 없으며 뱃속이 갑갑함을 느끼는 때가 바로 좋은 소식입니다. 제일 유의할 점은 화두를 드는 곳에서 알아차리려고 하지 말며, 또 아무 일 없는 곳에 머물러 있지 말며, 화두를 살필 때는 곧 있다가 살피지 않을 때는 곧 없어지게 하지 마십시오. 다만 세간을 사량하는 번뇌의 마음을 '간시궐'로 가져와 사량하고 또 사량하십시오. 어떻게 하려고 해도 할 수 없는 곳에서 기량이 홀연히 다하게 되면 곧 스스로 깨닫게 될 것입니다. 깨닫기를 기다리는 마음을 가지지 마십시오. 만약 깨닫기를 기다리는 마음을 가지면 영겁토록 깨달을 수 없을 것입니다.

지난번에 제가 여융례에게 답하는 편지에서 사대부들의 병통을 설명하였는데, 그 글을 곁에다 두고 계신다고 하였습니다. 만약 이것을 의지해 공부한다면 비록 깨달음이 투철하지는 못하더라도 능히 옳고 그름을 분별하여 삿된 마구니의 장애를 입지 않고 반야의 종자를 깊이 심을 것입니다. 그래서 비록 금생에 깨닫지 못하더라도 내생에 태어날 때는 그대로 수용(受用)하여 힘을 낭비하지 않으며, 악업에 휘말리지도

---

346) 대혜 55세(1143) 때 형주의 유배지에서 답한 글이다.

않을 것입니다. 목숨을 마칠 때에는 능히 업을 굴릴 것인데 하물며 한 생각이 서로 상응한다면 어떻겠습니까? 그러므로 날마다 다른 일을 사량하지 말고 '간시궐'만을 사량하되 언제 깨닫게 될 것인가를 묻지 마십시오. 간절하게 빕니다.

깨달을 때는 시절이 없으며, 사람들을 놀라게 하는 일도 없습니다. 즉시 고요해져 저절로 부처도 의심하지 않고 조사도 의심하지 않습니다. 태어남도 의심하지 않고 죽음도 의심하지 않습니다. 의심하지 않는 경지에 이르는 것이 바로 부처의 경지입니다. 부처의 경지는 본래 의심이 없습니다. 그래서 깨달음도 없고 어리석음도 없으며, 태어남도 없고 죽음도 없으며, 있음도 없고 없음도 없으며, 열반도 없고 반야도 없으며, 부처도 없고 중생도 없으며, 이렇게 말하는 사람도 없습니다. 이러한 말을 받아들임도 없고, 받아들이지 않음도 없으며, 받아들이지 않음을 아는 사람도 없고, 이렇게 받아들이지 않는다고 설명하는 사람도 없습니다.

여거인께서 이와 같이 믿는다면 부처도 이와 같으며, 조사도 이와 같으며, 깨달음도 이와 같으며, 어리석음도 이와 같으며, 의심도 이와 같으며, 태어남도 이와 같으며, 죽음도 이와 같으며, 일상의 번뇌도 이와 같으며, 죽은 뒤에 아주 없음과 없지 않음도 이와 같으며, 조정에서 관직에 종사하는 것도 이와 같으며, 별궁의 조용한 곳에 있는 것도 이와 같으며, 경산(徑山)[347]에서 1천7백 명의 대중에게 둘러싸여

---

347) 대혜가 유배를 떠나기 전에 한때 주석했던 지명이다. 경산(徑山)은 중국 절강성 항주시 여항구에 위치한 산으로 해발 1000미터의 높이이다. 소봉(霄峰)·대인봉(大人峰)·붕박봉(鵬博峰)·안좌봉(晏坐峰)·어애봉(御愛峰) 등이 있다. 송대에는 강남의

있는 것도 이와 같으며, 형주(衡州)에서 귀양살이하는 것도 이와 같습니다. 여거인께서는 이것을 믿을 수 있겠습니까? 믿는 것도 또한 이와 같으며, 믿지 못하는 것도 이와 같습니다. 필경 어떠합니까? 이와 같음을 이와 같다고 하는 이와 같음도 이와 같을 뿐입니다.

又(二) [莫作思量 但看話頭]

令弟子育이 經由出所賜教하야 讀之호니 喜慰를 可知로라 無常이
迅速하야 百歲光陰이 如電閃일새 便是收因結果底時節이
到來也라 乾屎橛은 如何오 覺得沒巴鼻無滋味하야
肚裏悶時_ 便是好底消息也니 第一에 不得向擧起處承當하며
又不得颺在無事甲裏하며 不可擧時에 便有라가 不擧時에
便無也하고 但將思量世間塵勞底心하야 回在乾屎橛上하야
思量來思量去에 無處奈何하야 伎倆이 忽然盡하면 便自悟也리니
不得將心等悟어다 若將心等悟하면 永劫에 不能得悟也리라
前此答隆禮書에 說盡措大家病痛矣러니 承호니 只置在座右라하니
若依此做工夫하면 雖未悟徹이라도 亦能分別邪正하야 不爲邪魔의

오산십찰(五山十刹) 가운데 으뜸으로 '강남제일산(江南第一山)'이라고 불렸다. 경산은 불교의 성지로 당대에는 우두종(牛頭宗)의 경산법흠(徑山法欽: 714-792)이 개산하고 주석하였으며, 차밭이 있어 경산차(徑山茶)의 유래가 되었다. 남송대에 일본의 선승들이 중국에 찾아와서 경산차를 얻어 일본에 돌아간 것이 다도(茶道)의 기원이 되었다. 한편 임제종 양기파의 대혜종고(大慧宗杲: 1089-1163)가 경산 능인선사(能仁禪寺)에 주석하였다.

所障이며 亦種得般若種子深하리니 縱今生不了라도 來生出頭에

現成受用호대 亦不費力하며 亦不被惡業의 奪將去하고 臨命終時에

亦能轉業이온 況一念相應耶아하녀 逐日에 千萬不要思量別事하고

但只思量乾屎橛호대 莫問幾時悟를 至禱至禱하노라 悟時亦無時節하며

亦不驚羣動衆하고 卽時怗怗地하야 自然不疑佛不疑祖하며

不疑生不疑死하리니 得到不疑之地_ 便是佛地也니라 佛地上에는

本無疑라 無悟無迷하며 無生無死하며 無有無無하며 無涅槃無般若하며

無佛無衆生하며 亦無恁麼說者하며 此語도 亦不受하며 亦無不受者하며

亦無知不受者하며 亦無恁麼說不受者니 居仁이 如是信得及인댄

佛亦只如是며 祖亦只如是며 悟亦只如是며 迷亦只如是며

疑亦只如是며 生亦只如是며 死亦只如是며 日用塵勞中도 亦只如是며

死後에 斷滅不斷滅도 亦只如是며 在朝廷하야 作從官도 亦只如是며

宮觀在靜處도 亦只如是며 住徑山하야 一千七百衆이 圍遶도

亦只如是며 編管在衡州도 亦只如是니 居仁은 還信得及麼아 信得及도

亦只如是며 信不及도 亦只如是니 畢竟如何오 如是를 如是라한 如是도

亦只如是니라

왕장원 성석에게 답한 대혜의 편지 ①[348]

[힘을 써서 자신을 믿으면 터득할 수 있다]

공(왕장원)께서는 젊은 나이에 자립하여 곧 모든 사람의 윗자리에 올랐으면서도 부귀에 얽매이지 않았습니다. 백겁 천생의 원력이 없었다면 어찌 그럴 수 있겠습니까? 게다가 이 일대사(一大事)에 대하여 간절한 마음으로 한순간도 물러나지 않고 확실한 믿음과 의지를 갖추었으니 어찌 얕은 사람이 할 수 있는 일이겠습니까?

부처님께서 말씀하셨습니다.

"오직 이 일[事]만이 하나의 진실이지

그 밖의 두 가지[349]는 진실이 아니다."[350]

부디 채찍을 가하여 소홀히 하지 마십시오. 세간사는 오직 이것뿐입니다.

공자[先聖]는 "아침에 도를 들으면 저녁에 죽어도 좋다"고 말하지 않았습니까? 그런데 여기에서 듣는다는 것은 어떠한 도를 말하는 것입니까? 여기에 이르러서는 눈을 깜빡이는 것도 용납되지 않습니다. 다시는 "나의 도(道)는 하나로써 꿰어진다"는 말을 끌어오지 마십시오. 반드시 스스로 믿고 깨달아야 합니다.

입으로 말하는 것은 끝내 믿고 의지할 수 없습니다. 스스로 보고, 스스로 깨닫고, 스스로 믿어야 합니다. 말로 할 수 없고 형용할 수

---

348) 대혜 56세(1144) 때 형주의 유배지에서 답한 편지이다.
349) 두 가지는 이승(성문승·연각승)과 삼승(성문승·연각승·보살승)을 말한다.
350) 『묘법연화경(妙法蓮華經)』권1[대정장(大正藏)9, p.8上]

없는 것은 오히려 방해가 되지 않으나 말로 설명하고 형용하더라도 오히려 보지 못하고 깨닫지 못할까 염려될 뿐입니다. 부처님께서는 이런 사람을 가리켜 "증상만인(增上慢人)"351)이라고 하였고, "반야를 비방하는 사람[謗般若人], 큰 거짓말을 하는 사람[大妄語人]"352)이라고 하였으며 "부처님의 혜명을 끊는 사람"353)이라고 하였고, "천 명의 부처님이 출현해도 참회할 수가 없다"354)고 하였습니다.

만약 구자무불성 화두[狗子無佛性話]를 타파하면 이러한 말들이 오히려 거짓말이 될 것입니다. 그러나 지금은 이러한 말을 거짓이라고 이해해서는 안 됩니다.

근래 여거인으로부터 연달아 두 차례 편지를 받았습니다. 두 통의 편지에서 "여름 내내 여용례에게 답한 편지를 항상 곁에 두고 깨닫기를 기약한다"고 하였습니다. 또한 일찍이 그 편지를 베껴서 공(왕장원)께 보내드렸다고 들었습니다. 근세의 귀공자로서 그와 같은 사람은 우담발화(優曇鉢花)가 한 번 나타난 것과 같습니다.

지난번 경산(徑山)에 주석할 때355) 매번 공과 함께 이런 이야기를 나누었습니다. 그때 저는 공의 눈동자가 안정되어 있음을 보았습니다.

---

351) 증상만인(增上慢人)에서 증상만(增上慢)은 범어 adhi-māna로서 칠만(七慢) 곧 만(慢)·과만(過慢)·만과만(慢過慢)·아만(我慢)·증상만(增上慢)·비만(卑慢)·사만(邪慢)의 하나다. 증상만인은 뛰어난 경지에 도달하지 못했음에도 자신을 대단히 잘난 사람으로 착각하는 사람이다. 선수행에서는 깨닫지 못했으면서 깨달았다고 생각하는 교만한 사람을 가리킨다. 『묘법연화경(妙法蓮華經)』권1[대정장(大正藏)9, p.7上]

352) 『불설금강수보살항복일체부다대교왕경(佛說金剛手菩薩降伏一切部多大敎王經)』권上[대정장(大正藏)20, p.549上]

353) 『호법론(護法論)』[대정장(大正藏)52, p.642下]

354) 『천수천안관세음보살광대원만무애대비심다라니경(千手千眼觀世音菩薩廣大圓滿無礙大悲心陀羅尼經)』[대정장(大正藏)20, p.107上]

355) 대혜는 52세(1140) 때 왕장원과 그의 스승 장구성(張九成)을 만난 적이 있다.

9푼 9리는 알고 있지만 단지 마지막으로 "와!" 하는 결정적으로 깨닫는 경험이 부족할 뿐입니다. 만약 "와!" 하는 경험을 하고 나면 유교가 곧 불교이고, 불교가 곧 유교이며, 승(僧)이 곧 속(俗)이고, 속이 곧 승이며, 범(凡)이 곧 성(聖)이고, 성이 곧 범이며, 내가 곧 그대이고, 그대가 곧 나이며, 하늘이 곧 땅이고, 땅이 곧 하늘이며, 물결이 곧 물이고, 물이 곧 물결입니다. 수와 락과 제호[酥酪醍醐]를 저으면 일미(一味)[356]가 되고, 금으로 만든 물병과 접시와 비녀와 팔찌[缾盤釵釧]를 녹이면 동일한 금이 되는 것은 모두 나한테 달린 것이지 다른 사람에게 있는 것이 아닙니다.

이러한 경지에 이르면 자신이 지휘하는 대로 따라오게 됩니다. 그래서 경전에서는 "나는 법왕이다. 법에 자재하다"[357]라고 하였습니다. 옳고 그름, 이득과 상실에 어찌 걸림이 있겠습니까? 억지로 되는 것이 아니라 원래 진리가 그렇기[法如是] 때문입니다. 이러한 경계는 무구노인[장구성][358] 말고 다른 사람이 어찌 믿을 수 있겠습니까? 설령 믿는다고 해도 어찌 터득할 수 있겠습니까?

공께서는 이미 믿었고 보았습니다. 이미 그것이 옳고 그른지 분별할 수가 있지만 아직 터득하지 못했을 뿐입니다. 터득했을 때에는 노인과 젊은이를 가리지 않으며, 지혜와 어리석음도 상관하지 않습니다. 마치

---

356) 수락제호(酥酪醍醐)는 우유를 정제하는 과정에 따라서 점차 숙성되는 차례인 유(乳)·락(酪)·생수(生酥)·숙수(熟酥)·제호(醍醐)를 말한다. 이것을 불법의 체계로 설명하는 경우에 제호(醍醐)는 최상의 정법(正法)을 의미한다. 일미(一味)는 차별로 보이는 불법(佛法)도 결국은 하나로 돌아간다는 말이다.

357) 『묘법연화경(妙法蓮華經)』권2[대정장(大正藏)9, p.15中]

358) 무구(無垢)는 왕장원(汪狀元)의 스승인 장구성(張九成)의 호이다.

부처님의 지위를 곧장 범부[凡庸]에게 주는 것과 같이 더 이상 계급과 차제가 없습니다. 영가현각(永嘉玄覺)이 말씀하신 "한 번 뛰어서 곧장 여래의 경지에 들어간다"[359]는 것이 바로 이것입니다. 다만 자세히 들으십시오. 결정코 그대를 속이지 않을 것입니다.

答 汪狀元 聖錫(一) [着力自信 但得入手]

左右_ 妙年에 自立하야 便在一切人頂顝上호대 不爲富貴의 所籠羅하니
非百劫千生에 願力所持면 焉能致是리요 又能切切於此一大事하야
念念不退轉하며 有決定信하고 具決定志하니 此豈淺丈夫의 所能이리요
老瞿曇이 云호대 唯此一事實이요 餘二則非眞이라하니 請着鞭하야
不可忽이어다 世間事는 只遮是라 先聖이 豈不云乎아 朝聞道하고
夕死可矣라하니 不知聞底는 是何道오 到遮裏하야 豈容眨眼이리요
不可更引吾道一以貫之去也니라 須自信自悟니 說得底는
終是無憑據라 自見得自悟得하며 自信得及了하고 說不得形容不出은
却不妨이어니와 只怕說得似形容得似라도 却不見 却不悟者니라
老瞿曇이 指爲增上慢人이며 亦謂之謗般若人이며 亦謂之大妄語人이며
亦謂之斷佛慧命人이라 千佛이 出世하야도 不通懺悔라하시니라
若透得狗子無佛性話하면 遮般說話는 却成妄語矣리라 而今에

359)『영가증도가(永嘉證道歌)』[대정장(大正藏)48, p.396上]

不可便作妄語會어다 呂居仁의 比連收兩書호니 書中에 皆云호대 夏中에

答隆禮書를 常置座右하야 以得으로 爲期라하며 又聞嘗錄呈左右라하니

近世貴公子로 似渠者는 如優曇鉢花_ 時一現耳니라 頃在山頭하야

每與公으로 說遮般話할새 見公의 眼目定動호니 領覽得九分九氂요

只欠团地一下爾라 若得团地一下了하면 儒卽釋釋卽儒며 僧卽俗

俗卽僧이며 凡卽聖聖卽凡이며 我卽爾爾卽我며 天卽地地卽天이며

波卽水水卽波라 酥酪醍醐를 攪成一味하며 釵盤釵釧을 鎔成一金이

在我不在人이리니 得到遮箇田地하면 由我指揮라 所謂我爲法王하야

於法에 自在니 得失是非에 焉有罣礙리요 不是强爲라

法如是故也니라 此箇境界는 除無垢老子하고 他人이 如何信得及이며

縱信得及이나 如何得入手리요 左右_ 已信得及하며 已覷得見하며

已能分別是邪是正호대 但未得入手耳라 得入手時에는 不分老少하며

不在智愚라 如將梵位하야 直授凡庸이요 更無階級次第니 永嘉의

所謂一超에 直入如來地람함이 是也라 但相聽하라 決不相誤니라

왕장원 성석에게 답한 대혜의 편지 ②[360]

[반드시 일상의 생활에서 화두를 타파하라]

"저(왕장원)는 모든 반연을 그치고 일상에서 이처럼 번뇌하는 생각이 없다[無煩軫念][361]"고 하였습니다. 공(왕장원)의 입장에서 무엇이 부족하겠습니까? 세상을 살아가는 데에 일체가 충족되어 있다고 말할 수 있습니다. 이에 참으로 이 불법 문중에서 몸을 한 번 뒤집으면 어찌 허리에 십만 관의 돈을 차고 학을 타면서 양주(楊州) 자사로 나아가는 것에 그치겠습니까?

옛적에 양문공 대년[362]이 30세 때 광혜원련(廣慧元璉)[363]을 친견하고 가슴에 꽉 막힌 물건을 제거하였습니다. 이후로 조정에 있거나 마을에 살거나 한결같이 공명에도 얽매이지 않았고 부귀에도 마음을 두지 않았습니다. 또한 일부러 공명과 부귀를 가볍게 여기지도 않았는데 그것은 도가 있는 곳에서는 법이 이와 같기 때문입니다.

조주선사는 말씀하셨습니다. "모든 사람들은 하루 24시간 부림을

---

360) 대혜 56세(1144) 때 형주의 유배지에서 답한 편지이다.

361) 진(軫)은 수레의 뒤턱 나무이다. 거상(車箱) 바닥 둘레의 네 개 나무 가운데 좌우와 앞쪽에 있는 세 개를 범(軓)이라 말하고, 뒤쪽에 있는 한 개를 진(軫)이라고 한다. 이 4개를 총칭하는 말로서 '굴러간다' 또는 '움직인다'는 뜻으로 사용되기도 한다.

362) 문공(文公) 양대년(楊大年)은 북송 진종 때 사람으로 이름은 억(億)이고, 자는 대년(大年)이며, 시호는 문공(文公)이다. 도원(道原)이 편찬한 『경덕전등록(景德傳燈錄)』 30권에 서문을 붙인 인물이다. 그의 행장은 『오등회원(五燈會元)』 권12[만신속장(卍新續藏)80, pp.246下-247中] 참조.

363) 광혜원련(廣慧元璉: 951-1036)은 북송 임제종 선사로서 수산성념(首山省念)의 제자이다.

당하지만 노승은 하루 24시간을 부린다."[364] 이 스님의 말씀은 억지가
아니라 법이 이와 같기 때문입니다.

무릇 학문을 하는 것과 도를 닦는 것은 같습니다. 그런데 요즘
학문을 하는 사람들은 흔히 인의예지신(仁義禮智信)[365]은 '학(學)'으로
간주하고 격물(格物),[366] 충서(忠恕),[367] 일이관지(一以貫之)[368] 등은 '도(道)'
라고 간주합니다. 이것은 오로지 수수께끼[博謎子] 놀음과 같고, 여러
맹인들이 코끼리를 만져보고 각자 다른 견해로 말하는 것과 같습니다.

부처님께서 말씀하지 않으셨습니까? "사유하는 마음으로 여래의
원각경계를 헤아리는 것은 마치 반딧불이를 가지고 수미산을 태우려고
하는 것과 같다."[369] 생사의 길흉화복 경계에 이르러 도무지 힘을
발휘할 수 없는 것은 대개 이런 까닭입니다. 양자(楊子)[370]는 말했습니다.
"학(學)은 성품을 닦는 것이다. 성품은 곧 도(道)이다." 부처님께서
말씀하셨습니다. "성품이 위없는 도를 이룬다."[371] 규봉종밀(圭峯宗密)은
말씀하셨습니다. "이치에 맞는 일을 하는 것은 깨달은 마음이요,
이치를 벗어난 일을 하는 것은 광란의 마음이다. 광란은 정념(情念)에서
일어나는 것으로 죽음에 임박하여 업의 끌림을 당하지만, 깨달음은

---

364) 『고존숙어록(古尊宿語錄)』 권13[만신속장(卍新續藏)68, p.78上]

365) 인(仁)·의(義)·예(禮)·지(智)·신(信)은 유교의 다섯 가지 덕목으로 오상(五常)이
　　라고 한다.

366) 격물치지(格物致知)는 사물의 이치를 연구하여 후천적인 지식을 분명하게 하는 것이다.

367) 충서(忠恕)는 자기에게 충실하여 정성을 다하고, 그런 마음으로 남을 용서하는 것이다.

368) 일이관지(一以貫之)는 "내가 말하는 도는 하나로 통한다"는 것으로 공자의 말이다.

369) 『대방광원각수다라요의경(大方廣圓覺修多羅了義經)』[대정장(大正藏)17, p.915下]

370) 양자(楊子: 기원전 58-18)는 이름이 웅(雄)이고, 자는 자운(子雲)으로 한(漢)의 유
　　학자이다.

371) 『수능엄경(首楞嚴經)』 권6[대정장(大正藏)19, p.131中]

정념을 말미암지 않아 죽음에 임박해서 업을 부릴 수 있다."[372] 그래서 의(義)는 곧 의리(義理)의 의(義)이지 인의(仁義)의 의(義)가 아니라고 한 것입니다.

지금 살펴보니 규봉 노인도 허공을 둘로 쪼개려는 잘못에서 벗어나지 못하고 있습니다. 인(仁)은 성품의 인이고, 의(義)도 성품의 의이며, 예(禮)도 성품의 예이고, 지(智)도 성품의 지이며, 신(信)도 성품의 신입니다. 그리고 의리(義理)의 의(義)도 성품입니다. 이치가 없는 일을 하는 것은 성품을 등지는 것이고 이치가 있는 일을 하는 것은 성품을 따르는 것입니다. 그러나 등지거나 따르는 것은 사람에게 있는 것이지 성품에 있는 것이 아닙니다. 그리고 인의예지신은 성품에 있는 것이지 사람에게 있는 것이 아닙니다. 사람에게는 현명함과 어리석음이 있지만 성품에는 현명함과 어리석음이 없습니다.

만약 인의예지신이 현명한 사람에게만 있고 어리석은 사람에게는 없다면 성인의 도에는 간택과 취사가 있는 것입니다. 그것은 마치 하늘에서 내리는 비가 땅을 선택하여 내리는 것과 같습니다. 그래서 인의예지신은 성품에 있는 것이지 사람에게 있는 것이 아닙니다. 그래서 "현명하고 어리석으며 등지고 따르는 것은 사람에게 있는 것이지 성품에 있는 것이 아니다"라고 말씀드린 것입니다.

양자가 말한 "성품을 닦는다"는 것은 성품은 닦을 수 있는 것이 아니라 오직 등지거나 따르거나 현명하거나 어리석을 뿐이라는 것입니다. 규봉선사가 말한 깨달음과 광란이 바로 이것입니다. 조주가

---

372) 규봉종밀(圭峯宗密: 780-841), 『불설우란분경소(佛說盂蘭盆經疏)』 권下[대정장 (大正藏)39, p.512下]

말한 하루 24시간을 부리고, 하루 24시간 부림을 당하는 것도 바로 이것입니다. 만약 인의예지신이 성품에서 일어나는 이치를 알아차리면 곧 격물, 충서, 일이관지도 그 가운데 있습니다. 승조(僧肇)[373] 법사는 말씀하셨습니다. "능히 하늘도 되고 사람도 되는 것이 어찌 하늘과 사람의 대상이 되겠는가?"[374] 그러므로 "학문을 하는 것과 도를 닦는 것은 하나다"라고 한 것입니다.

무릇 성인이 가르침을 베풀 때 이름을 구하지도 않고 공을 자랑하지도 않는 것은 마치 꽃나무에 봄이 도래하는 것과 같습니다. 이 성품을 갖춘 것들은 시절인연이 도래하면 서로 알아보지 못해도 그 근성에 따라서 크고 작고, 모나고 둥글고, 길고 짧고, 푸르거나 누르거나 붉거나 녹색이거나, 악취가 나거나 향기가 나거나 모두 동시에 펼쳐집니다. 그것은 봄이 크게 하고 작게 하고, 모나게 하고 둥글게 하고, 길게 하고 짧게 하고, 푸르게 하고 누렇게 하고, 붉게 하고 녹색으로 하고, 악취 나게 하고 향기 나게 하는 것이 아닙니다. 이것은 모두 꽃나무에 애초부터 갖추어져 있는 성품이 봄이라는 인연을 만나서 나타난 것입니다.

백장회해(百丈懷海)[375]는 말씀하셨습니다. "불성의 이치를 알고자 하면 마땅히 시절인연을 관찰하라. 만약 시절이 도래하면 그 이치가 저절로

---

373) 승조(僧肇: 384-414)는 후진(後秦) 시대 학승으로 구마라집(鳩摩羅什)의 4대 제자 (승조·도생·승예·도융) 가운데 한 사람이다.

374) 『조론(肇論)』「열반무명론(涅槃無名論)」 [대정장(大正藏)45, p.158下]

375) 백장회해(百丈懷海: 749-814)는 마조도일(馬祖道一)의 제자이고 황벽희운(黃檗希 運)의 스승이다.

드러난다."[376] 또 남악회양(南嶽懷讓)[377] 선사는 마조도일(馬祖道一)[378]에게 말씀하셨습니다. "그대가 심지법문을 닦는 것은 마치 종자를 뿌리는 것과 같고, 내가 법요를 설하는 것은 저 하늘에서 비를 뿌리는 것과 같다. 그대는 기연이 계합되었으므로 마땅히 그 도를 볼 것이다."[379] 그 때문에 "성인이 가르침을 베풀 때는 이름을 구하지도 않고 공을 자랑하지도 않는다"고 한 것입니다. 다만 공부하는 사람들이 성품을 보아 도를 이루게 할 뿐입니다.

무구거사(無垢居士)가 말씀하신 "도가 겨자씨 하나에 있으면 겨자씨 하나가 소중하고, 도가 천하에 있으면 천하가 소중하다"가 바로 이것을 가리킵니다. 공께서 일찍이 무구거사의 집에는 들어갔지만 아직까지 그 방에는 들어가지 못하였습니다. 그것은 무구거사의 겉만 보고 그 속은 보지 못한 것입니다.

백 년의 세월도 단지 찰나에 불과합니다. 찰나에 깨달으면 위에서 말씀드린 것은 모두 진실한 이치가 아닙니다. 그러나 이미 깨닫고 보면 진실이라고 하는 것도 나에게 있고, 진실이 아니라고 하는 것도 나에게 있습니다.

마치 물 위에 떠 있는 조롱박과 같아서 그것에 손대는 사람이 없으면 자유롭게 있다가도 건드리면 곧 움직이고 누르면 곧 구르는 것과 같습

---

376) 『담주위산영우선사어록(潭州潙山靈祐禪師語錄)』[대정장(大正藏)47, p.577上] ; 『대반열반경(大般涅槃經)』권28[대정장(大正藏)12, p.532上], "欲見佛性, 應當觀察時節形色" 참조.

377) 남악회양(南嶽懷讓: 677-744)은 조계혜능의 제자이고 마조도일의 스승이다.

378) 마조도일(馬祖道一: 709-788)은 남악회양의 제자이고 백장회해의 스승이다.

379) 『경덕전등록(景德傳燈錄)』권5[대정장(大正藏)51, pp.240下-241上]

니다. 그것은 억지로 그렇게 되는 것이 아니라 법이 이와 같기 때문입니다.

　공에게 조주의 구자무불성 화두[狗子無佛性話]는 마치 사람이 도둑을 잡을 때 숨어 있는 곳을 알고 있지만 아직 잡지 못하고 있는 상황과 같습니다. 바라건대, 어서 정신을 바짝 차려서 조금이라도 사이를 두지 마십시오. 걷고 머물며 앉고 눕는 자리에서, 경서와 사서를 읽는 자리에서, 인의예지신을 닦는 자리에서, 어른을 모시는 자리에서, 제자를 가르치는 자리에서, 죽을 먹고 밥을 먹는 자리에서 화두와 겨루어가면 홀연히 식심의 포대를 잃어버리게 됩니다. 더 이상 무슨 말이 필요하겠습니까?

❖ ────────────────────────────

又(二) [當日用中 看透話頭]

某_ 萬緣을 休罷하고 日用에 只如此無煩軫念이라하니 左右分上에
欠少箇甚麼오 在世界上하야 可謂千足萬足이라 苟能於此箇門中에
飜身一擲하면 何止腰纏十萬貫하고 騎鶴上楊州而已哉아 昔에
楊文公大年이 三十歲에 見廣慧璉公하야 除去礙膺之物하고
自是已後로 在朝廷居田里에 始終一節을 不爲功名의 所移하며
不爲富貴의 所奪호대 亦非有意輕功名富貴라 道之所在에
法如是故也니라 趙州가 云호대 諸人은 被十二時使어니와 老僧은
使得十二時라하니 此老此說이 非是強爲라 亦法如是故也니라

大率爲學爲道_ 一也어늘 而今學者는 往往에 以仁義禮智信으로
爲學하고 以格物忠恕와 一以貫之之類로 爲道하야

只管如博謎子相似하며 又如衆盲이 摸象에 各說異端이라

釋不云乎아 以思惟心으로 測度如來圓覺境界하면 如取螢火하야

燒須彌山이라하시니 臨生死禍福之際하야 都不得力은 蓋由此也라

楊子가 云호대 學者所以修性이니 性卽道也라하며 黃面老子가

云호대 性成無上道라하며 圭峯이 云호대 作有義事는 是惺悟心이요

作無義事는 是狂亂心이니 狂亂은 由情念이라 臨終에 被業牽이어니와

惺悟는 不由情이라 臨終에 能轉業하나니 所謂義者는 是義理之義요

非仁義之義라하니 而今看來에 遮老子도 亦未免析虛空爲兩處로다

仁乃性之仁이요 義乃性之義요 禮乃性之禮요 智乃性之智요

信乃性之信이라 義理之義도 亦性也니 作無義事는 卽背此性이요

作有義事는 卽順此性이나 然이나 順背는 在人이요 不在性也며

仁義禮智信은 在性이요 不在人也라 人有賢愚언정 性卽無也니

若仁義禮智信이 在賢而不在愚則聖人之道_ 有揀擇取捨矣라

如天降雨에 擇地而下矣리니 所以로 云호대 仁義禮智信은

在性而不在人也며 賢愚順背는 在人而不在性也라하노라 楊子의

所謂修性은 性亦不可修니 亦順背賢愚而已며 圭峯의 所謂惺悟狂亂이

是也며 趙州의 所謂使得十二時와 被十二時使_ 是也라

若識得仁義禮智信之性起處則格物忠恕一以貫之도 在其中矣라

肇法師_ 云호대 能天能人者는 豈天人之所能哉리요하니 所以로

云호대 爲學爲道는 一也라하노라 大率聖人이 設敎에 不求名不伐功이

如春行花木하나니 具此性者는 時節因緣이 到來하면 各各不相知나

隨其根性하야 大小方圓長短과 或靑或黃과 或紅或綠과 或臭或香이

同時發作하나니 非春이 能大能小하며 能方能圓하며 能長能短하며

能靑能黃하며 能紅能綠하며 能臭能香이오 此皆本有之性이

遇緣而發耳니라 百丈이 云호대 欲識佛性義인댄 當觀時節因緣이라하니

時節이 若至면 其理自彰이라하며 又讓師_ 謂馬師曰 汝學心地法門은

如下種子오 我說法要는 譬彼天澤이라 汝緣이 合故로 當見其道라하니

所以로 云호대 聖人設敎에 不求名不伐功이라 只令學者로

見性成道而已니 無垢老子_ 云호대 道在一芥則一芥重하고

道在天下則天下重이 是也라 左右_ 嘗升無垢之堂호대 而未入其室하니

見其表而未見其裏라 百歲光陰이 只在一刹那間이니 刹那間에

悟去하면 如上所說者_ 皆非實義니라 然이나 旣悟了하야는 以爲實이라도

亦在我며 以爲非實이라도 亦在我니 如水上葫蘆하야 無人動着하야도

常蕩蕩地하야 觸着便動하며 捺着便轉하야 轆轆地함이 非是强爲라

亦法如是故也니라 趙州狗子無佛性話를 左右_ 如人이 捕賊에

已知窩盤處나 但未捉着耳니 請快着精彩하야 不得有少間斷하고

時時向行住坐臥處와 看讀書史處와 修仁義禮智信處와 侍奉尊長處와

提誨學者處와 喫粥喫飯處하야 與之厮崖하면 忽然打失布袋하리니

夫復何言이리오

종직각[380]에게 답한 대혜의 편지[381]

[모든 망상을 일으키지 말고 무자화두를 참구하라]

편지를 받아보니, "일상의 반연에서 매일 차별적인 경계를 대하더라도 일찍이 불법을 벗어난 적이 없다"고 하였습니다. 또한 "일상의 행위에서도 구자무불성 화두[狗子無佛性話]로써 번뇌망상을 부순다"고 하였습니다. 만약 이와 같이 공부해간다면 언젠가는 깨닫게 될 것입니다. 부디 발밑을 비추어보십시오. 차별적인 경계는 어디에서 일어나는 것입니까? 이런저런 잡다한 행위에서 어떻게 구자무불성 화두[狗子無佛性話]로 번뇌망상을 제거합니까? 능히 번뇌망상을 제거한다고 아는 사람은 또 누구입니까?

부처님께서 말씀하시지 않았습니까? "중생이 전도되어 자기를 미혹해 사물을 쫓는다."[382] 사물에는 본래 자성이 없는데 자기를 미혹한 사람이 스스로 사물을 따를 뿐입니다. 경계에는 본래 차별이 없는데 자기를 미혹한 사람이 스스로 차별할 뿐입니다.

이미 매일같이 차별적인 경계를 만나고 또 불법 가운데 있다고 하였습니다. 이미 불법 가운데 있으면 곧 차별 경계가 아니며, 이미 차별 경계에 있다면 곧 불법이 아닙니다. 하나를 잡으면서 다른 하나를

---

380) 종직각(宗直閣)에서 직각(直閣)은 벼슬 이름이다. 직각(直閣) 종공(宗公)의 전기는 미상이다.

381) 대혜 56세(1144) 때 형주의 유배지에서 답한 편지이다.

382) 『대불정여래밀인수증요의제보살만행수능엄(大佛頂如來密因修證了義諸菩薩萬行首楞嚴)』권2[대정장(大正藏)T19, 111下], "一切眾生從無始來迷己為物 失於本心 為物所轉 故於是中觀大 觀小 若能轉物 則同如來身心圓明 不動道場 於一毛端遍能含受十方國土."

놓아버리면 어떻게 마칠 기약이 있겠습니까?

백정[屠兒]인 광액(廣額)[383]은 『열반경』을 설하는 법회에서 살생하는 칼을 버리고 그 자리에서 바로 성불했다고 합니다. 여기에 어찌 허다한 근심함이 있었겠습니까?

일상의 인연에 응하는 곳에서 갖가지 차별 경계를 만나는 것을 깨닫는 바로 그때, 다만 차별되는 그 자리에서 구자무불성 화두[狗子無佛性話]를 드십시오. 이때 결코 번뇌를 타파하겠다는 생각을 하지 말며, 번뇌망상이라는 생각도 하지 말며, 차별 경계라는 생각도 하지 말며, 불법이라는 생각도 하지 마십시오. 오직 구자무불성 화두[狗子無佛性話]만 참구하십시오. 오직 무 자만 참구해야지 깨달음을 기다리는 마음을 지녀서는 안 됩니다. 만약 깨달음을 기다리는 마음을 지니면 경계도 차별이고, 불법도 차별이며, 번뇌망상도 차별이고, 구자무불성 화두도 차별이며, 화두가 끊어지는 곳도 차별이고, 화두가 끊어짐이 없는 곳도 차별이며, 번뇌망상에 휩싸여 몸과 마음이 혼란하여 안락하지 못한 이치도 차별이고, 허다한 차별을 알아차리는 것도 차별입니다.

만약 이러한 병을 제거하고자 하면 오직 이 무자화두만 참구하십

---

383) 담무참(曇無讖)이 번역한 『대반열반경(大般涅槃經)』 제19권 「범행품(梵行品)」에는 다음과 같이 나온다. "바라나국에 있는 백정의 이름이 광액(廣額)이었다. 매일 헤아릴 수 없이 많은 양을 죽였다. 사리불을 보고는 즉시 팔계를 받고, 하룻밤 하루 낮이 지나서 이 인연으로 목숨이 다하여 북방 천왕인 비사문의 아들이 되었다." 또 제26권 「광명변조고귀덕왕보살품(光明遍照高貴德王菩薩品)」에서는 "백정 집안의 아들은 늘 악업을 짓다가 나를 본 까닭에 즉시 악업을 버리고 번뇌에서 벗어났다"고 하였다. 이에 대하여 이통현(李通玄) 장자가 지은 『신화엄경론(新華嚴經論)』제2권에서는 "『열반경』에서 천제에게는 불성이 없다는 주장을 파괴한 까닭에 백정인 광액으로 하여금 현겁에 정각을 이루도록 하였다"라고 하였다. 그러나 칼을 놓자마자 선 자리에서 바로 깨달았다는 구절은 경전에 나타나지 않는다.

시오. 오직 백정 광액이 살생하는 칼을 버리고 "나는 천 명의 부처님 가운데 하나이다"[384]라고 말한 것을 참구하십시오. 만약 '이것이 사실인가 거짓인가?' 하면서 거짓과 진실을 따지면 다시 차별된 경계에 빠져들게 됩니다. 단칼에 두 동강을 내서 앞과 뒤를 생각하지 말아야 합니다. 만약 앞을 생각하고 뒤를 생각하면 이것 역시 차별이기 때문입니다.

현사사비(玄沙師備)[385] 선사는 다음과 같이 말했습니다.

"이 일은 한정할 수 없고 기약할 수 없다. 마음의 길이 끊어진 것으로 꾸밀 수 있는 것이 아니다. 본래 참으로 고요해서 움직이고 작용하며 말하고 웃는 것이 곳에 따라 분명해서 더 이상 모자라거나 부족함이 없다. 요즘 사람들은 이러한 도리를 깨닫지 못하고 망령되이 스스로 경계와 번뇌를 만나며 곳곳에 물들고 낱낱이 얽힌다. 비록 깨달았다고 해도 대상 경계가 어지러우며 이름과 모습[名相]이 참되지 못하다. 곧 마음을 응집시키고 생각을 수렴하며, 일을 거두어 공(空)으로 돌아가려고 한다. 눈을 감고 눈동자를 감추며 생각이 일어나면 바로 제거하며, 미세한 생각이 조금이라도 일어나면 곧바로 누른다. 이러한 견해는 공에 떨어진 외도이며, 혼이 흩어지지 않은 죽은 사람일 뿐이다. 아득하고 막막하여 느낌도 없고 앎도 없으니 자신의 귀를 막고 방울을 훔치려는 것과 같이 헛되이 스스로를 속일 뿐이다."[386]

공(종직각)께서 보내주신 편지의 내용은 모두 현사사비 선사가 꾸짖고

---

384) 『송고승전(宋高僧傳)』권27[대정장(大正藏)50, p.881中] ;『원오불과선사어록(圓悟佛果禪師語錄)』권6[대정장(大正藏)48, p.740上]

385) 현사사비(玄沙師備: 835~908)는 설봉의존(雪峯義存)의 제자이고 나한계침(羅漢桂琛)의 스승이다.

386) 『현사사비선사광록(玄沙師備禪師廣錄)』권中[만신속장(卍新續藏)73, p.15中] 참조.

있는 폐단입니다. 묵조의 삿된 선사들이 사람을 파묻는 구덩이와 같은 줄을 반드시 알아야 합니다.

화두를 참구할 때 이런저런 재주를 부리지 마십시오. 다만 걷고 머물며 앉고 눕는 경우에 절대 끊겨서는 안 되고, 기뻐하고 화를 내며 슬퍼하고 즐거워하는 경우에도 분별심을 일으키지 마십시오. 화두를 들고 또 들며, 살피고 또 살펴서 어떠한 이치의 길도 없고 아무런 재미도 없어서 마음이 답답함을 느낄 때가 바로 본인의 목숨을 버릴 곳입니다. 부디 기억하고 또 기억하십시오.

이와 같은 경계를 보면 절대로 물러날 마음을 내지 마십시오. 이와 같은 경계야말로 바로 부처가 되고 조사가 되는 소식입니다. 요즘 묵조선의 삿된 스승들은 아무런 말이 없는 것을 지극한 이치로 삼아 그것을 위음나반(威音那畔)의 일, 공겁이전(空劫以前)[387]의 일이라고 부릅니다. 그들은 또한 깨달음의 길이 있음을 믿지 않고 깨달음을 미친 짓이라고 여깁니다. 깨달음을 제이두(第二頭)[388]로 여기고, 깨달음을

---

387) 위음나반(威音那畔)은 최초의 부처에 해당하는 위음왕불(威音王佛)이 출현하기 한 참 이전[那畔]을 의미한다. 곧 분별심이 발생하기 이전의 청정심(淸淨心)을 가리킨 다. 공겁이전(空劫以前)은 공겁에 출현하는 공왕불(空王佛)의 훨씬 이전이라는 말로 서 위음나반(威音那畔)과 같은 말이다.

388) 제이두(第二頭)는 두 번째일 뿐이라는 말로 끝내 진실을 알 수 없게 된다는 뜻이다. 『앙산어록』에는 다음과 같이 나온다. "육희성상공이 앙산선사를 뵙고자 하였는데 먼 저 원상을 만들어 봉인하여 드렸다. 앙산선사가 봉인을 열어보고 원상 아래에 '생각 하지 않고 알면 두 번째에 떨어지고, 생각하고서 알면 세 번째에 떨어진다'라고 적고 봉인하여 답장했다." 『벽암록』 47칙 「평창(評唱)」에는 다음과 같이 나온다. "운문은 '여섯으로 거둘 수 없다'고 하였으니 바로 알아차리기 어렵다. 만약 조짐이 일기 전에 알아차린다 해도 이미 두 번째 머리에 떨어지고, 조짐이 일어난 후에 알아차린다면 그것 또한 세 번째 머리에 떨어진다. 만약 언구상에서 가려 밝히고자 한다면 끝내 찾 아 헤맬 알 수 없을 것이다." 제일두(第一頭)는 모든 것에 앞서 처음인 것, 분별이 나 언사 등이 짐짓 끼어들 수 없는 사태를 말한다.

방편의 말로 여기며, 깨달음을 사람을 교화시키는 말로 여깁니다.[389] 이와 같은 무리들은 남도 속이고 자신도 속이며, 남도 그르치게 하고 자신도 그르치게 합니다. 반드시 알아두셔야 합니다.

일상의 걷고 머물며 앉고 눕는 행위에서 차별된 경계를 만나며 힘이 덜어짐을 느낄 때가 곧 힘을 얻는 곳입니다. 힘을 얻는 곳은 지극히 힘을 더는 곳입니다. 만약 한 터럭만큼이라도 힘을 써서 지탱하면 결정코 삿된 법이 될 뿐으로 불법이 아닙니다. 다만 장구하고 원대한 마음[長遠心]을 갖추고 구자무불성 화두와 더불어 겨루어 나가십시오. 겨루고 겨루다 보면 마음이 갈 곳이 없어져 홀연히 꿈속에서 깨어나는 것과 같고 연꽃이 피어나는 것과 같으며, 구름을 헤치고 태양을 보는 것과 같게 될 것입니다. 이러한 때에 이르면 자연히 한 조각을 이룰 것입니다. 다만 일상의 일곱 번 넘어지고 여덟 번 넘어지는 곳에서 무자화두만을 살필지언정 깨닫고 깨닫지 못함과 철저하고 철저하지 못함에 상관하지 마십시오. 삼세의 제불도 다만 일이 없는 사람일 뿐이고 역대의 조사도 다만 일이 없는 사람일 뿐입니다.

고덕은 말했습니다.

"다만 일 속에서 일이 없음만 통달하면 사물을 보고 소리를 듣는데 귀머거리가 되지 않는다."[390]

---

389) 묵조선은 본각(本覺)의 좌선(坐禪)에 충실한 수행법이다. 이에 조작(造作)이 없고, 시비(是非)가 없으며, 취사(取捨)가 없고, 단상(斷常)이 없으며, 범성(凡聖)이 없는 제일의(第一義)의 수행에 기반하는 까닭에 의도적으로 깨달음을 추구하는 행위를 지양한다. 이런 점에서 묵조선은 깨달음을 궁극의 목표로 지향하는 간화선의 수행법과 상이할 수밖에 없다. 여기에서 묵조선을 엉터리로 수행하고 있는 스님들의 병폐를 지적하고 있는 대혜의 비판은 도리어 묵조선의 특징을 보여주고 있다.

390) 『선림승보전(禪林僧寶傳)』 권9[만신속장(卍新續藏)79, p.510上]

또 고덕은 말했습니다.

"어리석은 사람은 경계만 없애고 마음은 없애지 않는다. 그러나 지혜로운 사람은 마음을 없애고 경계는 없애지 않는다."[391]

모든 곳에서 무심의 경지가 되면 갖가지 차별된 경계가 저절로 사라집니다.

오늘날 사대부들은 대다수가 성급하게 곧장 선을 이해하려고 합니다. 경전의 가르침과 조사들의 언구에서 널리 헤아리면서 분명하게 설명하려고 합니다. 그렇지만 분명한 것이 도리어 분명하지 못한 것임을 모르고 있습니다. 만약 무자화두를 꿰뚫게 되면 분명함과 분명하지 못함을 다른 사람에게 묻지 않게 됩니다. 제가 사대부들로 하여금 둔근의 사람처럼 되어야 한다고 가르치는 것이 바로 이런 까닭입니다. 둔한 사람이 장원을 하는 것은 미워하지 않겠습니다만 백지 답안지[拖白][392]를 제출할까 염려될 뿐입니다. 한바탕 웃습니다.

答 宗直閣 [莫作諸想 看箇無字]

示諭호대 應緣에 日涉差別境界호대 未嘗不在佛法中이라하며
又於日用動容之間에 以狗子無佛性話로 破除情塵이라하니

---

391) 『황벽산단제선사전심법요(黃檗山斷際禪師傳心法要)』[대정장(大正藏)48, p.382上]
392) 타백(拖白)은 예백(曳白)이라고도 한다. 백지 답안지를 제출한다는 말이다.

若作如是工夫인댄 恐卒未得悟入일까하노라 請於脚跟下에 照顧하라
差別境界는 從甚麽處起오 動容周旋之間에 如何以狗子無佛性話로
破除情塵이며 能知破除情塵者는 又是何誰오 佛이 不云乎아
衆生이 顚倒하야 迷己逐物이라하시니 物은 本無自性커늘 迷己者_
自逐之耳며 境界는 本無差別커늘 迷己者_ 自差別耳이니라
旣曰涉差別境界라하고 又在佛法中이라하니 旣在佛法中이면
則非差別境界요 旣在差別境界中이면 則非佛法矣라 拈一放一이어니
有甚了期리요 廣額屠兒_ 在涅槃會上하야 放下屠刀하고
立地便成佛하니 豈有許多切切怛怛來리요 日用應緣處에
纔覺涉差別境界時어든 但只就差別處하야 擧狗子無佛性話언정
不用作破除想하며 不用作情塵想하며 不用作差別想하며
不用作佛法想하고 但只看狗子無佛性話니라 但只擧箇無字언정
亦不用存心等悟어다 若存心等悟則境界也差別이며 佛法也差別이며
情塵也差別이며 狗子無佛性話也差別이며 間斷處也差別이며
無間斷處也差別이며 遭情塵이 惑亂身心하야 不安樂處也差別이며
能知許多差別底도 亦差別이니 若要除此病인댄 但只看箇無字하며
但只看廣額屠兒_ 放下屠刀云호대 我是千佛一數어다 是實是虛아하야
若作虛實商量인댄 又打入差別境界上去也리라 不如一刀兩段하야
不得念後思前이니 念後思前則又差別矣리라 玄沙가 云호대
此事는 限約不得이라 心思路絶하야 不因莊嚴이라 本來眞靜하야
動用語笑에 隨處明了하야 更無欠少어늘 今時人은 不悟箇中道理하고
妄自涉事涉塵하야 處處染着하며 頭頭繫絆하나니 縱悟則塵境이
紛紜하며 名相이 不實이라 便擬凝心斂念하고 攝事歸空호려하야

閉目藏睛하고 隨有念起하야 旋旋破除하며 細想이 纔生이어든

卽便遏捺하나니 如此見解는 卽是落空亡底外道며 魂不散底死人이라

溟溟漠漠하야 無覺無知니 塞耳偸鈴이라 徒自欺誑이라하니

左右來書云云이 盡是玄沙所訶底病이며 黙照邪師의 埋人底坑子라

不可不知也니라 擧話時에 都不用作許多伎倆하고 但行住坐臥處에

勿令間斷하며 喜怒哀樂處에 莫生分別하라 擧來擧去하며 看來看去에

覺得沒理路沒滋味하야 心頭熱悶時_ 便是當人의 放身命處也라

記取記取어다 莫見如此境界하고 便退心이니 如此境界_

正是成佛作祖底消息也어늘 而今黙照邪師輩는 只以無言無說로

爲極則하야 喚作威音那畔事하며 亦喚作空劫已前事하고

不信有悟門하야 以悟로 爲誑하고 以悟로 爲第二頭하며 以悟로

爲方便語하며 以悟로 爲接引之詞라하니라 如此之徒는 謾人自謾이며

誤人自誤라 亦不可不知니라 日用四威儀中에 涉差別境界하야

覺得省力時_ 便是得力處也니 得力處는 極省力이라 若用一毫毛나

氣力支撑하면 定是邪法이요 非佛法也니 但辦取長遠心하야

與狗子無佛性話로 厮崖어다 崖來崖去에 心無所之라가

忽然如睡夢覺하며 如蓮花開하며 如披雲見日하리니 到恁麽時하면

自然成一片矣리라 但日用七顚八倒處에 只看箇無字언정

莫管悟不悟徹不徹이어다 三世諸佛이 只是箇無事人이며 諸代祖師도

亦只是箇無事人이라 古德이 云호대 但於事上에 通無事하면 見色聞聲에

不用聾이라하며 又古德이 云호대 愚人은 除境不亡心하고 智者는

亡心不除境이라하니 於一切處에 無心則種種差別境界自無矣리라

而今士大夫_ 多是急性으로 便要會禪하야 於經敎上과 及祖師言句中에

博量하야 要說得分曉하나니 殊不知分曉處가 却是不分曉底事로다

若透得箇無字하면 分曉不分曉를 不着問人矣리라 老漢이 敎士大夫로

放敎鈍은 便是遮箇道理也라 作鈍牓狀元은 亦不惡어니와

只怕拖白耳이라 一笑하노라

이참정 태발[393]에게 답한 대혜의 편지[394]

보내주신 편지에서 "화엄경에서 말하는 중중법계는 절대 거짓말이 아닙니다. 이미 거짓말이 아니라면 부처님께서 그렇게 분부한 것이 있을 것이고, 그렇게 납득하신 이치가 있을 것입니다"라고 하였습니다. 이 대목까지 읽고 한참 동안 찬탄하였습니다.

사대부들이 평소에 익힌 학문으로 임종에 이르러 화와 복을 받을 때 수족을 가누지 못하고 허둥대는 사람이 십중팔구입니다. 그런 일들을 생각하면 서너 집 사는 시골구석에서 아무런 일도 없는 사람이 부귀나 빈천에 마음을 두지 않고 사는 것보다도 못합니다. 이처럼 비교해보면 지혜로운 사람이 도리어 어리석은 사람만 못하고, 부귀한 사람이 도리어 빈천한 사람만 못한 경우가 많습니다. 무슨 까닭일까요? 죽음에 이르러 화와 복이 앞에 나타날 때는 거짓이 용납되지 않기 때문입니다.

참정(이태발)께서 평소에 익힌 학문은 이미 일상의 행위에 드러나 있습니다. 재앙과 복을 받을 때는 마치 정제된 금이 불 속에 들어가서는 더욱 밝게 빛을 발하는 것과 같습니다. 또한 화엄의 중중법계가 결코 거짓말이 아닌 줄을 확실하게 안다면 결코 다른 것이라는 생각도 하지 않을 것입니다. 그 나머지 일곱 번 넘어지고 여덟 번 넘어지는 순경계나 역경계 또는 바르고 삿된 것 역시 다른 것이 아닙니다. 바라건대 공께서는 항상 이렇게 관찰하십시오. 저도 그 가운데 있습니다.

---

393) 이참정 태발의 이름은 광(光)이고, 자는 태발(泰發)이며, 호는 강월(江月)이고, 시호는 장간(莊簡)이다. 참정(參政)은 벼슬 이름이고 상우(上虞) 출신이다.
394) 대혜 61세(1149) 때 형주의 유배지에서 쓴 편지다.

다른 날 적막한 물가에서 서로 만나 내세에 부처님 인연을 맺어서
중중법계를 성취하여 그 일을 실답게 하면 어찌 작은 도움이겠습니까?
거듭 설명을 드리니 이러한 말을 절대로 비유로 사물을 지시한 것이
라고 생각해서는 안 됩니다. 한바탕 웃습니다.

答 李參政 泰發

示諭호대 華嚴重重法界_ 斷非虛語라하니 旣非虛語인댄
必有分付處며 必有自肯處라 讀至此하야 嗟歎久之호라 士大夫_
平昔所學이 臨死生禍福之際하야 手足俱露者_ 十常八九라
考其行事컨대 不如三家村裏省事漢의 富貴貧賤이 不能汨其心이라
以是較之컨대 智不如愚하고 貴不如賤者多矣로다 何以故요
生死禍福이 現前하면 那時에 不容僞故也라 大參相公은 平昔所學이
已見於行事하니 臨禍福之際하야 如精金이 入火에 愈見明耀하리며
又決定知華嚴重重法界_ 斷非虛語則定不作他物想矣라
其餘七顚八倒에 或逆或順과 或正或邪도 亦非他物이니 願公은
常作此觀하라 妙喜도 亦在其中이니 異日에 相從於寂寞之濱하야
結當當來世香火因緣하야 成就重重法界하야 以實其事면 豈小補哉리요
更須下箇注脚하노니 卽今遮一絡索을 切忌作寓言指物會어다 一笑하노라

증종승 천은[395]에게 답한 대혜의 편지[396]

[빨리 깨달으려고 하지 말고 단지 화두만을 참구하라]

공(증종승)께서는 천성과 자질이 도에 가깝고 몸과 마음이 청정하여 다른 반연의 장애를 받을 것이 없습니다. 이런 점을 누가 따라올 수 있겠습니까? 또한 걷고 머물며 앉고 눕는 일상의 행위에서 항상 제(대혜)가 제시해드린 요긴한 이치를 가지고 공부한다고 하였습니다. 그러나 한 생각에 상응하여 천 가지를 통달하고 백 가지를 감당해야 옳다는 말은 하지 마십시오.

금생에 깨닫지 못해도 지금처럼 공부하여 임종에 이른다면 염라대왕도 뒤로 3천 리나 물러나야 옳을 것입니다. 무슨 까닭일까요? 생각생각이 반야 가운데 있어서 다른 생각이 없고 끊어짐도 없기 때문입니다. 다만 저 도가의 사람들이 망심(妄心)으로 존상(存想)[397]만 해도 날이 가고 달이 지나면 공(功)을 성취하여 지(地) 수(水) 화(火) 풍(風)에 지배되지 않는데, 하물며 모든 생각이 반야에 머물러 있다면 임종에 이르러서 어찌 업을 바꾸지 못하겠습니까?

그런데 요즘 사람들은 흔히 얻을 것이 있다는 마음으로 도를 배웁니다. 이것은 망상이 아닌 것 같지만 진정한 망상입니다. 다만 이러한 마음을 놓아버리고 자재하게 하십시오. 그렇지만 너무 긴박하게도

---

395) 증종승 천은의 이름은 염(恬)이고, 자는 천은(天隱)이다. 종승(宗丞)은 대종승원(大宗丞院) 혹은 종승시(宗丞寺)의 줄임말로 황족의 족보를 담당하는 벼슬이다.

396) 대혜 58세(1146) 때 형주의 유배지에서 쓴 편지다.

397) 존상(存想)은 떠다니는 생각이 함부로 날뛰지 못하게 잘 붙들어두는 것이다.

하지 말고 너무 느슨하게도 하지 마십시오. 단지 이렇게 공부해가면 무한히 마음의 힘을 덜게 될 것입니다.

공께서 생소한 곳은 익숙하게 하고, 익숙한 곳은 생소하게 한다면 하루 24시간 중에 자연히 마음의 작용을 끊고 생각을 없애거나 마음을 가지고 전일하게 유지하는 데 집착하지 않을 것입니다. 비록 꿰뚫어 벗어나지 못하더라도 온갖 마구니와 외도들이 그 틈을 엿볼 수 없습니다. 또한 스스로 온갖 마구니와 외도들과 함께 손을 맞잡고 같은 것을 보면서 저들의 일을 성취하더라도 그들의 술수에 떨어지지 않을 것입니다.

오직 한 사람이 아니면 누구에게 이런 말씀을 드리겠습니까? 다른 사람은 공만큼 실천할 수가 없을 뿐만 아니라 철저한 믿음도 부족합니다. 다만 화두만을 살펴보십시오. 살펴보고 살펴보다가 단서도 없고 재미도 없어서 마음이 답답함을 느낄 때 바로 힘을 써야 합니다. 절대로 다른 경계를 따라가지 마십시오. 다만 이처럼 답답한 곳이 바로 부처가 되고 조사가 되며 앉은자리에서 세상 사람들의 혀를 잘라버리는 곳입니다. 절대 소홀히 하지 마십시오.

 ─────────────────────────

答 曾宗丞 天隱 [勿求速效 但參話頭]

左右_ 天資近道하고 身心淸淨하야 無他緣作障하니 只遮一段을
誰人能及이리요 又能行住坐臥에 以老僧所示省要處로 時時提撕라하니

休說一念相應하야 千了百當하야사 便是라하라 此生에 打未徹이라도
只恁麼崖到臘月三十日하면 閻家老子_ 也須倒退三千里하야사
始得이니 何以故요 爲念念在般若中하야 無異念無間斷故라
只如道家流_ 以妄心存想하야도 日久月深하면 尙能成功하야
不爲地水火風의 所使어든 況全念이 住在般若中이면 臘月三十日에
豈不能轉業耶아 而今人이 多是將有所得心하야 學道하나니
此是無妄想中에 眞妄想也라 但放敎自在어다 然이나 不得太緊하며
不得太緩이니 只恁麼做工夫하면 省無限心力하리라 左右_ 生處란
已熟하고 熟處란 已生이면 十二時中에 自然不着枯心忘懷하며
將心管帶矣라 雖未透脫이나 諸魔外道_ 已不能伺其便이요
亦自能與諸魔外道로 共一手同一眼하야 成就彼事호대
而不墮其數矣리라 除公一人에는 可以語此어니와 餘人은
非但不能如公行履라 亦未必信得及也리라 但於話頭上에 看하야
看來看去에 覺得沒巴鼻沒滋味하야 心頭悶時에 正好着力이언정
切忌隨他去이다 只遮悶處_ 便是成佛作祖하야 坐斷天下人舌頭處也니
不可忽不可忽이어다

왕교수 대수[398]에게 답한 대혜의 편지[399]

[분별심에 관여하지 말고 오직 무자화두를 참구하라]

어떻습니까? 당신은 헤어진 뒤에 일상에서 어떻게 공부하고 있습니까? 만약 이치와 도리를 통해서 재미를 얻거나, 경전의 가르침에서 재미를 얻거나, 조사의 언구에서 재미를 얻거나, 눈으로 보고 귀로 듣는 것에서 재미를 얻거나, 발을 들어 걸음을 옮기는 곳에서 재미를 얻거나, 마음으로 생각하고 헤아리는 곳에서 재미를 얻는다면 도무지 이 일을 이루지 못할 것입니다.

만약 당장에 쉬고자 한다면 종전에 재미를 얻던 곳 모두 관계하지 마십시오. 도리어 아무런 모색할 것도 없고 재미도 없는 곳에 시험삼아 마음을 기울여보십시오. 만약 생각할 수 없고 모색할 수도 없으며, 더욱이 핵심을 포착할 단서조차 없고, 심의식(心意識)[400]이 전혀 작용하지 않는 것이 마치 흙과 나무와 기왓조각과 돌[土木瓦石][401]과 같음을 느낄 때에 공(空)에 떨어졌을까 염려하지 마십시오. 이것이야말로 본인의 목숨을 놓아버리는 곳이니 절대 소홀히 간주하지 마십시오.

총명하고 영리한 사람은 총명이 장애가 되기 쉽습니다. 그런 까닭에 도의 눈이 열리지 않아 가는 곳마다 막히고 맙니다. 중생은 까마득한 옛날부터 분별심[心意識]에 얽매여 생사의 세계에 윤회하며 자재하지

---

398) 왕교수 대수의 자는 대수(大授)이다. 교수는 오경(五經)을 가르치는 벼슬이다.

399) 대혜 59세(1147) 때 형주의 유배지에서 쓴 편지다.

400) 심의식(心意識)에서 심(心)은 육식(六識)이고 의(意)는 제칠식(第七識)이며 식(識)은 제팔식(第八識)으로 분별하는 마음을 총칭하는 말이다.

401) 토목와석(土木瓦石)은 일체의 무정물(無情物)을 가리킨다.

못합니다. 그래서 생사의 윤회에서 벗어나 쾌활한 사람이 되고자 하면 반드시 분별심[心意識]의 길을 일도양단해서 잘라버려야 조금이라도 상응함이 있을 것입니다. 그러므로 영가현각(永嘉玄覺)이 말씀하셨습니다. "법의 재산을 손상하고 공덕을 소멸하는 것은 이 심의식을 말미암지 않음이 없다."[402] 이것이 어찌 사람을 속이는 것이겠습니까?

지난번에 공(왕교수)의 편지를 받아보았습니다. 그 편지에서 공부하고 계시는 방향은 모두 제가 평소에 꾸짖는 병이었습니다. 이러한 일을 잘 알아 뒷전으로 던져두고 핵심을 찾을 수 없는 곳, 더듬어 찾을 수 없는 곳, 재미가 없는 곳을 향해 공부를 지어보십시오.

한 스님이 조주 스님에게 물었습니다. "개에게도 불성이 있습니까?" 조주가 말했습니다. "무."[403] 일반적으로 총명한 사람은 이 화두를 제시하는 것을 듣자마자 곧장 분별심[心意識]으로 이해하고 널리 헤아리고 증거를 끌어와서 분부한 곳이 있음을 설명하고자 합니다. 그러나 증거를 인용하는 것도 용납되지 않고, 널리 헤아리는 것도 용납되지 않으며, 분별심[心意識]으로 이해하는 것도 용납되지 않음을 전혀 모릅니다.

설령 증거를 인용할 수가 있고, 추측할 수가 있으며, 이해할 수가 있다고 할지라도 그것은 제8식 이전의 정식(情識)에 해당하는 주변부의 일입니다. 그것으로는 생사윤회의 언덕에서 아무런 힘도 쓸 수 없습니다. 요즈음 널리 천하에서 선사(禪師) 혹은 장로(長老)라고 불리는 사람

---

402) 『영가증도가(永嘉證道歌)』[대정장(大正藏)48, p.396中]
403) 『고존숙어록(古尊宿語錄)』권13[만신속장(卍新續藏)68, p.81上] ; 『법연선사어록(法演禪師語錄)』권下(대정장(大正藏)47, p.665中)

들이 분명하게 깨달았다는 것이 공께서 보내온 편지의 소식(消息)을 벗어나지 못합니다. 기타 갖가지 잘못된 견해들은 다 말하지 않겠습니다.

가령 충밀(沖密)[404]수좌가 나와 함께 평보융(平普融)[405]의 회상에서 머물고 있었을 때, 그는 보융화상의 가르침[要領]을 남김없이 터득하였습니다. 충밀수좌는 그것을 안락의 경지로 여겼으나 그것은 공의 편지 가운데서 보인 내용을 벗어나지 못했습니다. 그는 요즘에 이르러 비로소 자기의 잘못을 알아차렸습니다. 그리하여 달리 안락의 경지를 터득하여 제가 추호도 속이지 않음을 알았습니다. 이제 공께서 충밀수좌와 한번 만나보십시오. 한가한 때 그에게 경험을 들려달라고 하십시오. 그러면 공의 견해와 계합하지 않겠습니까?

팔십 세가 된 늙은이가 과거시험장에 들어가는 것은 참으로 정성 어린 일입니다. 이것은 아이들의 장난이 아닙니다. 만약 생사의 문제에 직면했을 때 힘을 얻지 못한다면 비록 설명이 분명하고, 이해한 것이 딱 맞으며, 인용한 증거와 부합되더라도 그것은 모두 귀신들의 살림살이일 뿐입니다. 모두 우리 자신과 조금도 관계된 것이 아닙니다. 선문의 갖가지 차별적인 견해들에 대해서는 오직 법을 아는 사람만이 신중합니다. 큰 법을 밝히지 못한 사람은 가끔 병을 약으로 삼으니 반드시 잘 알아야 합니다.

---

404) 충밀(沖密)은 대혜종고의 사법제자이다.
405) 평보융(平普融)은 보융지장(普融知藏)으로 오조법연(五祖法演: 1024-1104)의 제자이다.

答 王敎受 大受 [莫管心意識 但參無字話]

不識커라 左右_ 別後에 日用如何做工夫오 若是曾於理性上에
得滋味어나 經敎中에 得滋味어나 祖師言句上에 得滋味어나
眼見耳聞處에 得滋味어나 擧足動步處에 得滋味어나 心思意想處에
得滋味하면 都不濟事하리라 若要直下休歇인댄 應是從前得滋味處하야
都莫管他하고 却去沒撈摸處와 沒滋味處하야 試着意看하라
若着意不得하며 撈摸不得인댄 轉覺得沒欄柄可把捉하야 理路義路에
心意識이 都不行호미 如土木瓦石相似時에 莫怕落空이어다
此是當人의 放身命處니 不可忽不可忽이어다 聰明靈利人은
多被聰明의 所障일새 以故로 道眼이 不開하야 觸途成滯하나니
衆生이 無始時來로 爲心意識의 所使하야 流浪生死하야
不得自在라 果欲出生死하야 作快活漢인댄 須是一刀兩段하야
絶却心意識路頭하야사 方有少分相應하리라 故로 永嘉_ 云호대
損法財滅功德은 莫不由玆心意識이라하시니 豈欺人哉리요 頃蒙惠敎호니
其中種種趣向이 皆某平昔의 所訶底病이라 知是般事하야는
颺在腦後하고 且向沒巴鼻處와 沒撈摸處와 沒滋味處하야
試做工夫看호대 如僧이 問趙州호대 狗子도 還有佛性也無잇가
州云無어다 尋常에 聰明人은 纔聞擧起하고 便以心意識으로
領會하며 博量引證하야 要說得有分付處하나니 殊不知不容引證하며
不容博量하며 不容以心意識으로 領會로다 縱引證得하며 博量得하며

領會得이라도 盡是髑髏前情識邊事라 生死岸頭에 定不得力하리니
而今普天之下에 喚作禪師長老者_ 會得分曉底는 不出左右書中에
寫來底消息耳라 其餘種種邪解는 不在言也로다 密首座는 某與渠로
同在平普融會中하야 相聚호니 盡得普融要領하야 渠自以爲安樂이나
然이나 所造者_ 亦不出左右書中消息이러니 今始知非하야
別得箇安樂處코사 方知某의 無秋毫相欺러라 今特令去相見하노니
無事時어든 試令渠로 吐露看하라 還契得左右意否아 八十翁翁이
入場屋은 眞誠이라 不是小兒戲니라 若生死到來에 不得力이면
縱說得分曉하며 和會得有下落하며 引證得無差別이라도
盡是鬼家活計라 都不干我一星事니라 禪門種種差別異解는
唯識法者懼라 大法不明者는 往往에 多以病爲藥하나니 不可不知니라

유시랑 계고[406]에게 답한 대혜의 편지 ①[407]

[범부와 부처의 시절에 차이가 없음을 참구하라]

보내주신 편지를 보니, "죽음의 시절이 이미 눈앞까지 와 있다"고 하였습니다. 요컨대 일상에서 마땅히 이와 같이 관찰하면 곧 세간의 번뇌심은 자연히 녹아 없어질 것입니다. 이미 번뇌의 마음이 녹아 없어지면 돌아오는 날은 예전처럼 초봄이겠지만 오히려 쌀쌀할 것입니다. 고덕은 말씀하셨습니다. "불성의 이치를 알고자 하면 마땅히 시절인연을 관찰하라."[408] 이 시절이란 부처님께서 세속을 떠나 성불하여 금강좌(金剛座)에 앉아서 번뇌를 물리치고 법륜을 굴려서 중생을 제도하고 열반에 들어가신 시절입니다. 해공(解空, 유시랑)거사께서 말씀하신 죽음의 시절과 아무런 차이가 없습니다.

여기에 이르러서는 다만 이와 같이 관찰해야 합니다. 이와 같이 관찰하는 것을 바른 관찰이라고 하며 이와 다르게 관찰하는 것을 삿된 관찰이라고 합니다. 삿됨과 바름을 분별하지 못하면 다른 시절을 따라 변천해감을 면하지 못할 것입니다. 다른 시절을 따르지 않고자 하면 다만 일시에 모두 내려놓으십시오. 더 이상 내려놓을 수 없는 곳까지

---

406) 유시랑 계고는 오흥(吳興) 출신으로, 성은 유(劉)씨고, 이름은 잠(岑)이며, 자는 중고(仲高)이고, 호는 해공거사(解空居士)다. 삼형제 가운데 맏이의 이름은 숭(崧)이고 자는 백고(伯高)이며, 둘째의 이름은 잠(岑)이고 자는 중고(仲高)이며, 막내의 이름은 교(嶠)이고 자는 계고(季高)다.

407) 대혜 60세(1148) 때 형주 유배지에서 쓴 편지다.

408) 『담주위산영우선사어록(潭州潙山靈祐禪師語錄)』[대정장(大正藏)47, p.577上] ; 『대반열반경(大般涅槃經)』 권28[대정장(大正藏)12, p.532上] "욕견불성 응당관찰시절형색(欲見佛性 應當觀察時節形色)" 참조.

내려놓으면 이러한 말도 받아들이지 않게 될 것입니다. 여전히 다만 해공거사일 뿐이요, 별다른 사람이 아닙니다.

答 劉侍郎 季高(一) [凡聖時節 無二參看]

示諭호대 臘月三十日이 已到라하니 要之컨대 日用에
當如是觀察則世間塵勞之心이 自然銷殞矣라 塵勞之心이
旣銷殞則來日이 依前孟春猶寒矣리라 古德이 云호대 欲識佛性義인댄
當觀時節因緣이라하니 此箇時節은 乃是黃面老子의 出世成佛하사
坐金剛座하야 降伏魔軍하고 轉法輪度衆生하며 入涅槃底時節이니
與解空의 所謂臘月三十日時節로 無異無別이라 到遮裏하야는
只如是觀이니 以此觀者는 名爲正觀이요 異此觀者는 名爲邪觀이라
邪正을 未分이면 未免隨他時節遷變하리니 要得不隨時節인댄
但一時放下着하야 放到無可放處하면 此語도 亦不受라
依前只是解空居士요 更不是別人이니라

유시랑 계고에게 답한 대혜의 편지 ②[409]

[일념상응하는 약초와 탕약으로 생사를 치료하라]

우리 부처님 대성인께서는 일체의 상을 비워 만법을 통달한 지혜를 성취하셨으나 이미 정해진 업은 곧장 소멸하지 못하였습니다.[410] 번뇌에 얽혀 있는 범부야 어떻겠습니까? 거사(유시랑)께서는 이미 이 가운데 있는 사람[箇中人]으로 이러한 삼매에 들어갔을 것입니다.

옛적에 어떤 스님이 한 노숙에게 물었습니다.

"세계가 이렇게 무더운데 어디로 회피하면 좋겠습니까?"

노숙이 말했습니다.

"펄펄 끓는 가마솥과 뜨거운 화로 속으로 피하는 것이 좋다."

스님이 말했습니다.

"저렇게 펄펄 끓는 가마솥과 뜨거운 화로 속으로 어떻게 회피합니까?"

노숙이 말했습니다.

"그곳에는 어떤 고통도 이르지 못한다."[411]

부디 거사께서는 일상의 걷고 머물며 앉고 눕는 행위에서 단지 이처럼 공부하십시오. 노숙의 말씀을 소홀히 여기지 마십시오. 이것이 바로 제가 효험을 본 처방전입니다. 거사와 함께 이러한 도가 서로

---

409) 대혜 60세(1148) 때 형주 유배지에서 쓴 편지다.

410) 『송고승전(宋高僧傳)』권19[대정장(大正藏)5, p.829上]

411) 승은 조산혜하(曹山慧霞)이고, 노숙은 조산본적(曹山本寂: 840-901)이다. 『무주조 산원증선사어록(撫州曹山元證禪師語錄)』[대정장(大正藏)47, p.529中] ; 『경덕전등 록(景德傳燈錄)』권20[대정장(大正藏)51, p.364下)]

계합하지 못하고 이러한 마음을 서로 알지 못한다면 쉽게 전수하지 못할 것입니다. 다만 일념상응초탕을 사용할지언정 결코 다른 탕약은 사용하지 마십시오. 만약 다른 약을 사용하게 되면 사람이 미쳐버릴 것입니다. 반드시 잘 알아야 합니다.

일념에 상응하는 약초는 다른 곳에서 구할 필요가 없습니다. 그 또한 거사께서 걷고 머물며 앉고 눕는 행위에 있습니다. 밝기로 말하면 태양처럼 밝고, 어둡기로 말하면 옻칠처럼 어둡습니다. 만약 손이 가는 대로 잡아서 본지풍광(本地風光)으로 비추어보면 잘못된 것이 없어서 사람을 죽일 수도 있고 살릴 수도 있습니다. 그러므로 부처님과 조사는 항상 이 약으로 펄펄 끓는 가마솥과 뜨거운 화로 속을 향하여 고뇌하는 중생의 생사라는 큰 병을 치료하기에 대의왕(大醫王)이라고 부릅니다.

어떻습니까? 거사께서는 이러한 말씀을 믿습니까? 만약 거사께서 "나한테는 원래 부자지간에도 전해주지 않는 비밀스러운 처방전이 있어서 펄펄 끓는 가마솥과 뜨거운 화로 속으로 회피할 필요가 없는 묘술(妙術)이 있다"고 말씀하신다면, 부디 거사께서는 저에게 그 처방전을 보시해주십시오.

又 (二) [相應草湯 令醫生死]

吾佛大聖人이 能空一切相하사 成萬法智하사대 而不能卽滅定業이온
況縛地凡夫耶아따녀 居士는 旣是箇中人이라 想亦常入是三昧리라 昔에

有僧이 問一老宿호대 世界恁麼熱하니 未審커라 向甚麼處回避닛고

老宿이 曰向鑊湯鑪炭裏하야 回避니라 曰只如鑊湯鑪炭裏에

作麼生回避닛고 曰衆苦不能到라하니 願居士는 日用四威儀中에

只如此做工夫하야 老宿之言을 不可忽이어다 此是妙喜의

得效底藥方이라 非與居士로 此道相契하며 此心相知인댄

亦不肯容易傳授하리니 只用一念相應草湯下언정 更不用別湯使어다

若用別湯使인댄 令人發狂하리니 不可不知也니라 一念相應草는

不用他求라 亦只在居士의 四威儀中에 明處는 明如日하고

黑處는 黑如漆이니 若信手拈來하야 以本地風光으로 一照하면

無有錯者하야 亦能殺人하며 亦能活人하리라 故로 佛祖_ 常以此藥으로

向鑊湯鑪炭裏하야 醫苦惱衆生의 生死大病일새 號大醫王이라하니

不識커라 居士는 還信得及否아 若言我는 自有父子不傳之祕方이라

不用向鑊湯鑪炭裏하야 回避底妙術인댄 却望居士의 布施也하노라

이낭중 사표⁴¹²⁾에게 답한 대혜의 편지⁴¹³⁾

[현전하는 일념에 힘을 써서 참구하라]

사대부라면 이 도를 배우는 데 총명하지 못함을 염려하지 말고 지나치게 총명함을 염려해야 합니다. 지견이 없음을 염려하지 말고 지나치게 지견이 많은 것을 염려해야 합니다. 이런 까닭으로 사대부들은 항상 의식 앞에 한 걸음 행하여 본래의 총명과 지견으로 분별정식을 한 걸음 앞세운 까닭에 도리어 당처의 쾌활하고 자재한 소식에는 어둡게 되었습니다.

삿된 견해가 높은 사람은 보고 듣고 느끼고 아는 것을 자기라고 간주하고 자신에게 드러난 분별사량의 경계를 심지법문으로 삼습니다. 삿된 견해가 낮은 사람은 업식(業識)을 희롱하여 육근과 육식을 오인하며 두 입술을 경솔하게 놀리면서 현묘한 이치를 설합니다. 그중에 심한 사람은 발광하는 데까지 이르러 말을 아끼지 않고 오랑캐 말이나 중국의 말로 동쪽을 가리키기도 하고 서쪽을 그리기도 합니다. 삿된 견해가 아주 낮은 사람들은 묵묵히 비추고 말이 없는 것과 고요하고 비어 있는 것으로 귀신의 굴속에 들어앉아 구경의 안락을 구합니다. 그 밖의 여러 가지 삿된 견해는 말하지 않아도 잘 알 것입니다.

충밀수좌 등이 돌아오면서 전해준 편지를 받아 읽어보니 기쁘고

---

412) 이낭중 사표의 이름은 미손(彌遜)이고 자는 사표(似表, 或 似之)이다.
413) 대혜 61세(1149) 때 형주의 유배지에서 쓴 편지다.

위안이 됨을 말로 다 할 수 없습니다. 이에 더 이상 세속의 번거로운 이야기는 하지 않겠습니다. 오직 공께서 보여주신 도를 향한 용맹스런 뜻 때문에 많은 말을 합니다.

선은 덕산과 임제가 다르지 않고 법안과 조동이 다르지 않습니다. 다만 공부하는 사람들이 넓고 결정적인 뜻이 없고 스승들도 넓고 큰 융통한 법문이 없으므로 들어가는 곳에 차별이 있을 뿐입니다. 그러나 궁극적으로 돌아가는 곳은 모두 아무런 차별이 없습니다. 돌아가는 이치에는 결코 그러한 차별이 없습니다.

편지에서 말씀하시기를 저에게 편지로써 공부의 지름길에 대하여 지시받고자 한다고 했습니다. 다만 이러한 공부의 지름길을 가르쳐주기를 구하는 한 생각이 벌써 머리를 아교풀 단지 속으로 처박아 넣는 것과 같습니다. 눈 위에 다시 서리를 더해서는 안 됩니다. 비록 그렇지만 질문이 있기에 대답하지 않을 수 없겠습니다.

부디 공(이낭중)께서는 평소에 경전을 보거나 화두를 참구하거나 혹은 타인이 일러준 지시를 통해서 얻은 재미와 즐거움 등을 당장 내려놓으십시오. 예전에 아무것도 몰랐던 세 살 먹은 아이처럼 의식[性識]은 있지만 실행하지 못하는 것처럼 하십시오. 도리어 지름길을 구하는 한 생각이 일어나기 전을 향하여 살펴보십시오. 살펴보고 살펴보아 더욱 단서가 없음을 느끼며 마음은 더욱 답답하여 편안하지 않을 때에 느슨하게 해서는 안 됩니다. 이곳이 바로 앉아서 모든 성인들의 정수리를 뛰어넘는 곳입니다. 그런데 종종 도를 배우는 사람들은 대다수가 이러한 경지에서 물러서고 맙니다.

만약 공께서 저를 믿으신다면 다만 공부에 지름길을 지시해주기를

구하는 한 생각이 일어나기 이전을 살펴보십시오. 살펴보고 살펴보면
홀연히 꿈에서 깨어나게 될 것이니 이것은 그릇된 일이 아닙니다.
이것이 바로 제가 평소에 힘을 얻은 공부의 방식입니다. 당신에게
결정적인 뜻이 있다는 것을 알기에 진흙을 묻히고 물에 젖으면서 이
한바탕 허물[敗闕]을 남깁니다. 이밖에 달리 지시할 것이 없습니다. 만약
지시할 것이 있다면 공부의 지름길이 아닙니다.

答 李郞中 似表 [現前一念 着力提撕]

士大夫_ 學此道호대 不患不聰明하고 患太聰明耳며 不患無知見하고
患知見太多耳니라 故로 常行識前一步하고 昧却脚跟下의
快活自在底消息하나니 邪見之上者는 和會見聞覺知하야
爲自己하며 以現量境界로 爲心地法門하고 下者는 弄業識하야
認門頭戶口하며 簸兩片皮하야 談玄說妙하며 甚者는 至於發狂하야
不勒字數하고 胡言漢語로 指東畫西하며 下下者는 以默照無言과
空空寂寂으로 在鬼窟裏着到하야 求究竟安樂하며 其餘種種邪解_
不在言而可知也로다 沖密等이 歸에 領所賜敎하야 讀之호니 喜慰는
不可言이로다 更不復叙世諦相酬酢하고 只以左右向道勇猛之志로
便入葛藤禪하노니 無德山臨濟之殊와 法眼曹洞之異언만은 但學者_
無廣大決定志而師家도 亦無廣大融通法門故로 所入이 差別이나
究竟歸宿處는 並無如許差別也니라 示諭호대 欲妙喜因書하야

指示徑要處라하니 只遮求指示徑要底一念이 早是刺頭入膠盆了也라

不可更向雪上加霜이라 雖然이나 有問에 不可無答이니 請左右는

都將平昔에 或自看經敎話頭어나 或因人擧覺指示得滋味歡喜處하야

一時放下하고 依前百不知百不會호대 如三歲孩兒相似하야

有性識而未行커든 却向未起求徑要底一念子前頭하야 看하라

看來看去에 覺得轉沒巴鼻하야 方寸에 轉不寧怗時에 不得放緩이어다

遮裏_ 是坐斷千聖의 頂顙處라 往往學道人이 多向遮裏하야

打退了하나니 左右_ 若信得及인댄 只向未起求徑要指示一念前하야

看하라 看來看去에 忽然睡夢覺하리니 不是差事라 此是妙喜平昔에

做底得力工夫니 知公의 有決定志故로 拖泥帶水하야

納遮一場敗闕하노니 此外에 別無可指示라 若有可指示면

則不徑要矣니라

이보문 무가[414]에게 답한 대혜의 편지[415]

[어둡고 우둔함을 통해서 공부하라. 우둔함을 아는 것을 반조하라]

지난번에 받은 편지에서, "근성이 미련하고 우둔하여 애써 수행해도 끝내 깨닫는 방법을 모른다"고 하였습니다. 제가 예전에 쌍경사에 주석하고 있을 때 부계신(富季申)[416]의 질문에 답변한 적이 있는데, 바로 공(이보문)의 질문과 같았습니다. 능히 어둡고 우둔함을 알아차리는 사람은 결코 어둡고 우둔하지 않습니다. 다시 어느 곳을 향해 깨달음을 구하고자 합니까?

사대부가 이 도를 배울 때는 도리어 어둡고 우둔함을 빌려서 도에 들어가야 합니다. 만약 어둡고 우둔함에 집착하여 스스로 말하기를, "나는 도를 배울 능력이 없다"라고 하면 그것이야말로 어둡고 우둔함의 마귀에 포섭된 것입니다.

대개 평소에 지견이 많아 깨달음을 구하는 마음이 앞서서 장애를 일으키기 때문에 자기의 정지견(正知見)이 앞에 나타나지 못합니다. 이러한 장애 역시 밖에서 온 것도 아니며 특별한 일도 아닙니다. 다만 어둡고 우둔함을 알아차리는 주인공일 뿐입니다.

그 때문에 서암사언(瑞巖師彦)[417] 화상은 항상 방장실에서 스스로 말했습니다. "주인공아!" 다시 스스로 응답하여 말했습니다. "예!"

---

414) 이보문 무가의 이름은 초(楚)이고, 자는 무가(茂嘉, 彦嘉)이며, 벼슬은 보문각학사(寶文閣學士)를 역임하였다.

415) 대혜 60세(1148) 때 형주의 유배지에서 쓴 편지다.

416) 부계신(富季申)은 부추밀 계신을 가리킨다.

417) 서암사언(瑞巖師彦)은 암두전활(巖頭全豁: 828-887)의 제자이다.

"분명하게 깨어 있거라!"라고 말하고, 스스로 "예!"라고 대답했습니다. "다른 때 훗날에도 남에게 속지 말라!"라고 말하고, 스스로 "예!"라고 대답했습니다.[418]

예부터 다행히 이러한 본보기가 있었으니 어쨌든 이곳으로 나아가 '이것이 무엇인가?' 하고 살펴보십시오. 다만 이렇게 살펴보는 사람 역시 별다른 사람이 아닙니다. 단지 이렇게 능히 어둡고 우둔함을 아는 사람일 뿐입니다. 능히 어둡고 우둔함을 아는 사람 역시 별다른 사람이 아니고 바로 이보문의 본명원진(本命元辰)[419]입니다. 이것은 제가 병에 따라서 약을 주는 것으로 부득이 거사를 위하여 집에 돌아가 편하게 쉬는 길을 일러드리는 것입니다.

만약 죽은 말을 인정하여 참된 본분자리라고 부른다면 이것은 분별심[識神]을 진정한 자기로 간주한 것입니다. 더욱 관계가 없습니다. 그 때문에 장사경잠(長沙景岑)[420] 화상은 게송으로 말했습니다.

"도를 배우는 사람이 진리를 알지 못하는 것은 다만 종전의 분별 심만을 알기 때문이다. 분별심은 한량없는 세월의 생사의 근본인데 어리석은 사람은 본래인(本來人)이라고 부른다."[421]

앞에서 말씀드린 "어둡고 우둔함을 빌려 들어가라"고 한 것이 바로 이것입니다. 다만 능히 어둡고 우둔함을 아는 그것이 필경에 무엇인지

---

418) 『연등회요(聯燈會要)』 권23[만신속장(卍新續藏)79, p.202中]
419) 점성학에서 본명(本命)은 태어난 해의 간지(干支)이고, 원진(元辰)은 본명(本命)에 해당하는 별자리를 말한다. 본명원진(本命元辰)은 본래면목, 본분자리 등을 의미한다.
420) 장사경잠(長沙景岑: ?-868)은 남전보원(南泉普願: 734-848)의 제자이다.
421) 『경덕전등록(景德傳燈錄)』 권10[대정장(大正藏)51, p.274中]

살펴보십시오. 단지 이곳을 향하여 살필지언정 깨달음을 구하지
마십시오. 살펴보고 살펴보면 홀연히 크게 깨닫게 됩니다. 이밖에 더
말할 것은 없습니다.

答 李寶文 茂嘉 [借昏鈍入 返照知鈍]

向承示諭호니 性根이 昏鈍하야 而黽勉修持호대 終未得超悟之方이라하니
某_ 頃在雙徑하야 答富季申所問이 正與此問으로 同이라

能知昏鈍者는 決定不昏鈍이니 更欲向甚處하야 求超悟리요 士大夫_
學此道호대 却須借昏鈍而入이라 若執昏鈍하야 自謂我無分하면
則爲昏鈍魔의 所攝矣리라 蓋平昔에 知見이 多하야 以求證悟之心이
在前作障故로 自己正知見이 不能現前이나 此障도 亦非外來며
亦非別事라 只是箇能知昏鈍底主人公耳니 故로 瑞巖和尙이
居常在丈室中하야 自喚云호대 主人公이 又自應云諾다 惺惺着하라
又自應云諾다 他時後日에 莫受人謾하라 又自應云諾諾이라하니
古來에 幸有恁麽牓樣인댄 謾向遮裏하야 提撕看是箇甚麽오하라
只遮提撕底도 亦不是別人이라 只是遮能知昏鈍者耳며 能知昏鈍者도
亦不是別人이라 便是李寶文의 本命元辰也니 此是妙喜의
應病與藥이라 不得已略爲居士하야 指箇歸家穩坐底路頭而已로라
若便認定死語하야 眞箇喚作本命元辰則是認識神하야 爲自己라
轉沒交涉矣리라 故로 長沙和尙이 云호대 學道之人不識眞은

只爲從前認識神이니 無量劫來生死本이어늘 癡人은 喚作本來人이라하니
前所云借昏鈍而入이 是也라 但只看能知是昏鈍底는 畢竟是箇甚麼오
只向遮裏하야 看이연정 不用求超悟니 看來看去에 忽地大笑去矣라
此外에 無可言者니라

향시랑 백공[422]에게 답한 대혜의 편지[423]

[꿈꿀 때와 깨어 있을 때가 하나의 도리임을 참구하도록 권장한다]

보내주신 편지에서 말씀하시기를, "깨닫고 깨닫지 못함과 꿈을 꿀 때와 깨어 있을 때가 하나입니까?"라고 하였습니다. 이것은 하나의 좋은 인연입니다.

부처님께서는 말씀하셨습니다. "그대들이 반연하는 마음으로 설법을 들으면 내 설법도 또한 반연일 뿐이다."[424] 또한 "지극한 경지에 이른 사람은 꿈이 없다"라고 하였는데 이것은 '있다' '없다'의 '없음'을 말하는 것이 아니라 '꿈'과 '꿈 아닌 것'이 하나일 뿐이라는 것입니다.

이렇게 본다면 부처님께서 황금북[金鼓]의 꿈을 꾼 것,[425] 상(商)나라의 고종이 꿈을 꾸고 부열(傅說) 신하를 얻은 것,[426] 공자가 두 기둥 사이에서 제물을 올린 꿈을 꾼 것[427]에 대해 '꿈이다', '꿈이 아니다'라는 분별을 지어서는 안 됩니다.

"돌이켜 세간을 관찰해보면 마치 꿈속과 같다"[428]고 경전에도 분명히

---

422) 향시랑 백공의 성은 향(向)씨고, 이름은 태인(泰仁)이며, 자는 백공(伯恭)이고, 호는 향림거사(薌林居士)이다. 시랑(侍郎)은 벼슬 이름인데 여기에서는 예부시랑(禮部侍郎)을 말한다.
423) 대혜 61세(1149) 때 형주의 유배지에서 쓴 편지다.
424) 『수능엄경(首楞嚴經)』 권2[대정장(大正藏)19, p.111上], "여등상이연심청법 차법역연비득법성(汝等尙以緣心聽法 此法亦緣非得法性)" 참조.
425) 『금광명최승왕경(金光明最勝王經)』 권2[대정장(大正藏)16, p.411上]에서는 부처님이 황금북을 꿈꾼 것이 아닌 묘당보살(妙幢菩薩)이 꿈을 꾼 것으로 나온다.
426) 『사기(史記)』 「은본기(殷本紀)」
427) 『예기(禮記)』 「단궁편(檀弓篇)」上
428) 『수능엄경(首楞嚴經)』 권6[대정장(大正藏)19, p.131上]

기록되어 있습니다. 꿈 자체는 완전한 망상입니다. 그런데 전도된 중생은 일상에 펼쳐진 눈앞의 경계를 실제로 간주하여 그 전체가 꿈인 줄 전혀 모릅니다. 오히려 거기에서 거듭 허망한 분별을 일으키고 망상심으로 생각에 얽매여 분별심이 어지럽게 일어나는 것을 실제의 꿈이라고 생각합니다. 다만 이것이 꿈속에서 꿈을 말하는 것이고 전도 속에서 다시 전도된 것임을 전혀 모르고 있습니다. 그 때문에 부처님께서는 대자비와 간절한 노파심으로 능히 일체 법계의 모든 안립해(安立海)[429]의 모든 티끌 속에 들어가 하나하나의 티끌 가운데에 몽자재법문(夢自在法門)[430]으로 세계의 수많은 중생이 삿된 선정에 머무는 것을 깨우쳐 바른 선정의 세계에 들어가게 하셨습니다.[431]

이것은 또한 전도된 중생에게 눈앞에 실제로 있는 경계를 안립해로 삼아 꿈과 꿈 아님이 환상이며, 꿈 전체가 실제이며 전체의 실제가 꿈이므로 취할 것도 없고 버릴 것도 없다는 것을 깨닫도록 보인 것입니다. "지극한 경지에 이른 사람은 꿈이 없다"는 뜻이 이와 같을 뿐입니다.

보내온 편지의 질문은 제가 36살 때 의심했던 것입니다. 이에 편지를 읽고 무심결에 가려운 곳을 긁어준 느낌이었습니다. 또한 일찍이 이 문제를 원오극근(圓悟克勤) 노사에게 여쭌 적이 있습니다. 노사께서는 다만 손으로 가리키며, "그만하라. 그만두어라. 망상을 쉬어라. 망상을 쉬어라"고 말씀하셨습니다. 그래서 제가 다시 여쭈었습니다.

---

429) 편안히 머무는 세계
430) 꿈에 자재한 법문
431) 『대방광불화엄경(大方廣佛華嚴經)』 권6[대정장(大正藏)10, p.29上-中] 내용 발췌.

"제가 잠이 들기 전에는 부처님께서 칭찬하신 것은 그대로 따라 실천하였고, 부처님께서 꾸짖으신 것은 감히 어기지 않았습니다. 종전에 의지했던 스승[432]의 가르침과 스스로 공부해서 얻었던 소소한 경험들을 깨어 있을 때는 모두 수용(受用)할 수 있었습니다. 그러다가 침상에 올라가 반쯤 깨어 있을 때는 이미 주재(主宰)하지 못하였습니다. 꿈에서 황금이나 보물을 얻으면 한없이 기뻐하였고, 꿈에서 다른 사람에게 칼과 몽둥이로 쫓기거나 갖가지 나쁜 경계를 만나면 두려워 어찌할 줄 몰랐습니다. 생각해보면 이 몸은 멀쩡하게 그대로 있는데도 단지 잠들어 있으면 이미 주재할 수가 없는데 하물며 지수화풍이 흩어지고 갖가지 고통이 불타오르면 어찌 경계에 휘둘리지 않을 수 있겠습니까? 생각이 여기에 이르자 마음이 바쁘고 조급해졌습니다."

그러자 원오노사께서 다시 말씀하셨습니다.

"그대가 말한 갖가지 망상이 단절되는 때가 되면 그대 스스로 깨어 있을 때와 잠들어 있을 때가 항상 일여한 경지[寤寐恒一]에 이르게 된다."

저는 처음에 그 말씀을 듣고 믿지 못했습니다. 매일 자신을 돌이켜 보아도 깨어 있을 때와 잠들어 있을 때가 분명하게 둘로 나뉘어 있었습니다. 그런데 어떻게 감히 입을 벌려서 선(禪)을 말할 수 있겠습니까? 부처님께서 말씀하신 깨어 있을 때와 잠들어 있을 때가 항상 일여하다[寤寐恒一]는 것이 거짓말이라면 나의 이 병을 제거할 필요가 없겠지만, 부처님의 말씀이 사람을 속이는 것이 아니라면 곧 나 자신이 아직 깨닫지 못한 것입니다.

---

432) 보봉유조(寶峰惟照: 1084-1128), 각범혜홍(覺範慧洪: 1071-1128), 담당문준(湛堂文準), 평보융(平普融) 등을 가리킨다.

이후에 원오노사께서 제시해준 "모든 부처님이 출현한 곳에 따뜻한 바람이 남쪽으로부터 불어온다[諸佛出身處 薰風自南來]"는 말씀을 듣고 홀연히 가슴에 막힌 물건이 제거되었습니다.[433] 이것이야말로 부처님께서 말씀하신 참된 말씀[眞語]이고, 실다운 말씀[實語]이며, 이치에 맞는 말씀[如語]이고, 속이지 않는 말씀[不誑語]이며, 거짓이 없는 말씀[不妄語][434]으로 사람을 기만하지 않는 진실한 대자비였습니다. 이 몸을 가루로 만들어 목숨을 바쳐도 보답할 수 없는 것임을 알게 되었습니다.

가슴에 걸려 있던 물건이 사라지자 바야흐로 꿈을 꿀 때가 바로 깨어 있는 때이고 깨어 있는 때가 바로 꿈을 꿀 때임을 알게 되었고, 부처님께서 말씀하신 깨어 있을 때와 잠들어 있을 때가 항상 일여하다[寤寐恒一]는 것을 비로소 스스로 알게 되었습니다. 이와 같은 도리는 끄집어내어 남에게 보여줄 수 없고, 설명해줄 수도 없습니다. 마치 꿈속의 경계와 같아서 취할 수도 없고 버릴 수도 없습니다.

공은 편지에서 저에게 "아직 깨닫기 이전과 이미 깨달은 이후는 차이가 있는 것입니까 없는 것입니까?"라고 물으니 나도 모르는 사이에 사실대로 일러드렸습니다. 편지를 자세하게 읽어보니 한 글자 한 글자 모두 지극한 정성이 깃들어 있었습니다. 선(禪)을 물은 것도 아니었고, 또한 견해를 따진 것도 아니었기 때문에 예전에 의심했던 도리를 토로하지 않을 수 없었습니다.

---

433) 『대혜보각선사어록(大慧普覺禪師語錄)』권17[대정장(大正藏)47, p.883上], "後來在京師天寧 見老和尚陞堂 舉僧問雲門 如何是諸佛出身處 門曰 東山水上行 若是天寧即不然 如何是諸佛出身處 薰風自南來殿閣生微涼 向這裏忽然前後際斷" 참조.

434) 『금강반야바라밀경(金剛般若波羅密經)』[대정장(大正藏)8, p.750中]

공께서는 부디 방온(龐蘊)거사의 "다만 모든 있는 것을 비울 뿐 다시 없는 것을 실체로 여기지 말라"[435]는 말씀을 가지고 진득하게 공부해보십시오. 우선 눈앞에 펼쳐진 일상의 경계가 꿈이라고 분명하게 이해한 연후에 다시 꿈속의 경계를 눈앞으로 가져오면 곧 부처님께서 황금북의 꿈을 꾼 것, 상(商)나라의 고종이 꿈을 꾸고 부열(傅說) 신하를 얻은 것, 공자가 두 기둥 사이에서 제물을 올린 꿈을 꾼 것이 결코 꿈은 아닐 것입니다.

答 向侍郞 伯恭 [勸參夢覺 一如道理]

示諭호대 悟與未悟와 夢與覺_ 一인가하니 一段因緣이로다
黃面老子_ 云호대 汝以緣心으로 聽法일새 此法도 亦緣이라하시고
謂至人은 無夢이라하시니 非有無之無라 謂夢與非夢이 一而已니
以是觀之則佛夢金鼓와 高宗이 夢傅說과 孔子_ 夢奠兩楹을
亦不可作夢與非夢解어다 却來觀世間컨댄 猶如夢中事라하니
敎中에 自有明文이라 唯夢은 乃全妄想也어늘 而衆生이 顚倒하야
以日用目前境界로 爲實하고 殊不知全體是夢할새 而於其中에
復生虛妄分別하야 以想心繫念하야 神識紛飛로 爲實夢하나니
殊不知正是夢中說夢이며 顚倒中에 又顚倒로다 故로 佛이

435) 『방거사어록(龐居士語錄)』 권上[만신속장(卍新續藏)69, p.134中]

大慈悲老婆心切하사 悉能偏入一切法界諸安立海의 所有微塵하사
於一一塵中에 以夢自在法門으로 開悟世界海微塵數衆生이
住邪定者하사 入正定聚케하시니 此亦普示顚倒衆生하야
以目前實有底境界로 爲安立海하사 令悟夢與非夢이
悉皆是幻則全夢是實이며 全實是夢이라 不可取不可捨니
至人無夢之義_ 如是而已니라 來書見問이 乃是某의 三十六歲時에
所疑라 讀之코 不覺抓着痒處로다 亦嘗以此로 問圜悟先師호니
但以手로 指曰 住住하고 休妄想休妄想하라하야늘 某_ 復曰 如某_
未睡着時에는 佛所讚者는 依而行之하고 佛所訶者는 不敢違犯하며
從前依師와 及自做工夫의 零碎所得者도 惺惺時에는 都得受用이라가
及乎上床하야 半惺半覺時에 已作主宰不得하야 夢見得金寶則夢中에
歡喜無限하고 夢見被人이 以刀杖相逼커나 及諸惡境界則夢中에
怕怖惶恐하나니 自念此身이 尙存하야도 只是睡着에 已作主宰不得이온
況地水火風이 分散하고 衆苦熾然이면 如何得不被回換이리요
到遮裏하야는 方始着忙호이다 先師_ 又曰 待汝說底許多妄想絶時에사
汝_ 自到寤寐恒一處也리라하야늘 初聞코 亦未之信하야 每日에
我自顧호대 寤與寐로 分明作兩段커늘 如何敢開大口하야 說禪이리요
除非佛說寤寐恒一이 是妄語則我此病을 不須除어니와 佛語_
果不欺人인댄 乃是我自未了로다하더니 後因聞先師_ 擧諸佛出身處에
熏風이 自南來하고 忽然去却礙膺之物코사 方知黃面老子의
所說이 是眞語實語며 如語不誑語며 不妄語不欺人이신
眞大慈悲라 粉身沒命하야도 不可報호라 礙膺之物을 旣除하야사
方知夢時便是寤時底며 寤時便是夢時底라 佛言寤寐恒一을

方始自知리니 遮般道理는 拈出呈似人不得이 說與人不得이라

如夢中境界하야 取不得捨不得이니라 承호니 問妙喜호대 於未悟已前과

已悟之後에 有異無異아할새 不覺에 依實供通하노라 子細讀來敎호니

字字至誠이라 不是問禪이며 亦非見詰故로 不免以昔時所疑處로

吐露하노니 願居士는 試將老龐語로 謾提撕但願空諸所有언정

切勿實諸所無호대 先以目前日用境界로 作夢會了然後에

却將夢中底하야 移來目前則佛金鼓와 高宗傅說과 孔子奠兩楹이

決不是夢矣리라

진교수 부경[436]에게 답한 대혜의 편지[437]

[신명을 돌보지 말고 선법을 호지하여 유통시켜라]

이 도의 적막함이 오늘날보다 심각한 적은 없습니다. 삿된 스승들의 설법이 마치 악차취(惡叉聚)[438]처럼 무성합니다. 각자가 무상도(無上道)를 얻었다고 말하지만 모두 삿된 주장을 부르짖으면서 범부들을 현혹하고 있습니다. 이에 저는 항상 그들에 대하여 이를 갈면서 목숨을 돌보지 않고 이 도를 부지(扶持)하려고 합니다. 광명종자(光明種子)[439]로 하여금 우리의 본분사를 알게 하여 사견(邪見)의 그물에 빠지지 않도록 하고 있습니다.

만일 중생계 가운데서 부처의 종자가 끊어지지 않으면 부처님의 가피[覆蔭][440]를 헛되이 받은 것이 아닙니다. 이른바 "이 깊은 마음을 가지고 모든 중생을 받들면, 이것을 부처님의 은혜에 보답하는 것이라고 말한다"가 그것입니다.[441]

그러나 이 또한 때를 알 수 없고 역량을 헤아릴 수 없는 한 가지 일입니다. 공께서는 이미 이 가운데 사람이라 이 가운데 일을 말하지 않을 수 없습니다. 글을 쓰다 보니 모르는 사이에 여기까지 말하게

---

436) 진교수 부경의 성은 진(陳)씨고, 이름은 지무(之茂)이며, 자는 부경(阜卿)이다.
437) 대혜 57세(1145) 때 형주 유배지에서 쓴 편지다.
438) 악차취(惡叉聚)에서 악차(惡叉, aksa)는 수많은 열매가 무더기로 열리는 식물을 가리킨다.
439) 반야의 씨앗을 품고 있는 사람을 말한다.
440) 복음(覆蔭)은 부처님의 가피를 말한다.
441) 『수능엄경(首楞嚴經)』권3[대정장(大正藏)19. p.119中]

되었습니다.

答 陳敎授 阜卿 [不惜身命 護持流通]

此道寂寥함이 無出今日이라 邪師說法이 如惡叉聚하야 各各自謂得

無上道라하고 咸唱邪說하야 幻惑凡愚故로 某_ 每每切齒於此하야

不惜身命하고 欲扶持之하야 使光明種子로 知有吾家本分事하야

不墮邪見網中하노니 萬一得衆生界中에 佛種不斷이면

亦不虛受黃面老子의 覆蔭하리라 所謂將此深心奉塵刹이

是則名爲報佛恩이라 然이나 亦是不知時不量力之一事也로다 左右는

旣是箇中人이라 不得不說箇中事일새 因筆하야 不覺及此耳로라

임판원 소첨[442]에게 답한 대혜의 편지[443]

[모든 교의와 맞닥뜨려 선지를 참구하라]

편지에서 말씀하시기를, 부인 신도인(信道人)과 함께 공부할 한 마디 말씀을 구한다고 하였습니다. 이미 『원각경』을 보셨다면 경전 속에 어찌 한 마디 말씀만 있겠습니까? 모든 대보살이 각자 의심하는 곳을 따라 질문하자 세존께서 그 의심에 의거하여 낱낱이 분명하게 분석해주신 것이 대단히 명쾌합니다. 이전에 제가 공(임판원)께 내려 드린 화두도 그 가운데 들어 있습니다.

경전에서 말합니다.

"일체시에 망념을 일으키지 말고, 그렇다고 또한 모든 망심도 없애려 하지 말라. 망상의 경계에 머물러 통달해 알려고 하지 말며, (이 말이 가장 친절합니다) 분명한 앎이 없는 곳에서 진실을 분별하지 말라."[444]

제가 예전에 운문암(雲門庵)에 주석하고 있을 때 일찍이 게송을 지었습니다.

"연잎이 둥글둥글 둥근 것이 마치 거울 같으며

마름 풀이 뾰족뾰족 뾰족한 것은 송곳과 같네.

바람 부니 버들가지 솜 터럭 날리고

---

442) 임판원 소첨의 성은 임(林)씨고, 이름은 지기(之奇)이며, 자는 소첨(少瞻, 或은 少穎)이고, 호는 졸제(拙齊)이며, 시호는 문소(文昭)다. 판원(判院)은 벼슬 이름으로 한림원(翰林院)의 주판직(主判職)이다.

443) 대혜 57세(1145) 때 형주의 유배지에서 쓴 편지다.

444) 『대방광원각수다라요의경(大方廣圓覺修多羅了義經)』[대정장(大正藏)17, p.917中]

빗방울 배꽃에 떨어지니 나비가 나네."[445]

　무릇 이 게송을 위에 두고 경문을 아래로 옮겨두면 게송이 바로
경문이 되고 경문이 다시 게송이 됩니다. 시험 삼아 이와 같이 공부해
보고, 깨닫고 깨닫지 못함에 상관하지 마십시오. 마음에서 조급하고
바쁘게 하는 것은 쉬어야 하지만 느슨하게 놓아두어도 안 됩니다.
마치 거문고의 줄을 조율하는 것과 같아서 느슨함과 긴장이 적당하게
되면 곡조는 저절로 이루어집니다. 돌아가서 다만 충밀(冲密)[446]수좌
등과 더불어 가까이하며 절차탁마하시면 도업을 성취하지 못할 것이
없습니다. 간절히 빕니다.

答 林判院 少瞻 [卽諸敎義 參商禪旨]

示諭호대 求一語하야 與信道人으로 做工夫라하니 旣看圓覺經인댄
經中에 豈止一語而已哉아 諸大菩薩이 各隨自所疑處하야 發問커늘
世尊이 據所疑하야 一一分明剖析하신 大段이 分曉하며 前所給話頭도
亦在其中矣라 經에 云호대 居一切時하야 不起妄念하며 於諸妄心에
亦不息滅하며 住妄想境하야 不加了知하며 (此語最親切) 於無了知에
不辨眞實이라하니라 老漢이 昔居雲門菴時에 嘗頌之曰 荷葉은

---

445) 『연등회요(聯燈會要)』 권21 [만신속장(卍新續藏)79, p.180下]
446) 충밀(冲密)은 대혜종고의 사법제자이다.

團團團似鏡이요 菱角은 尖尖尖似錐라 風吹柳絮毛毬走하고
雨打梨花蛺蝶飛라호니 但將此頌하야 放在上面하고 却將經文하야
移來下面하면 頌却是經이요 經却是頌이라 試如此做工夫看이언정
莫管悟不悟어다 心頭休熱忙하며 亦不可放緩이니 如調絃之法하야
緊緩을 得其所則曲調自成矣리라 歸去하야 但與沖輩로 相親하야
遞相琢磨하면 道業을 無有不辦者리니 祝祝하노라

황지현 자여⁴⁴⁷⁾에게 답한 대혜의 편지⁴⁴⁸⁾

[기력이 강건함을 빌려 화두를 참구하라]

편지를 받아보고 이 일대사인연(一大事因緣)을 위해 대단히 힘쓰고 있음을 알았습니다. 대장부라면 마땅히 이렇게 해야 합니다. 무상은 무척 빠르며 생사의 일은 너무도 크니 하루를 보내면 하루의 좋은 일도 함께 사라집니다. 참으로 두려워해야 합니다.

공(황지현)께서는 한창 젊은 나이로서 일을 하는 데 있어서 좋고 나쁨을 가리지 않은 시절인데도 그 마음을 돌이켜 무상보리를 닦으시니, 이것은 이 세계에서 가장 으뜸가는 것으로 형용하기 어려울 정도로 영리한 사람입니다. 오탁악세(五濁惡世)에서 이와 같은 인연을 능가하는 기특한 행위가 어디 있겠습니까? 신체가 강건한 나이에 일찍이 머리를 돌이키면 늙어서 머리를 돌이키는 것보다 그 역량이 백천만억 배나 뛰어납니다. 이 늙은이가 사사로이 공을 위해 기뻐합니다.

이전에 써서 보내드린 법어를 항상 살펴보고 계십니까? 무엇보다도 우선 명심해두실 것은 분별심을 일으키고 망념을 움직여 조급한 마음으로 서둘러 깨달으려고 해서는 안 됩니다. 이런 마음을 일으키면 이러한 생각에 사로잡혀 깨달음의 통로가 막히고 끊어져 영원히 깨달을 수 없게 됩니다.

---

447) 황지현 자여의 성은 황(黃)씨고, 자는 자여(子餘)이며, 지현(知縣)은 벼슬 이름으로 현감에 해당한다.

448) 대혜 61세(1149) 때 형주의 유배지에서 쓴 편지다.

삼조승찬(三祖僧璨)[449] 조사께서는 말씀하셨습니다.

"집착하면 법도를 잃어버려 반드시 삿된 길에 빠진다.

집착을 놓게 되면 저절로 그러하여

본래의 바탕에 가고 머묾이 없다."[450]

이것은 조사가 심장과 쓸개를 내보이면서 속마음을 남김없이 드러낸 사람을 위한 말입니다. 다만 일상의 힘을 소비하는 곳에서 공부를 하지 마십시오. 이 문중에서는 힘을 쓰는 것을 용납하지 않습니다.

저는 항상 사람들에게 이런 말을 했습니다. "힘을 얻는 곳이 힘을 더는 곳이며, 힘을 더는 곳이 바로 힘을 얻는 곳이다." 만약 한 생각이라도 바라는 마음을 일으켜 깨달을 곳을 구하면 자기 집에 앉아서 다른 사람에게 자신이 거주하는 곳을 묻는 것과 다르지 않습니다. 다만 생(生)과 사(死)라는 두 글자를 가져다 코끝에 붙여놓고 잊어버리지 말고 항상 화두를 살피십시오. 살피고 살피다 보면 생소한 곳은 저절로 익숙해지고, 익숙한 곳은 저절로 생소해질 것입니다.

이와 같은 법어는 이미 공상도인(空相道人)[451]에게 보내드린 편지에도 들어 있습니다. 부디 공께 드리는 편지와 서로 바꿔서 살펴보시면 곧 이해하실 것입니다.

---

449) 삼조승찬(三祖僧璨: ?-606)은 중국 선종의 제3대 조사로 이조혜가(二祖慧可)의 제자이다.

450) 『신심명(信心銘)』[대정장(大正藏)48, p.376下]

451) 공상도인(空相道人)은 황지현의 부인이다. 도인(道人)은 재가인으로서 남녀노소를 막론하고 수행에 힘쓰는 사람을 일컫는 말이다.

答 黃知縣 子餘 [趁色力强健 提撕話頭]

收書코 知爲此一大事因緣하야 甚力호라 大丈夫漢의 所作所爲_
當如是耳라 無常이 迅速하고 生死事大하니 過了一日하면
則銷了一日好事라 可畏可畏니라 左右_ 春秋鼎盛이라
正是作業호대 不識好惡時에 能回此心하야 學無上菩提하니
此是世界上第一等難容靈利漢이라 五濁界中에 有甚麼奇特事_
過如此段因緣이리요 趁色力强健早回頭하면 以臨老回頭로 其力量이
勝百千萬億倍라 老漢이 私爲左右喜하노라 前此寫去法語를
曾時時覰看否아 第一記取호대 不得起心動念하야 肚裏熱忙으로
急要悟어다 纔作此念하면 則被此念의 塞斷路頭하야 永不能得悟矣리라
祖師가 云호대 執之失度하면 必入邪路하고 放之自然하면 體無去住라하니
此乃祖師의 吐心吐膽爲人處也라 但日用費力處에 莫要做니
此箇門中은 不容費力이라 老漢이 常爲人說此話호대 得力處_
乃是省力處며 省力處_ 乃是得力處라하노니 若起一念希望心하야
求悟入處하면 大似人在自家堂屋裏坐하야 却問他人覓住處無異라
但把生死兩字하야 怗在鼻尖兒上하야 不要忘了하고 時時提撕話頭어다
提來提去하면 生處란 自熟하고 熟處란 自生矣리니 此語는
已寫在空相道人書中이라 請同此書로 互換一看하면 便了得也리라

엄교수 자경[452]에게 답한 대혜의 편지[453]

[자신이 얻은 경지를 믿되 그것이 뛰어난 견해라는 생각을 하지 말라]

진실로 의심이 없는 경지에 도달한 사람은 강철을 두드려 만든 것과 같고 생철을 부어서 만든 것과 같습니다. 비록 일천 성인이 출현하여 헤아릴 수 없는 수승한 경계를 나타냄을 보아도 보지 않는 것과 같습니다. 하물며 여기에 기특하고 수승한 도리를 불러일으키겠습니까?

옛적에 약산유엄(藥山惟儼)[454]이 좌선하고 있을 때 석두희천(石頭希遷)이 물었습니다.

"그대는 여기서 무엇을 하는가?"

약산이 말했습니다.

"아무것도[一物] 하지 않습니다."

석두가 물었습니다.

"그렇다면 아무런 일도 없이 앉아만 있는[閑坐] 것이다."

약산이 말했습니다.

"아무런 일도 없이 앉아만 있다면 도리어 무엇을 하는 것입니다."

석두가 그 말에 수긍하였습니다.[455]

---

452) 엄교수 자경의 성은 엄(嚴)씨고, 이름은 우(羽)이며, 자는 자경(子卿)이고, 자호(自號)는 창랑포객(滄浪逋客)이다.

453) 대혜 57세(1145) 때 형주 유배지에서 쓴 편지다.

454) 약산유엄(藥山惟儼: 751-834)은 석두희천(石頭希遷: 700-790)의 제자이다.

455) 『경덕전등록(景德傳燈錄)』권14[대정장(大正藏)51, p.311中], "(藥山)一日師坐次 石頭覩之問曰 汝在遮裏作麼 曰一切不為 石頭曰 恁麼即閑坐也 曰若閑坐即為也 石頭曰 汝道不為 且不為箇什麼 曰千聖亦不識"참조.

이러한 약산의 일례를 살펴보면 그저 아무런 일도 없이 앉아만 있어도 그것을 어찌할 수가 없었습니다. 그런데 오늘날 수도하는 사람들은 대다수가 한가로운 곳에 그저 머물러 있기만 합니다. 가령 근래 총림에서 깨달음을 추구하지 않는[無鼻孔] 부류를 묵조(默照)라고 부르는데 그것이 바로 이것입니다.

또 한 무리의 경우 발뒤꿈치가 원래 땅에 닿지도 않으면서 식심[門頭戶口]의 그림자를 오인해 한결같이 발광하면서 평상(平常)의 이야기를 설한다고 합니다. 이들은 모두 선을 알지 못하는 사람들입니다. 이러한 사람들은 업식을 본명원진(本命元辰)이라고 여깁니다. 다시 이들과 함께 본분사를 말할 수 없습니다.⁴⁵⁶⁾

보지 못하였습니까? 운문문언(雲門文偃)⁴⁵⁷⁾은 다음과 같이 말했습니다.

"광명이 투과하지 못하는 데에는 두 가지 병이 있다. 일체처에 밝지 못해 바로 앞에 사물이 있는 것이 그 하나요, 일체법이 공함을 깨달았으나 은은하게 사물이 있는 것 같은 것 역시 광명이 투과하지 못한 것이다. 또 법신에도 두 가지 병이 있다. 법신을 얻었어도 법에 대한 집착을 잊지 못해 자기의 소견이 남아 있어 법신 쪽에 앉아 있는 것이 그 하나요, 설사 법신을 깨달았다 하더라도 그대로 놓아버리면 옳지 못하니 자세히 점검하며 '무슨 숨기운이라도 있는가?'라고 한다면 이것도 병이다."⁴⁵⁸⁾

---

456) 이 대목은 온전히 깨닫지도 못했으면서 깨달음에 대해서는 미주알고주알 떠들어대는 무리가 가진 상견(常見)을 지적한 것이다.

457) 운문문언(雲門文偃: 864-949)은 설봉의존(雪峯義存: 822-908)의 제자로 운문종(雲門宗)의 개조다.

458) 『운문광진선사광록(雲門匡真禪師廣錄)』권中[대정장(大正藏)47, p.558上]. 이 대목

오늘날 실다운 법을 배우는 사람들은 법신을 투과하는 것을 최고의 이치로 삼고 있습니다. 그런데 운문문언은 도리어 이것을 병으로 여깁니다. 알지 못하겠습니다. 그렇다면 법신을 투과한 이후에는 어떻게 해야 합니까? 이러한 경지에 이르는 것은 마치 어떤 사람이 물을 마시고 차가운지 따뜻한지 스스로 아는 것과 같습니다. 다른 사람에게 물어볼 필요가 없습니다. 다른 사람에게 물어보는 것은 재앙을 부르는 일입니다. 그 때문에 편지의 서두에서 "진실로 의심이 없는 경지에 도달한 사람은 강철을 두드려 만든 것과 같고, 생철을 부어서 만든 것과 같다"고 말씀드렸습니다. 가령 어떤 사람이 배부르게 밥을 먹었을 때 다른 사람에게 자신이 배부른지 아닌지 물을 필요가 없는 것과 같습니다.

옛적에 황벽희운(黃檗希運)이 백장회해(百丈懷海)에게 물었습니다.

"옛적의 고인들은 어떤 법을 사람들에게 보였습니까?"

백장 스님은 그저 앉아 있었을 뿐이었습니다. 그러자 황벽 스님이 물었습니다.

"그러면 후대의 법손들에게는 무엇을 가지고 전수해야 합니까?"

백장 스님이 옷을 떨치고 곧장 일어나더니 말했습니다.

은 운문문언(雲門文偃)의 이광삼병(二光三病)을 가리킨다. 곧 깨달음에 도달한 상태에 있는 두 가지[二光] 및 세 가지[三病] 폐단을 말한다. 이광(二光)은 주관에서 일어나는 미세한 미혹인 능취광(能取光), 객관에서 일어나는 미세한 미혹인 소취광(所取光)이다. 삼병(三病)은 깨달음에 이르기 직전에 갖가지로 분별하는 마음의 작용인 미도조작(未到造作), 대오(大悟)의 경계에 도달하여 거기에 집착하는 마음의 작용인 이도조작(已到造作, 住着), 깨달음의 경계에 도달하여 일체의 집착을 벗어났지만 다시 발[足]이 실지(實地)를 밟지 못하는 폐단인 투탈무의(透脫無依)이다.

"나는 네가 그 사람[菴主]이라고 말할 뻔했구나."⁴⁵⁹⁾

이것이 바로 사람을 위한 본보기입니다. 다만 스스로 믿는 곳을 향하여 살펴보십시오. 도리어 스스로 믿는 소식이 끊어졌습니까? 만약 스스로 믿는 소식이 끊어지면 저절로 다른 사람의 말을 통해 판단하지 않을 것입니다.

임제의현(臨濟義玄)이 말했습니다. "네가 만약 생각생각 달리고 추구하는 마음을 쉰다면 석가모니와 다르지 않을 것이다."⁴⁶⁰⁾ 이것은 사람을 속이는 말이 아닙니다. 제7지보살의 경우에도 부처님의 지혜를 추구하는 마음이 아직 충족되지 못한 까닭에 그것을 번뇌라고 부릅니다. 바로 안배할 수 없는 곳에서는 조그마한 바깥 생각도 할 수 없습니다.

수년 전에 허거사(許居士)⁴⁶¹⁾가 식심을 오인해 편지를 보내와 자신의 견해를 보이며 말했습니다. "일상생활 속에서 텅 비어서 한 물건도 상대를 지을 것이 없게 되면서 바야흐로 삼계의 만법 일체가 원래 없음을 알았다. 이에 바로 안락하고 쾌활해져 다 내려놓게 되었다." 제가 그 편지를 읽고 게송으로 말씀드렸습니다.

"깨끗한 곳을 좋아하지 말라.

깨끗한 곳이 사람을 괴롭힌다.

쾌활한 곳을 좋아하지 말라.

---

459) 『연등회요(聯燈會要)』권7[만신속장(卍新續藏)79, p.67中]

460) 『진주임제혜조선사어록(鎭州臨濟慧照禪師語錄)』[대정장(大正藏)47, p.497中], "이약능헐득념념치구심 변여조불불별(爾若能歇得念念馳求心 便與祖佛不別)" 참조.

461) 허거사(許居士)는 앞에서 나왔던 허수원 사리를 가리킨다.

쾌활한 곳이 사람을 미치게 한다.

마치 물이 그릇에 담기면 방원장단(方圓長短)을 따르는 것과 같이

놓아버리고 놓아버리지 못하는 것을 다시 한번 자세히 생각해보라.

삼계와 만법이 아무것도 없는 곳[何有鄕]으로 돌아가지 않는다.

만약 이렇게만 한다면 이 일은 크게 어긋난다.

허거사에게 알리니,

자신의 부모가 도리어 재앙이 된다.

일천 성인의 안목을 활짝 얻을지언정,

더는 자주 액을 막으려고 기도할 필요는 없다."

문득 새벽에 일어났더니 날씨가 차갑습니다. 갑자기 공께서 처음 깨달아 들어갈 곳을 얻었을 때 오히려 식심의 그림자가 아닐까 의심하여 종래에 의심했던 공안을 가지고 비추어야 조주 스님의 허물을 볼 수 있다고 말한 것이 기억났습니다. 무심코 붓이 가는 대로 두서없이 써보았습니다.

答 嚴敎授 子卿 [自信得處 不作勝解]

眞實到不疑之地者는 如渾鋼打就하며 生鐵鑄成하야 直饒千聖이

出頭來하야 現無量殊勝境界라도 見之亦如不見이요 況於此에

作奇特殊勝道理耶아 昔에 藥山이 坐禪次에 石頭가 問子在遮裏하야

作甚麽오 藥山이 云호대 一物도 不爲니라 石頭가 云호대

恁麼則閑坐也로다 藥山이 云호대 閑坐則爲也니라 石頭가 然之하시니
看他古人컨대 一箇閑坐도 也奈何他不得이어늘 今時學道之士는
多在閑坐處打住하나니 近日叢林無鼻孔輩謂之默照者_ 是也라
又有一種은 脚跟이 元不曾點地면서 認得箇門頭戶口光影하야
一向狂發하야 與說平常話하나니 不得盡作禪會了로다 似遮般底는
喚業識하야 作本命元辰이라 更是不可與語本分事也니라
不見가 雲門大師_ 有言하사대 光不透脫이 有兩般病하니
一切處에 不明하야 現前有物이 是一이요 又透得一切法空이나
隱隱地似有箇物相似호미 亦是光不透脫이니라 又法身에도
亦有兩般病하니 得到法身하야도 爲法執不忘하야 己見이
猶存하야 坐在法身邊이 是一이요 直饒透得法身去라도 放過하면
卽不可라 子細檢點來컨대 有甚麼氣息이리요하면 亦是病이라하야늘
而今에 學實法者는 以透過法身으로 爲極致하고 而雲門은
返以爲病하니 不知透過法身了하야는 合作麼生고 到遮裏하야는
如人이 飮水에 冷煖自知라 不着問別人이니 問別人則禍事也니라
所以로 云眞實到不疑之地者는 如渾鋼打就하며 生鐵鑄成이
是也라 如人이 喫飯飽時에 不可更問人我飽未飽니라 昔에
黃檗이 問百丈호대 從上古人이 以何法으로 示人이닛고
百丈이 只據坐어늘 黃檗이 云호대 後代兒孫은 將何傳授닛고
百丈이 拂衣便起云호대 我將謂汝是箇人일러니라하시니
遮箇便是爲人底樣子也라 但向自信處看하라 還得自信底消息이
絶也未아 若自信底消息이 絶則自然不取他人口頭辦矣리라 臨濟_
云호대 汝若歇得念念馳求心하면 與釋迦老子로 不別이라하시니

不是欺人이니라 第七地菩薩이 求佛智心이 未滿足故로 謂之煩惱라하니

直是無爾安排處에 着一星兒外料不得이니라 數年前에 有箇許居士_

認得箇門頭戶口하고 將書來呈見解云호대 日用中에 空豁豁地하야

無一物作對待코사 方知三界萬法이 一切元無하야 直是安樂快活이라

放得下라하야늘 因示之以偈曰 莫戀淨潔處라 淨處使人困이니라

莫戀快活處하라 快活이 使人狂이니라 如水之任器하야 隨方圓短長이니

放下不放下를 更請細思量하라 三界與萬法이 匪歸何有鄕이니

若只便恁麼하면 此事大乖張이라 爲報許居士하노라 家親이

作禍殃이라 豁開千聖眼이언정 不須頻禱禳이니라 偶晨起稍凉커늘

驀然記得子卿道友_ 初得箇入頭時에 尙疑恐是光影일까하야

遂將從來所疑公案挦照하야사 方見趙州老漢의 敗闕處라하고 不覺에

信筆하야 葛藤如許하노라

장시랑 자소[462]에게 답한 대혜의 편지[463]

[뛰어난 근기(根器)를 내세우는 장시랑의 견해를 타파한다]

공(장구성)께서는 몸소 얼핏 깨달은 도리[瞥脫處]를 극칙으로 삼고 있습니다. 그래서 조금이라도 이치와 관련시켜 진흙에 들어가고 물속에 들어가 자비로 사람들을 위하는 것을 보면 곧장 쓸어버리고 흔적조차 없애버리려고 합니다. 제가 편집한 『정법안장(正法眼藏)』[464]을 보고서 곧 "임제 문하의 몇몇 암주들은 기봉(機鋒)이 뛰어났는데 어째서 수록하지 않았습니까?"라고 하였으며, "예컨대 혜충국사(慧忠國師)[465]의 경우는 의리선(義理禪)을 설하여 사람들의 본분사를 망쳤으므로 반드시 삭제해야 합니다"라고도 하였습니다.

공께서 도를 본 것이 이처럼 확실해서 혜충국사가 노파선(老婆禪)을 설한 것을 싫어합니다. 고요하고 깨끗한 곳에 앉아 있으면서 단지 돌과

---

462) 장시랑 자소의 이름은 구성(九成)이고, 자는 자소(子韶)이며, 자호는 횡포거사(橫浦居士) 및 무구거사(無垢居士)이고, 시호는 문충(文忠)이다. 예부시랑(禮部侍郞)으로 있을 때 정쟁으로 유배되었다. 대혜도 이 사건에 연루되어 형주로 유배되었다.

463) 대혜 61세(1149) 때 형주 유배지에서 쓴 편지다.

464) 『정법안장(正法眼藏)』은 대혜가 59세 때 납자들과 문답한 것을 제자 충밀(沖密)과 혜연(慧然) 등이 편집한 공안집으로 3권으로 구성되어 있다. 총 661칙 가운데 136화에 대하여 평점착어(評點著語)를 붙였다. 이 『정법안장』은 책 전체가 석가세존과 그 몇몇 제자들, 그리고 대승보살 등을 포함하여 덕이 높은 선사 321명을 661화로 수록한 것이다. 그리고 선종의 각 파류(派流)를 가리지 않고 고르게 실었으며 시간 순서에 따르지 않고 임의대로 하면서 각 선화(禪話)마다 표제도 전혀 달아두지 않았다. 그리고 약 100여 명의 선사는 2회 이상 실려 있는데 한꺼번에 모아서 싣지 않고 661화 전반에 걸쳐 임의대로 실었다. 『만신속장(卍新續藏)』 67, pp.556上-633中 수록.

465) 혜충국사(慧忠國師)는 남양혜충(南陽慧忠: 675-775)을 말한다. 조계혜능(曹溪慧能)의 제자이고 마조도일(馬祖道一)의 스승이다.

돌이 부딪쳐서 나는 불빛이나 번개의 불빛과도 같은 한 수[一着子]⁴⁶⁶⁾
만 좋아할 뿐 그밖에 다른 도리는 조금도 용납하지 않습니다. 참으로
안타까울 따름입니다.

그 때문에 저는 힘을 다해 주장합니다. 만약 법성(法性)이 너그럽지
못하고, 물결이 광활하지 않으며, 불법에 대한 지견이 없지 않고,
생사의 뿌리도 끊지 못했다면, 감히 이와 같이 사지를 땅에 붙여
진흙에 들어가고 물속에 들어가서 사람들을 위할 수 없었을 것입니다.

대개 중생의 근기(根器)는 동일하지 않습니다. 때문에 예로부터
수많은 조사가 각각 다른 교화의 문을 시설해 중생의 근기에 맞추고
근기에 따라서 교화하였습니다. 대충(大蟲) 장사경잠(長沙景岑)⁴⁶⁷⁾은
말씀하셨습니다. "만약 내가 오로지 근원적인 종지[宗敎]만 거양한다면
법당 앞에는 반드시 풀이 한 길이나 자라날 것이다."⁴⁶⁸⁾ 이렇게 되면
사람을 부려서 선원을 관리하도록 해야 옳을 것입니다.

이미 이 선문의 일을 행하면서 사람들로부터 종사(宗師)라고 불리게
된 이상 반드시 중생의 근기에 맞추어 설법해야 합니다. 돌과 돌이
부딪쳐 나는 불빛과 번개의 불빛과도 같은 이 한 수는 그러한 행위를
감당할 만한 근기여야 바야흐로 깨달을 수 있습니다. 만약 근기가 맞지
않는 곳에 돌과 돌이 부딪쳐서 나는 불빛이나 번개의 불빛과도 같은 한

---

466) 일착자(一着子, 一著子)는 바둑에서 승패를 가름하는 결정적인 한 수를 말한다. 선
　　수행에서는 깨달음에 들어가는 요술(要術)을 의미한다.
467) 장사경잠(長沙景岑: ?-868)은 남전보원(南泉普願: 748-834)의 제자이다. 선기(禪
　　機)가 뛰어나서 호랑이와 같은 경잠[岑大蟲]이라고 불렸다.
468) 『경덕전등록(景德傳燈錄)』 권10, [대정장(大正藏)51, p.274上]. 중생의 근기를 무시
　　하고 오직 제일의제(第一義諦)의 입장만 고수한다면 중생은 깨닫지 못하여 번뇌만
　　증장할 것이라는 말이다.

수를 쓴다면 어린싹을 뽑아버리는 것[揠苗]⁴⁶⁹⁾입니다.

제가 어찌 순식간에 벗어나는 한 방망이[瞥脫一椎]로 곧장 칠팔
개의 구멍을 뚫는 성급한 일을 알지 못하겠습니까? 그러므로 『정
법안장』을 편찬할 때도 문중을 따지지 않았습니다. 또 운문종·
임제종·조동종·위앙종·법안종도 묻지 않았습니다. 단지 올바른
지견(知見)이 있어서 사람들을 깨달아 들어가게만 할 수 있으면 모두
수록하였습니다. 혜충국사와 대주혜해(大珠慧海)⁴⁷⁰⁾의 두 노숙을
살펴보니 선의 여러 체계를 갖추고 있기에 수록하여 이에 맞는 한
종류의 근기[一類根器]⁴⁷¹⁾를 구제하도록 하였습니다.

그대는 보내온 편지에서 "반드시 없애야 합니다"라고 말씀하셨
습니다. 공의 뜻을 살펴보면 『정법안장』에 수록된 여러 가풍들을
제거하고 오직 공의 견해와 같은 내용만 수록해야 옳을 것입니다. 만약
그렇다면 공께서 직접 따로 책을 편집하여 대근기(大根器)의 사람들을
교화하는 것이 옳지 않겠습니까? 반드시 저로 하여금 공의 뜻을 따르게
할 필요는 없습니다.

만약 혜충국사가 진흙에 들어가고 물속에 들어가는 노파선을
설했기에 후손이 끊겼다고 한다면 암두전활(巖頭全豁),⁴⁷²⁾ 목주도종

---

469) 알묘(揠苗)는 곡식을 빨리 자라게 하려고 곡식의 이삭을 뽑아 올린다는 말이다. 급
하게 이익을 보려다가 도리어 해를 당함을 비유적으로 이르는 말로 알묘조장(揠苗助
長)의 준말이다.
470) 대주혜해(大珠慧海)는 마조도일(馬祖道一: 709-788)의 제자이다.
471) 일류근기(一類根器)는 시랑 장구성의 경우처럼 부싯돌의 불빛과 반짝하는 번갯불과
같은 한 수[一着子]만 선호하는 부류의 사람을 가리킨다.
472) 암두전활(巖頭全豁)은 마조도일(馬祖道一)의 제자이다.

(睦州道蹤),[473] 오구(烏臼),[474] 분양무업(汾陽無業),[475] 진주보화(鎭州普化),[476] 정상좌(定上座),[477] 운봉열(雲峰悅),[478] 법창우(法昌遇)[479] 등과 같은 여러 노숙의 경우에는 후손이 지역마다 가득해야 합니다. 그런데 지금은 또한 적막하여 크게 교화하는 사람이 없습니다. 여러 선지식들이 어찌 진흙에 들어가고 물속에 들어가는 노파선을 설하였겠습니까? 그러나 제가 혜충국사를 주장하고, 무구거사는 깨뜨려 제거하더라도 애초에 서로 방해되지 않을 것입니다.[480]

答 張侍郎 子韶 [破他狀主高勝見解]

左右_ 以自所得瞥脫處로 爲極則하고 纔見涉理路하야 入泥入水로
爲人底코는 便欲掃除하야 使滅蹤跡하며 見某所集正法眼藏하고

---

473) 목주도종(睦州道蹤)은 황벽희운(黃檗希運)의 제자이고 임제의현(臨濟義玄)의 사형이다.

474) 오구(烏臼)는 마조도일(馬祖道一)의 후손이다.

475) 분양무업(汾陽無業: 760-821)은 마조도일의 제자이다.

476) 진주보화(鎭州普化: ?-861)는 법맥이 분명하지 않다. 임제의현이 교화를 펼치도록 기반을 마련해주었다.

477) 정상좌(定上座)는 임제의현의 제자이다.

478) 운봉문열(雲峰文悅: 998-1062)은 임제종 제7세인 대우수지(大愚守芝)의 제자이다.

479) 법창기우(法昌奇遇: 1005-1081)는 송대 운문종 선사이다.

480) 대혜가 혜충국사를 주장하는 것은 당시의 시대와 호흡하는 즉시대적(卽時代的)인 입장이고, 장구성이 혜충국사를 배척하는 것은 순수한 수행의 측면을 강조하는 초시대적(超時代的)인 입장을 보여준다. 불교가 지니고 있는 이와 같은 양면적인 입장을 표명한 것일 뿐으로 상호 장애되는 것은 아니라고 볼 수 있다.

便云호대 臨濟下에 有數箇菴主는 好機鋒이어늘 何不收入고하며

如忠國師는 說義理禪하야 敎壞人家男女라 決定可刪이라하니

左右_ 見道如此諦當하야 而不喜忠國師의 說老婆禪하고

坐在淨淨潔潔處하야 只愛擊石火閃電光一着子하고 此外에

不容一星兒別道理하니 眞可惜耳로다 故로 某는 盡力主張하노라

若法性이 不寬하고 波瀾이 不闊하며 佛法知見이 不亡하고 生死命根을

不斷則不敢如此四楞着地하야 入泥入水爲人하리라 蓋衆生의

根器不同故로 從上諸祖_ 各立門戶施設하야 備衆生機하며

隨機攝化하나니 故로 長沙岑大蟲이 有言호되 我若一向에

擧揚宗敎인댄 法堂前에 須草深一丈하리니 倩人看院하야사 始得다하니

旣落在遮行戶裏하야 被人喚作宗師인댄 須備衆生機說法이라

如擊石火閃電光一着子는 是遮般根器라사 方承當得이니

根器不是處에 用之則揠苗矣니라 某_ 豈不曉瞥脫一椎에

便七穿八穴이 是性燥리요만은 所以集正法眼藏은 不分門類하며

不問雲門臨濟曹洞潙仰法眼宗하고 但有正知正見하야

可以令人悟入者를 皆收之하며 見忠國師大珠二老宿호니

禪備衆體故로 收하야 以救此一類根器者호라 左右書來云호대

決定可刪이라하니 觀公之意컨대 正法眼藏에 盡去除諸家門戶하고

只收似公見解者라사 方是니 若爾則公이 自集一書하야

化大根器者_ 有何不可리요 不必須敎妙喜로 隨公意去之니라

若謂忠國師_ 說抅泥帶水老婆禪이라하야 便絶後則如巖頭-睦州-

烏臼-汾陽無業-鎭州普化-定上座-雲峯悅-法昌遇-諸大老는

合兒孫이 滿地어늘 今亦寂然無王化者하니 諸公이 豈是抅泥帶水로

說老婆禪乎아 然이나 妙喜는 主張國師하고 無垢는 破除라도

初不相妨也리라

서현모 치산[481]에게 답한 대혜의 편지[482]

[분별사량하지 말고 화두를 참구하라]

공(서현모)께서 저에게 자주 소식을 보내주신 까닭은 아마도 제8식[水牯牛][483]을 조복받고 제6식[獼猻子]은 죽이려는 것이라 생각합니다.[484] 이 일은 오랫동안 총림 생활을 경험하고 많은 선지식을 참방하는 데에 달려 있지 않습니다. 다만 말 한 마디[一言]나 한 구절[一句]에서 곧바로 깨닫고 먼 길을 둘러 가지 않는 것을 귀하게 여길 뿐입니다. 실제에 의거하여 말하자면, 털끝만큼의 틈도 용납되지 않습니다. 부득이하게 곧바로 끊는 것을 말하더라도 이미 구부러진 것이며, 깨달음을 말하더라도 이미 놓쳐버린 것입니다. 하물며 다시 가지를 당기고 덩굴을 끌어당기듯이 경전을 언급하고 교법을 들먹이며 이치[理]를 설하고 사실[事]을 말하는 것으로 구경의 경지에 이르고자 하는 것입니까?

고덕은 말했습니다. "무릇 털끝만치라도 있다면 바로 번뇌이다."[485] 제8식[水牯牛]을 길들이지 못하고 제6식[獼猻子]을 죽이지 못하면, 설령 항하의 모래 수만큼 도리를 설해도 우리 자신과는 조금도 관계되지

---

481) 서현모 치산의 성은 서(徐)씨이고, 이름은 임(林)이며, 자는 치산(稚山)이고, 자호는 연산거사(硯山居士)이며, 현모(顯謨)는 벼슬 이름으로 현모각학사(顯謨閣學士)를 말한다.

482) 대혜 58세(1146) 때 형주의 유배지에서 쓴 편지다.

483) 수고우(水牯牛)라 한 것은 제팔식(第八識)을 말한다. 이것은 체(體)가 곧 진(眞)이므로 조복(調伏)하기만 하면 선우(善牛, 眞心)가 된다는 말이다. 수고우는 물소의 암컷인데 모든 사람에게 본래 갖추어져 있는 자성을 가리킨다.

484) 호손자(獼猻子)는 원숭이인데 아직 끊지 못한 무명번뇌(無明煩惱)를 가리킨다.

485) 『경덕전등록(景德傳燈錄)』권29[대정장(大正藏)51, p.450上]

않습니다. 그러나 말을 하거나 말을 하지 않거나 이 또한 바깥의 일은 아닙니다. 보지 못했습니까?

강서의 노숙[馬祖道一]께서 말씀하셨습니다. "설법하는 것도 또한 그대의 마음이고, 설법하지 않는 것도 또한 그대의 마음이다."[486] 결정코 바로 끊어서 감당하고자 하면 부처님을 친견하고 조사님을 친견하는 것조차 원수의 집안에 태어나는 것처럼 해야 비로소 상응할 수가 있습니다. 이와 같이 공부해서 날이 가고 달이 깊어지면 애써 깨달음을 추구하는 마음을 일으키지 않더라도 제8식[水牯牛]은 저절로 길들여지고 제6식[獼猴子]은 저절로 죽게 됩니다. 잘 기억하여 잊지 마십시오.

다만 평소에 심의식(心意識)이 머물 수 없는 곳, 취할 수 없는 곳, 버릴 수도 없는 곳에서 화두를 살펴보십시오.

한 스님이 운문선사에게 물었습니다.

"어떤 것이 부처입니까?"

운문문언이 말했습니다.

"간시궐(乾屎橛)."[487]

화두를 살펴볼 때는 절대 평소의 총명한 마음과 영리한 마음을 가지고 사량하거나 헤아리지 마십시오. 그러한 마음으로 분별사량하면 10만 8천 리[488]보다도 더욱 멀어질 것입니다. 그렇다면 사량하지도

---

486) 『마조도일선사광록(馬祖道一禪師廣錄)』 권1[만신속장(卍新續藏)69, p.3上]

487) 『운문광진선사광록(雲門匡真禪師廣錄)』 권上[대정장(大正藏)47, p.550中], "문여하 시석가신 사운 간시궐(問如何是釋迦身 師云 乾屎橛)" 참조.

488) '10만 8천 리'는 결코 도달할 수 없는 머나먼 거리를 의미한다. 곧 분별사량으로 화두 를 참구하면 절대 깨달을 수가 없다는 말이다.

않고, 계교하지도 않으며, 헤아리지도 않는 것이 바로 옳은 것이겠습니까?

"돌(咄)!" 다시 이것이 무엇입니까? 이만해 두겠습니다.

答 徐顯謨 稚山 [莫作思量 看箇話頭]

左右_ 頻寄聲할새 妙喜_ 想只是要調伏水牯牛하고
但殺遮獼猴子耳로라 此事는 不在久歷叢林하야 飽參知識이요
只貴於一言一句下에 直截承當하야 不打之遶爾니 據實而論컨대
間不容髮이니라 不得已하야 說箇直截이라도 已是紆曲了也며
說箇承當이라도 已是蹉過了也온 況復牽枝引蔓하야 擧經擧敎하며
說理說事하야 欲究竟耶아 古德이 云호대 但有纖毫라도 卽是塵이라하니
水牯牛를 未調伏하며 獼猴子_ 未死인댄 縱說得恒沙道理라도
並不干我一星兒事니라 然이나 說得說不得도 亦非外邊事니라
不見가 江西老宿이 有言호대 說得이라도 亦是汝心이요 說不得이라도
亦是汝心이라하시니 決欲直截擔荷인댄 見佛見祖를 如生冤家하야사
方有少分相應하리라 如此做工夫하야 日久月深하면 不着起心求悟하야도
水牯牛_ 自調伏하며 獼猴子自死矣리니 記取記取어다 但向平昔에
心意識이 湊泊不得處와 取不得處와 捨不得處하야 看箇話頭호대
僧이 問雲門호대 如何是佛이닛고 門이 云乾屎橛이어다 看時에
不用將平昔의 聰明靈利하야 思量卜度이니 擬心思量하면 十萬八千이

未是遠이리라 莫是不思量不計較不擬心이 便是麼아 咄更是箇甚麼오
且置是事하노라

양교수 언후[489]에게 답한 대혜의 편지[490]

[먼저 깨달음을 찬탄한 후에 직접 만나기를 요청한다]

공(양교수)께서는 강직한 성품 가운데서 도리어 불가사의한 부드러운 면모를 지니고 있습니다. 그러기에 한 마디 말에 천 가지 백 가지나 깨달으니 대단히 수승합니다. 만약 강직한 성품을 가진 사람들 중에 간혹 도를 성취한 몇 사람이라도 발탁되지 못했다면 불법이 어찌 오늘날까지 이르렀겠습니까? 반야의 근성이 없었다면 이와 같지 못했을 것입니다. 참으로 대단한 일입니다.

편지를 읽어보니, "내년 봄과 여름 사이에 바닥이 없는 배의 노를 젓고, 구멍이 없는 피리를 연주하며, 다함이 없는 공양을 베풀고, 무생(無生)의 법어를 설하여 끝도 없고 시작도 없으며, 있지도 않고 없지도 않은 근본[巴鼻]을 깨닫고자 한다"라고 하였습니다. 부디 오셔서 이 면목이 없는 사람[無面目漢][491]과 서로 헤아려본다면[商量][492] 결정코 이 이야기가 그릇되지 않을 것입니다. 또한 편지에서 "도호(道號)를 받고 싶다"라고 하였습니다. 정히 서로 희롱하기를[塗糊] 바라신다면 '쾌연거사(快然居士)'가 좋겠습니다. 그 때문에 진정극문(眞淨克文) 노인께서 말씀하셨습니다. "쾌연한 대도가 눈앞에 있다. 사통팔달의

---

489) 양교수 언후의 자는 언후(彦侯)이다. 전기는 미상이다.
490) 대혜 68세(1156) 때 장사(長沙)에 있는 장승상(張丞相)의 집에서 쓴 편지다.
491) 무면목한(無面目漢)은 대혜 자신을 가리킨다.
492) 본래 상량(商量)은 장사하는 사람이 흥정하는 것을 의미한다. 여기서는 서로 문답을 주고받으며 헤아리는 것을 말한다.

네거리에서 망설이면 바로 막혀버린다."[493]

저는 지금 이곳 장사(長沙)에서 오랫동안 머물 생각입니다. 공께서
훗날 여기까지 들러주신다면 이곳이 적막하지 않을 것입니다.

答 楊敎授 彦侯 [先讚所悟 後請相從]

左右_ 强項中에 却有不可思議底柔和하야 致一言之下에
千了百當하니 此事殊勝이로다 若不間於强項中에 打發得幾人이며
佛法이 豈到今日이리요 非有般若根性이면 則不能如是리니
盛事盛事로다 示諭호대 欲來年春夏間에 棹無底船하고 吹無孔笛하며
施無盡供하고 說無生話하야 要了無窮無始한 不有不無巴鼻라하니
但請來與遮無面目漢으로 商量하면 定不錯了遮話하리라 又承호니
需道號라할새 政欲相塗糊로니 可稱快然居士라하라 故로 眞淨老人이
云호대 快然大道_ 只在目前하야 縱橫十字에 擬而留連이라하니
便是此義也라 某_ 只在長沙하야 作久住計로니 左右_ 他日에
果從此來則林下_ 不寂寞也리라

---

493) 『고존숙어록(古尊宿語錄)』권42[만신속장(卍新續藏)68, p.275下]

누추밀 중훈[494]에게 답한 대혜의 편지 ①[495]

[세간에 들어가서 세간을 남김없이 벗어나면 출세간이 따로 없다]

어떻습니까? 저와 헤어진 후 일상에서 인연을 만나는 곳에서 바깥 경계에 휘둘리고 있습니까? 책상에 쌓여 있는 공문서를 보고도 내버려둘 수 있습니까? 사람들과 만났을 때에 자유자재합니까? 고요한 곳에 있을 때 망상을 일으키지 않습니까? 이 일을 궁구하고 체득함에 잡념이 없습니까?

그 때문에 부처님께서 말씀하셨습니다.

"마음으로 부질없이 과거의 법을 취하지도 말고, 또한 미래의 일을 탐착하지도 말고, 현재에도 머물지 말라. 삼세가 모두 공적함을 깨달으라."[496]

과거의 선한 일이나 악한 일을 생각할 필요가 없습니다. 생각하면 도에 장애가 됩니다. 미래의 일은 계교할 필요가 없습니다. 계교하면 마음이 광란하게 됩니다. 현재의 일이 면전에 닥치면 그것이 순경계이든 역경계이든 집착하지 말아야 합니다. 집착하면 마음이 어지러워질 것입니다. 다만 일체의 상황에 임할 때마다 인연을 따라 서로 주고받으면 자연히 이 도리에 들어맞을 것입니다.

역경계는 처리하기 쉽지만 순경계는 처리하기 어렵습니다. 나의

---

494) 누추밀 중훈의 성은 누(樓)씨고, 이름은 소(炤)이며, 자는 중훈(仲暈)이고, 시호는 양정(襄靖)이다.
495) 대혜 69세(1157) 때 명주의 아육왕사(阿育王寺)에서 쓴 편지다.
496) 『대방광불화엄경(大方廣佛華嚴經)』권28[대정장(大正藏)10, p.156中]

뜻에 거슬리는 것은 단지 '인욕[忍]'이라는 글자를 활용하여 잠시 자중하면 곧 지나가게 됩니다. 그러나 순경계는 곧장 회피할 도리가 없습니다. 마치 자석이 철과 마주하면 피차에 알아차릴 겨를도 없이 하나가 되어버리는 경우와 같습니다. 무정물도 오히려 그러한데, 하물며 현행하는 무명을 온몸에 채워두고 활계를 짓는 사람의 경우라면 어떠하겠습니까?

이러한 경계에 당면해서 만약 지혜가 없으면 부지불식간에 무명 이라는 번뇌의 그물 속으로 이끌려 들어가고 맙니다. 그러면 그 속 에서 벗어날 길을 찾으려고 해도 어렵지 않겠습니까? 그 때문에 선성(先聖)[497]은 말씀하셨습니다. "세간에 들어가서 세간을 남김없이 벗어난다."[498] 이 말이 바로 이러한 도리입니다.

요즈음 어떤 사람들은 수행의 방편도 모르고서 종종 현행하는 무명을 세간에 들어간 것으로 오인해 곧 출세간의 법을 가지고 세간을 남김없이 벗어나는 것으로 억지로 안배하고 있습니다. 가히 슬픈 일이 아니겠습니까! 숙세에 서원이 있는 사람은 즉시에 알아서 깨뜨리며 주인이 되어 그들에게 이끌리지 않습니다.

그러므로 정명(淨名)거사는 말씀하셨습니다.

"부처님께서는 아만이 높은 사람을 위하여 음욕·분노·어리석음을 벗어나는 것이 해탈이라고 설했다. 만약 아만이 없는 사람이라면 음욕·분노·어리석음의 성품이 곧 해탈이라고 설했을 것이다."[499]

---

497) 선성(先聖)은 운봉문열(雲峰文悅: 997-1062)로 북송시대 임제종 선사이다.
498) 『고존숙어록(古尊宿語錄)』 권40[만신속장(卍新續藏)68, p.264上]
499) 『유마힐소설경(維摩詰所說經)』 권中[대정장(大正藏)14, p.548上]

만약 이러한 허물에서 벗어나고자 한다면 역경계와 순경계 가운데
일어나고 소멸하는 상이 없어야 비로소 아상이 높다는 이름을 벗어
버릴 수 있습니다. 이렇게 되어야 비로소 세간에 들어갈 수 있는 역
량이 있는 사람이라고 할 수 있을 것입니다.

이상 말씀드린 것은 모두 제가 평소에 경험했던 것입니다. 지금도
일상에서 오직 이처럼 수행하고 있습니다. 부디 공께서도 몸이 강건
하실 때 이러한 삼매에 들어가 보십시오. 이 외에 항상 조주의 무자
화두를 가지고 참구하십시오. 오래오래 해서 순숙해지면 홀연히
무심해져 칠통을 타파하게 됩니다. 바로 이것이 끝까지 사무친 경지
입니다.

答 樓樞密 仲暉(一) [入得世間 出世無餘]

不識커라 別後日用應緣處에 不被外境所奪否아 視堆案之文하야

能撥置否아 與物相遇時에 能動轉否아 住寂靜處하야

不妄想否아 體究箇事에 無雜念否아 故로 黃面老子_ 有言호대

心不妄取過去法하고 亦不貪着未來事하며 不於現在有所住하야

了達三世悉空寂이라하시니라 過去事에 或善或惡을 不須思量이니

思量則障道矣리라 未來事를 不須計較니 計較則狂亂矣리라

現在事_ 到面前커든 或逆或順에 亦不須着意니 着意則擾方寸矣리라

但一切臨時하야 隨緣酬酢하면 自然合着遮箇道理하리라 逆境界는
易打어니와 順境界는 難打니 逆我意者는 只消一箇忍字하야
定省少時하면 便過了어니와 順境界는 直是無爾回避處니 如慈石이
與鐵相偶하야 彼此不覺에 合作一處하나니 無情之物도 尙爾은
況現行無明의 全身이 在裏許하야 作活計者아따녀 當此境界하야
若無智慧면 不覺不知에 被他引入羅網하리니 却向裏許하야
要求出路함이 不亦難乎아 所以로 先聖이 云호대 入得世間하야
出世無餘라함이 便是遮箇道理也라 近世有一種이 修行에 失方便者_
往往에 認現行無明하야 爲入世間하고 便將出世間法하야 强差排作
出世無餘之事하니 可不悲乎아 除夙有誓願하니는 卽時識得破하며
作得主하야 不被他牽引이라 故로 淨名이 有言호대 佛爲增上慢人하야
說離婬怒癡라사 爲解脫耳어니와 若無增上慢者인댄 佛說婬怒癡性이
卽是解脫이라하나니 若免得此過인댄 於逆順境界中에 無起滅相하야사
始離得增上慢名字니 恁麼라사 方可作入得世間하야 謂之有力量漢이라
已上所說은 都是妙喜의 平昔經歷過底니 卽今日用에
亦只如此修行하노라 願公은 趁色力强健하야 亦入是三昧하라
此外에 時時以趙州無字로 提撕하야 久久純熟하면 驀然無心하야
撞破漆桶하리니 便是徹頭處也니라

누추밀 중훈에게 답한 대혜의 편지 ②[500]

[외경의 감각에 빠지지 말고 중도의 마음으로 참구하라]

일상의 공부에 대해서는 지난번 편지에서 이미 장황하게 말씀드렸습니다. 단지 예전처럼 변함없이 하십시오. 경계가 닥쳐올 때 그것과 더불어 잘 대처하면 자연히 경계와 내가 하나가 될 것입니다.

청량징관(淸凉澄觀)[501]은 말씀하셨습니다. "자유자재하게 가고 머무름에 맡기되 고요히 그 원류를 살펴라. 증득함을 말하자면 사람들에게 보일 수 없고, 이치를 말하자면 증득하지 않으면 통달하지 못한다."[502] 스스로 깨닫고 스스로 획득한 경지는 끄집어내어 남에게 보여줄 수가 없습니다. 오직 몸소 깨닫고 몸소 획득한 사람이라면 눈앞에 단서만 보여주어도 피차에 곧 묵묵히 계합할 수 있을 것입니다.

편지를 읽어보니, "이제부터는 사람들로부터 속지 않는다"고 하였습니다. 참으로 잘못 공부하지 않았습니다. 공부의 큰 줄거리를 바르게 하였고 칼자루를 이미 잡은 것이 마치 능숙한 목동과 같습니다. 소의 고삐가 항상 손에 있다면 어찌 다른 사람의 논밭에 함부로 들어가겠습니까? 문득 고삐를 놓아버리고 콧구멍에 고삐가 없어지면 소는 평지의 풀밭을 마음대로 돌아다니게 됩니다.

자명초원(慈明楚圓)[503] 노인은 말씀하셨습니다. "사방으로 풀어주어

---

500) 대혜 69세(1157) 때 명주의 아육왕사에서 쓴 편지다.
501) 청량징관(淸凉澄觀: 738-839)은 중국 화엄종의 제4조이다.
502) 『종경록(宗鏡錄)』 권41[대정장(大正藏)48, p.657下]
503) 자명초원(慈明楚圓: 987-1040)은 중국 임제종 제7조로 그 문하에서 황룡파(黃龍派)와 양기파(楊岐派)가 분립되었다.

제어하지 말며 팔방으로 구속하지 말고 마음대로 놀게 하라. 소를
거두고자 하면 다만 고삐를 다스리는 데 있다.” 만약 이렇게 할 수 없
다면 반드시 고삐를 바짝 당기고 잘 쓰다듬어 친밀해져야 합니다.

공부가 충분히 성숙하면 자연히 애써서 보호할 필요가 없어집니다.
공부는 조급하게 해서는 안 됩니다. 급하게 하면 조급하게 동요할 것입
니다. 또한 느슨하게 해서도 안 됩니다. 느슨하면 혼침에 빠집니다.
그래서 생각을 비우거나 생각을 기울이면 모두 잘못된 것입니다. 비
유하면 칼을 허공에서 휘두를 때 칼날이 허공에 닿는지 닿지 않는지
논할 필요가 없는 것과 같습니다.[504]

옛적에 신흥엄양(新興嚴陽)[505] 존자가 조주종심(趙州從諗)에게 물었
습니다.

“한 물건도 가져오지 않았을 때 어떻게 합니까?”

조주가 말했습니다.

“내려놓아라.”

엄양이 말했습니다.

“이미 아무것도 가져오지 않았는데, 무엇을 내려놓으라는 것입
니까?”

조주가 말했습니다.

“내려놓지 못하겠거든 짊어지고 가라.”

엄양이 그 말에 크게 깨달았습니다.[506]

---

504) 『경덕전등록(景德傳燈錄)』 권7[대정장(大正藏)51, p.253中]
505) 신흥엄양(新興嚴陽)은 조주종심(趙州從諗: 778-897)의 제자이다.
506) 『황용혜남선사어록(黃龍慧南禪師語錄)』[대정장(大正藏)47, p.632上]

또 한 스님이 석상경저(石霜慶諸)[507]에게 물었습니다.

"학인이 어찌하지 못할 때 어떻게 해야 합니까?"

석상이 말했습니다.

"노승도 또한 어찌할 수 없다."

스님이 물었습니다.

"학인은 배우는 처지이기에 어찌할 수가 없지만 화상께서는 대선지식이신데 무엇 때문에 또한 어찌할 수 없다는 것입니까?"

석상이 말했습니다.

"내가 만약 어찌할 수 있다면 바로 그대의 이 어찌할 수 없음을 잡아낼 수 있을 것이다."

스님이 그 말씀에 크게 깨달았습니다.[508]

두 스님이 깨달은 곳이 바로 누추밀의 미혹한 곳이며, 누추밀이 의심하는 곳이 바로 두 스님이 질문한 곳입니다.

"제법은 분별에서 발생하지만 다시 분별로부터 소멸된다. 모든 분별의 법을 소멸하면 이 법은 생기고 소멸함이 없다."[509]

보내주신 편지를 자세하게 읽어보니, 이미 병은 사라졌고 특별한 깨달음의 증후도 생기지 않았습니다. 큰 부분에 서로 가까웠으니 또한 점점 힘이 덜어질 것입니다. 다만 힘이 덜어지는 곳에 나아가 탁 놓아

---

507) 석상경저(石霜慶諸)의 법맥은 석두희천(石頭希遷) - 약산유엄(藥山惟儼) - 도오원지(道吾圓智) - 석상경저(石霜慶諸)다.

508) 『경덕전등록(景德傳燈錄)』 권16[대정장(大正藏)51, p.329下], "潭州雲蓋山志元號圓淨大師 遊方時 問雲居曰 志元不奈何時如何 雲居曰 只為闍梨功力不到處 師不禮拜而退 遂參石霜 亦如前問石霜曰 非但闍梨老僧亦不奈何 師曰 和尙爲什麼不奈何 石霜曰 老僧若奈何拈過汝不奈何" 비교 참조.

509) 『금강삼매경(金剛三昧經)』「여래장품(如來藏品)」[대정장(大正藏)9, p.372上]

막힘없이 깨끗하게 되면 홀연히 탁 깨뜨리고 뚝 끊어질 것입니다. 부디 힘쓰고 힘쓰십시오.

又(二) [不落聲色 得中參究]

日用工夫를 前書에 已葛藤不少호니 但只依舊不變不動하야 物來則
與之酬酢하면 自然物我一如矣리라 古德이 云호대 放曠任其去住하야
靜鑑覺其源流니 語證則不可示人이어니와 說理則非證이면
不了라하니 自證自得處는 拈出呈似人不得이라 唯親證親得者라사
略露目前些子하야 彼此便黙黙相契矣리라 示諭호니 自此로
不被人謾이라하니 不錯用工夫矣로다 大槪를 已正하고 欄柄을
已得인댄 如善牧牛者하야 索頭를 常在手中이면 爭得犯人苗稼리요
驀地放却索頭하야 鼻孔에 無撈摸處하면 平田淺草에 一任縱橫하리라
慈明老人의 所謂四方放去休攔遏하고 八面無拘任意游라
要收只在索頭撥이라하니 未能如是인댄 當緊把索頭하야
且與順摩捋淹浸이니 工夫旣熟이면 自然不着用意隄防矣리라
工夫는 不可急이니 急則躁動이니라 又不可緩이니 緩則昏怛矣니라
忘懷着意俱蹉過니 譬如揮劒擲空에 莫論及之不及이니라 昔에
嚴陽尊者_ 問趙州호대 一物도 不將來時如何닛고 州云호대
放下着하라 嚴陽이 云호대 一物도 旣不將來어니 放下箇甚麼닛고
州云호대 放不下인댄 擔取去하라 嚴陽이 於言下에 大悟하며 又有僧이

問古德호대 學人이 奈何不得時如何닛고 古德이 云호대 老僧도
亦奈何不得이로라 僧이 云호대 學人은 在學地故로 是奈何不得이어니와
和尙은 是大善知識이라 爲甚麼하야 亦奈何不得이닛고 古德이 云호대
我若奈何得則便拈却爾의 遮不奈何리라 僧이 於言下에 大悟하니
二僧悟處_ 卽是樓樞密의 迷處며 樓樞密의 疑處_ 卽是二僧問處라
法從分別生하야 還從分別滅이니 滅諸分別法하며 是法無生滅이니라
細觀來書호니 病已去盡하고 別證候도 亦不生矣라 大段이 相近하니
亦漸省力矣라 請只就省力處하야 放敎蕩蕩地하면 忽然啐地破
㗲地斷便了하리니 千萬勉之어다

조태위 공현[510]에게 답한 대혜의 편지[511]

[조태위의 믿음을 찬탄하고, 널리 묵조선을 타파한다]

제가 비록 나이가 많이 들었으나 감히 애쓰지 않을 수가 없는 것이 있습니다. 그것은 납자들에게 이 일을 격려하고 진작시키는 것입니다. 매일 아침 공양을 마친 후에 표찰[牌子][512]을 걸어두고 차례대로 100명을 입실시킵니다. 그 가운데는 목숨을 돌보지 않아[負命][513] 낚싯바늘에 걸려든 납자도 있고, 사람을 무는 사자[514]도 있습니다. 이러한 법희(法喜)와 선열(禪悅)[515]로 즐거움을 삼기에 피로를 전혀 느낄 수가 없으니, 이 또한 조물주가 어여삐 봐주신 것입니다.

그대는 복덕과 지혜가 함께 온전하여 매일 천자의 옆에 있으면서도 뜻을 이 일대사인연에 두었으니 참으로 불가사의합니다. 부처님께서 말씀하셨습니다. "권세가 있으면 군림하지 않기 어렵고, 부귀영화를 누리면서 도를 배우기 어렵다."[516] 일찍이 백겁천생 동안 선지식을 받들어 모시며 깊이 반야의 종자를 심지 않았다면 어찌 이처럼 믿을

---

510) 조태위 공현의 이름은 훈(勛)이고, 자는 공현(功顯, 公顯)이며, 태위는 벼슬 이름으로 군무감(軍務監)이다.

511) 대혜 69세(1157) 때 명주의 아육왕사에서 쓴 편지다.

512) 패자(牌子)는 선원에서 대중에게 공지하기 위하여 사용하는 표찰로 크기는 일정하지 않다. 좌선(坐禪), 상당(上堂), 소참(小參), 입실(入室), 청익(請益) 등의 글자를 써서 정해진 위치에 걸어둔다. 이것을 각각 좌선패(坐禪牌), 상당패(上堂牌), 소참패(小參牌), 입실패(入室牌), 청익패(請益牌)라고 한다.

513) 부명(負命)은 위법망구(爲法忘軀)를 가리킨다.

514) '사람을 무는 사자'는 조실과 겨룰 만한 납자를 가리킨다.

515) 법희(法喜)는 부처님의 설법을 듣고 환희하는 것이고, 선열(禪悅)은 선정의 수행으로 얻는 기쁨이다.

516) 『사십이장경(四十二章經)』[대정장(大正藏)17, p.722下]

수 있겠습니까? 다만 이 믿는 곳이 바로 부처가 되고 조사가 되는 기본입니다.

부디 공께서는 오직 믿음이 미치는 경지를 향해서 살피고 찾기를 오래오래 하면 저절로 뚫고 벗어날 것입니다. 그러나 절대로 생각을 기울여 안배하고 벗어날 곳을 찾아서는 안 됩니다. 마음으로 집착하면 실패하게 됩니다. 부처님께서는 또 말씀하셨습니다.

"부처님의 도는 불가사의하다.

누가 부처님을 헤아릴 수 있겠는가?"[517]

또 부처님께서 문수사리에게 물었습니다.

"그대는 부사의삼매에 들어갔는가?"

문수가 말하였습니다.

"아닙니다, 세존이시여. 제가 곧 부사의(不思議)입니다. 이 마음이 능히 사유할 수 있음을 볼 수 없는데 어찌 부사의삼매에 들어갔다고 말씀드리겠습니까? 제가 처음 발심하여 이러한 선정에 들어가고자 하였으나 지금 생각해보면 진실로 분별하는 마음[心想]이 없이 삼매에 들어간 것입니다. 마치 활쏘기를 배우는데 오래 익히면 정교해져서 나중에는 무심하더라도 오랫동안 익혔기 때문에 화살을 쏘면 모두 적중하는 것과 같습니다. 저도 또한 그와 같습니다. 처음에 부사의 삼매를 닦을 때는 마음을 한곳에 집중하였는데, 오랜 연습이 성취되자 다시는 분별하는 마음[心想]이 없어져 항상 삼매와 함께합니다."[518]

---

517) 『대방광불화엄경(大方廣佛華嚴經)』 권23[대정장(大正藏)10, p.123下], "諸佛不思議 誰能思議佛" 참조.

518) 『문수사리소설마하반야바라밀경(文殊師利所說摩訶般若波羅蜜經)』 권下[대정장(大

부처님과 조사께서 수용한 경지에는 아무런 차이가 없습니다.

요즈음 총림에는 일종의 잘못된 선을 하는 사람들이 있어서 눈을 감고 입을 꽉 다물고는 망상을 일으키면서도 그것을 "불가사의한 일"이라고 합니다. 또한 그것을 "위음왕불 공겁이전의 일"이라고 하며, 입을 열기만 하면 바로 "생멸번뇌[今時]에 빠진다"고 합니다. 또한 자기 "근본상의 일"이라고 하며, 또한 "청정이 지극하여 광명이 통한다"[519]고 하면서 깨달음을 "제2의 경지에 떨어진 것"이라고 하며, 깨달음을 "지엽적인 주변사"라고 합니다.[520]

대체로 그들은 첫걸음부터 잘못임에도 불구하고[521] 또한 그것이 잘못인 줄 모릅니다. 그들은 깨닫는 것을 건립하는 것이라고 합니다. 이미 스스로 깨닫는 문이 없다고 하고, 또한 깨달음이 있다는 것도 믿지 않습니다. 이러한 사람들은 대반야를 비방하고 부처님 지혜의 명줄을 끊기에 천 명의 부처님이 출현해도 참회가 통할 수 없습니다.

공께서는 사람을 파악하는 안목을 갖춘 지 오래되었습니다. 이와 같은 무리는 사자의 가죽을 걸치고 여우의 울음소리를 내는 것과 같습니다. 잘 알아야 합니다. 제가 공과 더불어 비록 얼굴을 마주하여 이야기를 나누지 못했지만 이 마음은 이미 묵묵히 서로 계합한 지 오래 되었습니다.

正藏)8, p.729中-下]

519) 『수능엄경(首楞嚴經)』 권6[대정장(大正藏)19, p.131上]

520) 깨달음을 추구하는 것을 근본에서 벗어난 경지에 떨어진 것이라고 하는 것은 묵조선의 수행이 본증(本證)에서 출발하는 까닭에 애써 깨달음을 추구하지 않음을 의미한다. 간화선에서는 이오위칙(以悟爲則)의 입장에서 묵조선을 비판했다.

521) '첫걸음부터 잘못'이라는 것은 이오위칙(以悟爲則)을 중시하는 간화선의 입장에서 본래성불에 입각한 묵조선을 비판한 것이다.

이전에 답한 편지에서는 예를 다 갖추지 못하였기 때문에, 지금은
일부러 법공선인(法空禪人)을 보내서 대신 경의를 표합니다. 선사유삼매
(善思惟三昧)[522]에 들어갈 겨를이 없이 다만 이렇게 손길 가는 대로
생각나는 대로 쓰다 보니 모르는 사이에 말이 많아졌습니다. 사과의
말씀을 드리는 것이 늦어졌습니다.

答 曹太尉 功顯 [讚他信得及 徧破黙照禪]

某雖年運而往矣나 不敢不勉强하야 力以此事로 與衲子輩激揚하노니
一日粥後에 撥牌子하야 輪一百人入室호니 間有負命者는
上鉤來하고 亦有咬人獅子러라 以此法喜禪悅로 爲樂일새
殊不覺倦호니 亦造物이 見憐耳이로다 左右는 福慧兩全하야
日在至尊之側이로대 而留意此段大事因緣하니 眞不可思議事로다
釋迦老子曰 有勢不臨難이요 豪貴學道難이라하였거늘 非百劫千生에
曾承事善知識하야 種得般若種子深이면 焉能如是信得及이리요
只遮信得及處_ 便是成佛作祖底基本也라 願公은 只向信得及處하야
覰捕久久하면 自透脫矣리라 然이나 第一에 不得着意安排하야
覓透脫處어다 若着意則蹉過也리라 釋迦老子又曰 佛道不思議라
誰能思議佛이리요하시며 又佛이 問文殊師利曰 汝入不思議三昧耶아

文殊曰弗也니다 世尊하 我卽不思議라 不見有心이 能思議者어늘
云何而言入不思議三昧리닛고 我初發心하야 欲入是定이나
如今思惟호니 實無心想而入三昧니다 如人學射에 久習則巧하야
後雖無心이나 以久習故로 箭發皆中인달하야 我亦如是하야
初學不思議三昧일새 繫心一緣이어니와 若久習成就하면 更無心想이라
常與定俱라하니 佛與祖師의 所受用處_ 無二無別이어늘
近年叢林에 有一種邪禪이 以閉目藏睛한 觜盧都地로 作妄想하야
謂之不思議事라하며 亦謂之威音那畔空劫已前事라하야 纔開口에
便喚作落今時라하며 亦謂之根本上事라하며 亦謂之淨極光通達이라하야
以悟로 爲落在第二頭라하며 以悟로 爲枝葉邊事라하나니 蓋渠_
初發步時에 便錯了호대 亦不知是錯하고 以悟로 爲建立이라하야
旣自無悟門이라 亦不信有悟者하나니 遮般底는 謂之謗大般若하야
斷佛慧命이라 千佛出世라도 不通懺悔라 左右_具驗人眼이
久矣라 似此等輩는 披却師子皮하고 作野干鳴이라 不可不知니라
某_ 與左右로 雖未承顏接論이나 此心은 已默默相契 多年矣라
前此答字를 極不如禮일새 今專遣法空禪人하야 代往致敬故로
不暇入善思惟三昧하고 只恁麼信手信意하야 不覺에 葛藤如許하야
聊謝不敏而已로다

영시랑 무실[523]에게 답한 대혜의 편지 ①[524]

[조급하지도 않고 느슨하지도 않는 중도를 취하여 사견에 빠지지 말라]

편지를 받아보니, 이 일대사인연(一大事因緣)을 성취하려는 데 마음을 두고 있다고 하였습니다. 이미 이 마음을 지니셨다면 조바심을 내서는 안 됩니다. 조바심을 내면 더욱 더디어집니다. 또한 느슨한 마음을 가져서도 안 됩니다. 느슨한 마음을 가지면 게으름에 빠집니다. 마치 거문고의 줄을 고르는 방법처럼 팽팽함과 느슨함이 적절하게 조율되어야 바야흐로 좋은 곡조를 얻을 수 있는 것과 같습니다.

다만 일상의 인연을 만나는 곳에서 항상 잘 살펴보십시오. '나의 이 능히 다른 사람과 더불어 시비곡직(是非曲直)을 결단하는 자는 누구의 은혜의 힘을 받았으며, 필경에는 어느 곳으로부터 나온 것인가?' 살펴보고 살펴보면 평소에 생소한 곳은 저절로 익숙해질 것입니다. 생소한 곳이 이미 익숙해지면 익숙한 곳은 저절로 생소해질 것입니다. 어느 것이 익숙한 곳입니까? 오음(五陰), 육입(六入), 십이처(十二處), 십팔계(十八界), 이십오유(二十五有)[525]에 무명업식으로 헤아리고 비교하는 마음이 주야로 작용하는 것이 마치 아지랑이가 잠시도 쉬지 않고 피어오르는 것과 같은 것이 바로 이곳입니다.

이 한 꾸러미가 사람으로 하여금 생사윤회에 유랑하게 만들고,

---

523) 영시랑 무실의 성은 영(榮)씨고, 이름은 응(凝)이며, 자는 무실(茂實)이다.
524) 대혜 69세(1157) 때 명주의 아육왕사에서 쓴 편지다.
525) 이십오유(二十五有)는 미혹한 중생계를 총칭한 말이다. 욕계의 14유와 색계의 7유와 무색계의 4유이다.

사람으로 하여금 부질없는 일을 짓게 만듭니다. 이 한 꾸러미가 이미 생소해지면, 보리열반과 진여불성이 문득 앞에 나타날 것입니다. 앞에 나타날 때는 또한 앞에 나타났다는 생각도 없습니다. 그 때문에 고덕은 다음과 같이 말했습니다.

"눈에 응하였을 때는 천 개의 태양과 같아서 만상이 그림자를 숨길 수 없다. 귀에 응하였을 때는 깊은 골짜기와 같아서 크고 작은 음성이 갖추어지지 않음이 없다."[526]

이와 같은 등의 일은 다른 데서 구함을 빌리지 않으며, 남의 힘을 빌리지 않습니다. 자연히 일상의 인연을 만나는 곳에서 활발발(活鱍鱍)할 것입니다. 만약 이와 같지 아니하면 세간의 번뇌를 헤아리는 이 마음을 가지고 사량분별이 미치지 못하는 곳에 돌이켜두고 시험 삼아 사량해보십시오. '어떤 것이 사량분별이 미치지 못하는 곳인가?' 한 스님이 조주 스님에게 물었습니다. "개에게도 불성이 있습니까? 없습니까?" 조주 스님이 대답했습니다. "무." 다만 이 한 글자에 무슨 기량이 있겠습니까? 안배하여 보고 계교하여 보십시오. 사량과 계교와 안배할 수 있는 곳은 없습니다. 다만 가슴속이 답답하고 마음이 번거로움을 느낄 때가 바로 좋은 시절입니다. 이때가 되면 제8식이 거의 행하지 못할 것입니다. 이와 같을 때는 놓아버리려고 하지 말고 오직 이 무 자 위에 나아가 살펴보십시오. 살펴보고 살펴보면 생소한 곳은 저절로 익숙해지고 익숙한 곳은 저절로 생소해질 것입니다.

요즈음 총림에는 삿된 말을 하면서 종사 노릇을 하는 한 부류의

---

526) 『황용혜남선사어록(黃龍慧南禪師語錄)』[대정장(大正藏)47, p.638上]

사람들이 있습니다. 이들은 배우는 사람들에게 "다만, 고요함을 지켜라"라고 말합니다. 잘 모르겠습니다. 고요함을 지키는 사람은 어떤 사람이며, 고요함은 어떤 물건입니까? 그들은 고요함은 기본이라고 합니다. 깨달음이 있음을 믿지 않으면서 "깨달음은 지엽이다"라고 말합니다. 그들은 다시 인용해서 말합니다. "한 스님이 앙산에게 물었다. '금시인(今時人)[527]도 깨달음에 의지합니까?' 앙산이 말했다. '깨달음이라면 없지 않으나, 두 번째[第二頭]에 떨어져 있음을 어찌하겠는가?'"

어리석은 사람[528] 앞에서는 꿈 이야기를 해서는 안 됩니다. 곧 실다운 법이라는 이해를 지어서 말하기를 "깨달음은 두 번째[第二頭]에 떨어진다"라고 하면서 위산 스님이 공부하는 사람들을 각성시키기 위해 곧바로 매우 간절하게 하신 말씀인 것을 전혀 모릅니다. 위산이 말했습니다. "지극한 이치를 궁구하는 것은 깨달음으로 법칙을 삼는다." 그렇다면 이 말은 또 어떻게 알아들어야 합니까? 위산 스님이 뒷사람을 그르치게 하여 두 번째[第二頭]에 떨어지게 하려고 한 것이 아닙니다.

조합사(曹閤使)[529] 역시 이 일에 마음을 두고 있지만 삿된 스승의 무리에게 잘못 이끌려질까 걱정입니다. 그래서 최근에 이와 같은 편지를 구구절절 써서 보내드렸습니다.

---

527) 금시인(今時人)은 본분인(本分人)에 상대되는 말로서 분별심을 가진 사람을 가리킨다.
528) 여기에서 '어리석은 사람'이란 사설(邪說)을 주장하는 사람이다.
529) 조합사(曹閤使)는 앞의 편지에 나왔던 조태위를 가리킨다. 합사(閤使)는 합문사(閤門使)의 약칭으로 송대 정육품(正六品)의 벼슬이다. 조회, 연회 및 의례에 관한 일을 관장하였다.

조합사의 총명과 식견은 모두 다른 사람들을 크게 뛰어넘습니다. 결코 방편의 말을 잘못 알아서 실다운 법이라는 이해를 짓는 데 이르지 않을 것입니다. 다만 제가 아직 그분과 더불어 만난 것이 아니기 때문에 부질없이 걱정하는 것입니다.

노거사께서 그분(조태위)과 도우(道友)라고 들었기 때문에 편지를 쓰는 차에 무심코 말씀드렸습니다. 한가할 때 서로 보게 되면 그분에게 부탁하여 제가 보내드린 편지를 얻어서 한번 읽어보십시오. 그러면 제가 기대하는 것이 얼굴만 익히자는 것이 아니라 서로의 의기가 투합하는 것이며, 또한 권세나 이익을 도모하는 교유가 아닌 줄 아시게 될 것입니다.

한 장을 다 써서 종이가 끝났는데, 또 한 장을 덧붙여 쓰다 보니 다시 예의를 차릴 겨를이 없게 되었습니다. 이 편지도 지난번의 편지와 마찬가지로 이 속의 사람[箇中人]530)에게 보내드린 것입니다. 그 때문에 "이 늙은이가 무엇 때문에 이렇게 썼는가?"라고 말하지 마십시오. 만약 이와 같이 말하면 좋은 기회가 눈앞에 있는데도 그냥 놓쳐버린 셈입니다. 편지를 쓸 때는 비록 경솔한 것 같지만, 역시 서로의 뜻이 맞았기에 저도 모르게 편지를 썼습니다. 그대가 고맙게도 저를 믿었기 때문에 편지를 쓰는 것입니다. 일상생활 하는 곳에서 문득 이 법문을 널리 베푸십시오. 어진 이를 구하여 천하를 편안하게 하려는 훌륭한 임금의 뜻에 보답을 한다면, 참으로 알아주는 바를 저버리지 않을 것입니다. 여러 가지를 잘 참고 견뎌서 처음부터 끝까지 다만 오늘처럼

---

530) 개중인(箇中人)에서 '개중(箇中)'은 '여기' 또는 '바로 이 자리'를 의미한다. 개중인은 바로 그 자리에 있는 사람, 그간의 사정이나 이치를 잘 알고 있는 사람을 말한다.

해나가시면 불법과 세간법을 하나로 만들 것입니다. 전쟁도 하고 농사도 지어가며 오래도록 하여 순숙해지면 한 번에 두 가지를 얻게 될 것입니다. 이 어찌 허리에 십만 관을 두르고 학을 타면서 양주에 오르는 것이 아니겠습니까?

答 榮侍郎 茂實(一) [緊緩得中 莫入邪見]

承호니 留心欲究竟此一段大事因緣이라하니 旣辦此心인댄 第一에
不要急이니 急則轉遲矣리라 又不得緩이니 緩則怠墮矣리라
如調琴之法하야 緊緩을 要得中하야사 方成曲調니 但向日用應緣處하야
時時覻捕호대 我遮能與人으로 決斷是非曲直底는 承誰恩力이며
畢竟에 從甚麽處流出고 覻捕來覻捕去하면 平昔에 生處路頭는
自熟하리니 生處旣熟則熟處却生矣리라 那箇是熟處오 五陰六入과
十二處十八界와 二十五有_ 無明業識으로 思量計較인 心識이
晝夜熠熠호대 如野馬하야 無暫停息底_ 是라 遮一絡索이 使得人으로
流浪生死하며 使得人으로 做不好事니 遮一絡索이 旣生則菩提涅槃과
眞如佛性이 便現前矣리라 當現前時하야 亦無現前之量이니 故로
古德이 契證得了에 便解道호대 應眼時에는 若千日하야 萬象이
不能逃影質하고 應耳時에는 若幽谷하야 大小音聲이 無不足이라하니
如此等事는 不假他求며 不借他力이라 自然向應緣處하야 活鱍鱍地니라
未得如此인댄 且將遮思量世間塵勞底心하야 回在思量不及處하야

試思量看호대 那箇是思量不及處오 僧이 問趙州호대 狗子도

還有佛性也無잇가 州云無라하니 只遮一字에 儘爾有甚麼伎倆이리요

請安排看하며 請計較看하라 思量計較安排는 無處可以頓放이니

只覺得肚裏悶하며 心頭煩惱時_ 正是好底時節이니 第八識이

相次不行矣라 覺得如此時에 莫要放却하고 只就遮無字上하야

提撕어다 提撕來提撕去하면 生處란 自熟하고 熟處란 自生矣리라

近年以來로 叢林中에 有一種이 唱邪說하야 爲宗師者_

謂學者曰 但只管守靜하라하나니 不知守者는 是何人이며 靜者는

是何物고 却言靜底는 是基本이라하고 却不信有悟底하야

謂悟底는 是枝葉이라하며 更引僧이 問仰山曰 今時人이

還假悟也無잇가 仰山曰 悟則不無나 爭奈落在第二頭아하나니

癡人面前에 不得說夢이라 便作實法會하야 謂悟是落第二頭라하고

殊不知潙山의 自有警覺學者之言이 直是痛切이로다 曰研窮至理는

以悟爲則이라하시니 此語는 又向甚處着고 不可潙山이 疑誤後人하야

要敎落在第二頭也리라 曹閣使_ 亦留心此事호대 恐其被邪師輩의

所誤일새 比에 亦如此書하야 切切怛怛寫與호니 此公의 聰明識見이

皆有大過人處라 決不到錯認方便語하야 作實法會언만은 但某_

未得與之目擊일새 私憂過計耳니라 聞老居士_ 亦與之是道友라할새

因筆하야 不覺葛藤하노니 無事相見時어든 試問渠하야 取書一看하면

方知妙喜相期함이 不在眼底라 彼此氣義相投하며 又非勢利之交리라

寫了一紙코 紙盡커늘 又添一紙하야 不暇更事形迹호라 此書도

亦如是前書하야 託是箇中人일새 故로 曰切不可道老老大大_

着甚來由오하라 若如此則好事_ 在面前이어늘 定放過矣리라

寫時에 雖似率易나 然이나 亦機感相投라 亦不覺書在紙上이로니

荷公信得妙喜及일새 便把做事하노라 日用應緣處에

便恢張此箇法門하야 以報聖主의 求賢安天下之意하면

眞不負其所知也리라 願種種堪忍하야 始終에 只如今日做將去하면

佛法世法을 打作一片하리라 且耕且戰하야 久久純熟하면

一舉而兩得之하리니 豈非腰纏十萬貫하고 騎鶴上揚州乎아

영시랑 무실에게 답한 대혜의 편지 ②[531]

[역경과 순경에 빠지지 말고 한가로울 때와 바쁠 때도 똑같이 하라]

편지를 받아보니, 노년기에 벼슬살이를 한다[鍾鳴漏盡][532]는 비난을 받는다고 하였지만 황제를 위해 위로는 정성을 다하고 아래로는 백성을 편안하게 해주면 저절로 그 입장을 이해해주는[聞絃賞音][533] 사람이 있을 것입니다. 부디 공(영시랑)께서는 매사에 굳게 인내하여 역경과 순경을 맞이하여 의연하게 힘써보시기 바랍니다.

경전에서도 "이 깊은 마음을 가지고 티끌처럼 많은 국토를 받드는 것, 이것이 곧 나라의 은혜를 갚는 것이다"라고 하였습니다. 평소에 도를 배우는 것은 역경계와 순경계 가운데 수용하려고 하는 것입니다. 역순 경계가 앞에 나타났을 때 고뇌가 생기면 그것은 대개 평소에 이 일에 대해 마음을 쓰지 않은 것입니다. 사조도신은 말씀하셨습니다.

"경계에 반연함에는 좋고 나쁨이 없으니 좋고 나쁨은 마음에서 일어난다. 마음이 만약 억지로 이름을 붙이지 않으면 허망한 정식(情識)이 어찌 일어나겠는가? 이미 허망한 정식이 일어나지 않으면 참마음이 자재하여 두루 알 것이다."[534]

부디 역경계와 순경계에서 항상 이처럼 오래오래 관찰하면 저절로

---

531) 대혜 69세(1157) 때 명주의 아육왕사에서 쓴 편지다.
532) 종명누진(鍾鳴漏盡)에서 종명(鍾鳴)은 때를 알려주는 종이 울림을, 누진(漏盡)은 물시계의 물이 다 샌다는 말이다. 나이를 먹어 여생이 많이 남지 않음을 의미한다.
533) 문현상음(聞絃賞音)은 거문고 뜯는 소리를 듣고 그 소리를 감상하여 알아듣는 것을 말한다.
534) 『경덕전등록(景德傳燈錄)』권4[대정장(大正藏)51, p.227中]

고뇌가 일어나지 않게 됩니다. 고뇌가 일어나지 않으면 마왕을 채찍질해 호법선신으로 만들 수 있습니다. 이 앞의 편지에서 "이 늙은이가 무엇 때문에 이렇게 썼는가?"라고 했던 말이 지금도 귓가에 남아 있는데, 어찌 그것을 잊겠습니까? "불성의 이치를 알고자 한다면 반드시 시절인연을 관찰하라"[535]고 했습니다.

거사께서는 이전에 십여 년 동안 한가했던 시절을 보냈지만, 요즘은 벼슬을 하고 있어서 바쁜 시절입니다. 마땅히 한가할 때는 이 누가 한가한 것인지 생각해야 하며, 바쁠 때는 누가 바쁜가를 생각해야 합니다. 모름지기 바쁠 때에 도리어 한가할 때의 도리가 있고, 한가할 때에 도리어 바쁠 때의 도리가 있음을 믿어야 합니다. 바로 바쁜 가운데 있을 때에 마땅히 황제가 그대를 기용한 뜻을 알아서 한순간도 잊지 말고 스스로 경계하고 스스로 살펴서 '무엇으로 그 은혜를 갚을 것인가?'를 생각해야 합니다. 만약 이런 생각을 한다면 끓는 가마솥 속이나 시뻘건 숯불 속이나 칼숲이 있는 산 위에서도 앞으로 나아갈 것입니다. 눈앞의 사소한 역순 경계가 무슨 문제이겠습니까? 그대와 더불어 이 도로 서로 계합하였습니다. 그런 까닭에 인정을 두지 않고 깨끗이 토로하였습니다.

---

535) 『담주위산영우선사어록(潭州潙山靈祐禪師語錄)』[대정장(大正藏)47, p.577上] ; 『대반열반경(大般涅槃經)』권28[대정장(大正藏)12, p.532上], "欲見佛性 應當觀察時節形色" 참조.

又(二) [不落逆順 閑忙一如]

示諭호대 鐘鳴漏盡之譏는 爲君上盡誠而下安百姓이라

自有聞絃賞音者리라 願公은 凡事를 堅忍호대 當逆順境하야

政好着力이어다 所謂將此深心奉塵刹이 是則名爲報國恩이라

平昔에 學道는 只要於逆順界中에 受用이니 逆順現前에 而生苦惱면

大似平昔에 不曾向箇中用心이니라 祖師曰 境緣이 無好醜어늘 好醜_

起於心하나니 心若不强名하면 妄情이 從何起오 妄情이 旣不起면

眞心이 任徧知라하니 請於逆順境中에 常作是觀則 久久하면

自不生苦惱요 苦惱_ 旣不生則可以驅魔王하야 作護法善神矣라

前此老老大大_ 着甚來由之說이 言猶在耳어니 豈忘之耶아

欲識佛性義인댄 當觀時節因緣이라하니 以居士_ 前十餘載間에

自有閑底時節이어니와 今日은 仕權이 在手라 便有忙底時節이니

當念閑時는 是誰閑이며 忙時는 是誰忙고하야 須信忙時에

却有閑時道理하며 閑時에 却有忙時道理니 政在忙中하야

當體主上起公之意하야 頃刻에 不可暫忘하고 自警自察하야

何以報之오하라 若常作是念則鑊湯鑪炭刀山劍樹上에도

亦須着向前이온 況目前些小逆順境界耶아따녀 與公으로

以此道相契일새 故不留情하고 盡淨吐路하노라

황문사 절부[536]에게 답한 대혜의 편지[537]

[황문사의 비평을 찬탄하는 것 같지만 은근히 글의 내용을 타파한다]

편지와 함께 여러 가지 글을 받았습니다. 공(황문사)께서 이처럼 비평[拈弄]에 능숙한 이해를 지니고 있는 줄은 미처 몰랐습니다. 이처럼 활발발하게 비평한 것이 진실로 스스로 깨닫고 스스로 터득한 것이라면 무척 기뻐해야 할 일입니다.

단지 그것뿐이라면 사람들이 "이 관리가 본분을 지키지 않고 터무니없는 말을 함부로 떠들어댄다"고 말해도 그대로 내버려두십시오. 그 집안에도 응당 통하는 사람이 있어서 좋아할 것입니다.[538] 오직 일찍이 증득하고 일찍이 깨달은 사람이어야 바야흐로 알 것입니다. 그러나 만약 남의 말만 좇는 부류의 사람이라면 그들 마음대로 거북 껍질에 구멍을 내고 기왓장을 깨뜨리면서 점치도록[鑽龜打瓦][539] 내맡겨두십시오. 그들이 다시 여래선이니 조사선이니 비판한다면 저의 주장자를 실컷 맛보아야 할 것입니다.

자, 말해보십시오. 이것이 상입니까? 벌입니까? 제방(諸方)을 다니면서 다시 30년을 의심해야 할 것입니다.

---

536) 황문사 절부의 성은 황(黃)씨고, 이름은 언(彦)이며, 자는 절부(節夫)이고, 호는 묘덕(妙德)이다. 문사(門司)는 궁문(宮門)을 담당하는 벼슬이다.

537) 대혜 69세(1157) 때 명주 아육왕사에서 쓴 편지다.

538) 『경덕전등록(景德傳燈錄)』권29[대정장(大正藏)51, p.450中]

539) 찬구타와(鑽龜打瓦)는 거북의 등껍질을 불에 태워 길흉을 점치고, 옹기를 깨뜨려 그 조각으로 길흉을 점치는 것을 말한다.

答 黃門司 節夫 [佯讚拈弄 暗破句內]

收書와 幷許多葛藤하고 不意便解如此拈弄호라

直是弄得來活鱍鱍地라 眞是自證自得者니 可喜可喜로다 但只如此면

從敎人道호대 遮官人이 不依本分하고 亂說亂道어다 他家에

自有通人愛리라 除是曾證曾悟者라사 方知니 若是聽響之流인댄

一任他의 鑽龜打瓦리라 更批判得如來禪祖師禪인댄

好儘喫得妙喜拄杖也리니 且道하라 是賞伊아 罰伊아 一任諸方에

更疑三十年하노라

손지현[540]에게 답한 대혜의 편지[541]

[금강경의 경문 가운데 한 곳을 간삭(刊削)[542]해야 한다고 주장한 손지현의 견해를 타파한다]

공(손지현)께서 수정하여 보내주신 『금강경』을 받아서 일독하고 무척 기뻤습니다. 근세에 사대부로서 공처럼 불경에 마음을 두고 있는 사람은 실로 드뭅니다. 뜻을 얻지 못했다면 이렇게 믿을 수 없으며, 경전을 보는 안목을 갖추지 못했다면 경전 속의 깊고 묘한 뜻을 엿볼 수 없었을 것입니다. 참으로 불꽃 속에서 피어난 연꽃 같습니다.

그런데 자세히 음미하기를 오래 하니 의심이 없지 않습니다. 공께서는 "모든 성사(聖師)들의 번역이 진실을 잃어버리고 근본을 빠뜨려 어지럽히고, 문구를 증감하여 부처님의 뜻을 위배했다"고 비방했습니다. 또 "처음에 『금강경』을 지송했을 때부터 그 잘못을 알아차리고 정본(定本)을 구하여 그 잘못을 시정하려고 하였다. 그렇지만 이미 오랫동안 오류에 길들여지고 부화뇌동하여 천편일률이 되어 있었다. 경사(京師)에 소장된 판본을 얻은 연후에 비로소 바로잡을 근거가 생겼다. 다시 천친(天親)[543]과 무착(無着)[544]의 논송을 연구해보니 그

---

540) 손지현의 이름과 자는 연보에도 모두 미상이다[狀主名與字年譜中具不現也]. 지현은 벼슬 이름이다.
541) 대혜 70세(1158) 때 임안 경산사의 주지(住持)로 재임(再任)할 때 쓴 편지다.
542) 간삭(刊削)은 글의 일부나 전부를 없애거나 붓으로 지우는 것을 말한다.
543) 천친(天親)의 『금강반야경론(金剛般若經論)』 3권[대정장(大正藏)25 수록]을 가리키는 것으로 보인다. 천친은 무착의 77게송에 각각 해설을 붙이고 귀경게(歸敬偈) 1송과 귀결게(歸結偈) 2송을 붙여서 완성하였다.
544) 무착(無着)의 『금강반야론(金剛般若論)』[대정장(大正藏)25 수록]을 가리키는 것으

뜻이 꼭 들어맞아 드디어 얼음이 녹듯 의심이 없어졌으며, 나아가 장수(長水)[545]와 고산(孤山)[546] 두 스님 모두 언구에만 의지하여 뜻에서 어긋났다"라고 말씀하셨습니다.

모르겠습니다. 공께서 이처럼 비판할 수 있으려면 반드시 육조 (六朝)에 한역된 『금강경』의 산스크리트 원본을 자세히 살펴보고서 여러 스님들의 번역[547]에 있는 오류를 모두 파악하여야 비로소 얼음이 녹듯 의심이 사라질 것입니다.

산스크리트 원본도 없는데 성급히 짐작하여 성인의 뜻을 간삭(刊削) 하면 원인을 부르고 과보를 가져와 부처님의 가르침을 훼방하여 무간지옥에 떨어질 것은 논하지 않겠습니다. 아는 사람이 공의 글을 본다면 공이 여러 스님들의 허물을 점검했듯이 그 점검이 공에게 돌아 올까 염려스럽습니다.

고인은 말했습니다. "사귄 지 오래되지 않았는데 속 깊은 이야기를 나누는 것은 허물을 초래하는 길이다."[548] 나와 그대는 평소에 잘 모르는 사이입니다. 그런데 공께서 『금강경』을 가지고 인증(印證)을 구하여 만세에 유포하여 중생계에 부처님 종자를 심고자 하신다니,

---

로 보인다. 무착이 77게송을 천친에게 일러주자 천친이 귀경게(歸敬偈) 1송과 귀결 게(歸結偈) 2송을 붙여서 80게송으로 완성하였다.

545) 장수자선(長水子璿: 965-1038)은 임제종 낭야혜각(瑯琊慧覺)의 제자이다. 규봉종 밀(圭峰宗密)의 『금강반야경소론찬요(金剛般若經疏論纂要)』에 교감을 가하였다.

546) 고산지원(孤山智圓: 975-1022)의 저술에 『문수반야경소(文殊般若經疏)』가 있다.

547) 한역(漢譯) 6종으로 여섯 왕조에 걸친 번역본을 가리킨다. 곧 후진(後秦)의 구마라 집(鳩摩羅什) 번역본, 후위(後魏)의 보리유지(菩提流支) 번역본, 진조(陳朝)의 진제 (眞諦) 번역본, 수대(隋代)의 달마급다(達摩笈多) 번역본, 당대(唐代)의 현장(玄奘) 번역본, 대주(大周)의 의정(義淨)의 번역본 등이다.

548) 『전국책(戰國策)』 「조책(趙策)」

이것은 무척 훌륭한 일입니다. 또한 저를 그 속의 사람[簡中人]으로 여겨서 그 속의 소식을 가지고 모습 밖의 일[形器之外]을 서로 기약하고자 하였습니다. 그 때문에 감히 편지를 올리지 않을 수가 없습니다.

옛적에 청량징관(清凉澄觀)[549] 국사께서 『화엄경소』를 지으실 때 한역한 스님의 오류를 바로잡으려고 했지만 산스크리트 원본을 구하지 못하자 다만 그것을 경전의 말미에 기록해두었습니다. 예컨대 「불부사의법품」에서 이르기를 "모든 부처님[一切佛]에게는 가없는 몸이 있고, 색신이 청정하여 모든 곳에 두루 들어가고 빠짐없이 이르지만 오염되지 않는다"[550]고 했는데, 청량국사는 다음과 같이 말했습니다. "「불부사의법품」상권 제3쪽 제10행에 '일체제불(一切諸佛)'이라고 해야 하는데 구역(舊譯)[551]에는 '제(諸)'라는 글자가 빠져 있다."

그 밖의 경전에서 본래 빠져 있는 경우도 모두 경전의 끝에 주석으로 달아놓았습니다. 청량국사도 또한 성사(聖師)이므로 더하거나 빼는 일을 할 줄 모르는 것은 아니었지만, 경전의 끝머리에 적어놓은 것으로 그친 것은 법을 아는 사람은 신중하기 때문입니다.

또 경전에 있는 '대유리보(大琉璃寶)'라는 구절에 대하여, 청량국사는 "아마 이것은 폐유리(吠琉璃)일 것이다. 구역 『화엄경』에서 잘못 쓴 것이 아닐까?"라고 말했지만, 이 또한 고치지 않고 다만 이와 같음을 경전의 끝에 적어두었을 뿐입니다.

육조(六朝) 시대에 번역한 여러 스님들도 모두 식견이 얕은 분들이

---

549) 청량징관(清凉澄觀: 738-839)은 중국 화엄종의 제4조이다.
550) 『대방광불화엄경(大方廣佛華嚴經)』권46[대정장(大正藏)10, p.242上-中]
551) 구역(舊譯)은 불타발타라(佛陀跋陀羅)가 번역한 60권 『화엄경』을 가리킨다.

아니었습니다. 번역했던 곳에는 말을 번역하는 사람도 있고, 뜻을 번역하는 사람도 있으며, 윤문하는 사람도 있고, 산스크리트를 검증하는 사람도 있으며, 뜻을 교정하는 사람도 있고, 한문과 산스크리트를 서로 비교하는 사람도 있습니다.

그런데 공께서는 오히려 성인의 뜻을 잘못 번역하셨다고 여기십니다. 공께서 아직 산스크리트 원본을 얻지도 못하고서 함부로 더하고 뺀다면, 도리어 후세인이 잘 믿어주기를 요구하는 것이 더욱 어렵지 않겠습니까?

예컨대 장수(長水) 스님에 대하여 경전의 문구에만 의거하여 뜻에서 벗어났다고 하였지만, 산스크리트 원본의 증거가 없는데 어떻게 바로 결정하여 그것을 잘못이라고 여깁니까? 장수 스님은 비록 경전을 강의하는 사람일지라도 다른 강사들과 같지 않습니다. 일찍이 낭야광조(瑯琊廣照)[552] 선사에게 참문하여 『수능엄경』의 부루나 존자가 부처님께 "청정함이 본래 그러한데 어찌하여 문득 산하대지가 생겨났습니까?"라고 물은 뜻을 가지고 가르침을 청하였습니다. 그러자 낭야선사는 언성을 높여 "청정함이 본래 그러한데 어찌하여 문득 산하대지가 생겨났는가?"라고 되물었습니다. 장수 스님은 이 말에 크게 깨달았습니다. 뒷날 바야흐로 옷을 걸침에는 스스로를 강사[座主]라고 불렀습니다.

무릇 강사의 경우는 대다수가 글귀만 좇고[尋行數墨][553] 맙니다.

---

552) 낭야광조(瑯琊廣照) 선사는 낭야혜각(瑯琊慧覺) 선사이다.
553) 심우수묵(尋行數墨)은 자구(字句)에 구애되어 이치를 깊이 연구하지 못하는 것을 말한다. 『경덕전등록(景德傳燈錄)』 권29[대정장(大正藏)51, p.450上]

공께서 말씀하신 언구에 의지하고 뜻에 의지하지 않는다는 것이
그것입니다. 그러나 장수 스님의 경우는 식견이 없는 것도 아니고
글귀만 좇는 사람도 아닙니다.

『금강경』의 "상을 구족하지 않았기 때문에 아뇩보리를 얻은 것이
다"[554]라는 경문은 대단히 분명합니다. 이 대목은 지극히 평이한데도
공은 제멋대로 지나치게 기특한 것을 추구하고, 특이한 견해를 내세워
남들이 공의 견해를 따라주기를 요구하신 것입니다.

공께서는 무착의 『금강반야론』을 인용하여 다음과 같이 말씀하
셨습니다.

"법신에 의해 여래를 보아야 한다. 상의 구족[555]에 의지해서는 안
되기 때문이다. 만약 그렇다면 여래는 상의 구족에 의해 볼 수 있지만,
상의 구족을 원인으로 해서 무상보리를 얻는 것이 아니다.[556] 이러한
집착에서 벗어나게 하기 위해[557] 경전에서는 '수보리야, 어떻게 생각
하는가? 여래가 상의 성취[558]로써 아뇩보리를 얻었겠느냐? 수보리야,
그와 같은 생각을 해서는 안 된다'는 등의 말씀을 하신 것이다. 이 뜻은
상의 구족은 그 본체가 보리(菩提)도 아니고, 또한 상의 구족으로써

---

554) 『금강반야바라밀경(金剛般若波羅蜜經)』[대정장(大正藏)8, p.752上]
555) '형상의 구족[相具足]'은 『조계종표준금강반야바라밀경』에서는 '신체적 특징을 원만
하게 갖춘 것'으로 해석하였다.
556) 『금강반야론(金剛般若論)』권下[대정장(大正藏)25, p.765中], "以法身應見如來 非
以相具足故 若爾 如來雖不應以相具足見 應以相具足為因, 得阿耨多羅三藐三菩
提 為離此著故 經言 須菩提! 於意云何 如來可以相具足於阿耨多羅三藐三菩提
正覺也" 참조.
557) '이러한 집착을 벗어나기 위한 까닭에[為離此着故]'가 무착의 논에서는 '법신을 성취
한 까닭에[為攝取法身故]'이다.
558) '형상의 성취[相成就]'에 해당하는 말이 무착의 논에서는 '형상의 구족[相具足]'이다.

인(因)을 삼을 수도 없다는 것을 설명한 것이다. 왜냐하면 상(相)은 색의 자성이기 때문이다."[559]

　이 무착의 논은 대단히 분명합니다. 그런데 공께서 제멋대로 잘못 보고 잘못 이해한 것뿐입니다. 색(色)은 바로 상(相)이 연기한 것이고, 상은 바로 법계가 연기한 것입니다.

　양(梁)의 소명태자(昭明太子)[560]가 "그런 생각을 하지 말라. 여래가 형상을 구족한 까닭에 아뇩보리를 얻었다는 생각을 하지 말라"라는 대목을 32분 중에서 「무단무멸분」으로 삼은 것은, 수보리가 상을 구족했기 때문이라고 하지 않으면 연기가 소멸될 것을 염려했기 때문입니다. 그것은 수보리가 처음 모태에 있었을 때 공적을 알아서 연기의 상에 머물지 않았기 때문입니다. 말씀하신 뒷부분에 인용한 공덕시보살(功德施菩薩)이 지은 논의 말미에는 "만약 상을 성취함이 진실로 있는 것이라면 이 상이 소멸할 때에 곧 단멸이라고 부른다. 무엇 때문인가? 생겨남이 있으므로 단멸이 있기 때문이다"라고 하였습니다. 또한 사람들이 알지 못할까 염려해서 다시 말했습니다. "무슨 까닭인가? 일체의 법은 생겨나는 성품이 없다. 따라서 단견과 상견의 두 가지 치우친 견해를 멀리 떠난다. 두 가지 치우친 견해를 멀리 떠나는 것이 법계의 모습이다." 여기서 법계의 성품이라고 말하지 않고 상을 말한 것은 생각해보면 법계는 성품의 연기이기 때문일

559) 『금강반야론(金剛般若論)』 권上[대정장(大正藏)25, p.758上], "為攝取法身故 經言 須菩提 於意云何 應以相具足見如來不 如是等 須菩提 於意云何 如來可以相具 足 正覺阿耨多羅三藐三菩提 莫作是念者 此義明相具足體非菩提 亦不以相具足 為因也 以相是色自性故"참조.
560) 소명태자(昭明太子)는 양(梁) 무제(武帝)의 장자다.

것입니다. 상은 법계의 연기이기 때문에 성품을 말하지 않고 상을 말한 것입니다. 양나라 소명태자가 말한 무단무멸이 바로 이것입니다. 이 단락의 뜻이 분명한데 또 당신은 기이함을 구하는 것이 너무 지쳐 억지로 절목을 만들어내는 것일 뿐입니다. 만약 말씀하신 것처럼 『금강경』의 경문을 삭제한다면, 일대장교를 읽는 사람들이 각각의 억지 견해를 따라서 모두 깎아내고 삭제할 수 있을 것입니다.

가령 한퇴지(韓退之)[561]는 『논어』 가운데 '화(畵)' 자를 '주(晝)' 자가 되어야 한다고 지적하고, 옛날의 본이 잘못된 것이라고 말했습니다. 한퇴지의 식견이라면 곧 고칠 수도 있었을 것입니다. 그런데 단지 그처럼 책에서만 거론한 것은 무슨 까닭일까요? 이 또한 법을 아는 사람은 신중하기 때문입니다.

규봉종밀(圭峯宗密) 선사가 『원각경』의 소초를 지었습니다. 종밀 선사는 『원각경』을 통해서 깨달은 이치가 있었기에 바야흐로 붓을 들 수가 있었습니다. 『원각경』 가운데 "일체중생은 모두 원각을 증득했다"[562] 라고 하였는데, 규봉은 '증(證)' 자를 '구(具)' 자로 고치고, 번역한 사람의 오류라고 말했습니다.[563] 그러나 산스크리트 원본을 볼 수가 없어서 단지 소(疏) 안에다 논의하여 두고 감히 경전을 고쳐서

---

561) 한퇴지(韓退之: 768-824)의 성은 한(韓)이고 이름은 유(愈)이며, 자는 퇴지(退之)이다. 한문공(韓文公)으로도 불렸다. 당나라 때 정치가이고 문장가이며 사상가이다. 당송팔대가(唐宋八大家)의 한 사람으로 조계혜능(曹溪慧能)의 비문도 썼다.

562) 『대방광원각수다라요의경(大方廣圓覺修多羅了義經)』[대정장(大正藏)17, p.916下]

563) 『대방광원각수다라요의경약소(大方廣圓覺修多羅了義經略疏)』 권下之一[대정장(大正藏)39, p.552下], "一切眾生皆證圓覺 定知身心本來具有 以已證知一切有情無不是覺 譯經訛也 應云證諸眾生皆有圓覺"

바로잡지는 않았습니다. 뒷날 늑담의 진정극문(眞淨克文)⁵⁶⁴⁾ 화상이 「개증론(皆證論)」을 찬술하였습니다. 「개증론」에서 규봉종밀 스님을 통렬하게 꾸짖으며 말했습니다. "깨진 범부요, 비린내 나는 놈이다." 만약 일체중생이 모두 원각을 갖추고도 증득하지 못한다면, 축생은 영원히 축생이 될 것이고, 아귀는 영원히 아귀가 될 것이며, 온 시방세계가 온통 구멍이 없는 쇠망치[無孔鐵鎚]로서 다시 한 사람도 진심을 내어 근원으로 돌아가지 못하며, 범부도 또한 해탈을 추구하지 못할 것입니다. 왜냐하면 일체중생이 모두 이미 원각을 갖추고 있으므로 증득함을 추구할 필요가 없기 때문입니다.

공께서는 경사(京師)에 있는 대장경의 판본을 옳은 것으로 간주하여 마침내 경사의 판본으로 증거를 삼았습니다. 그런데 경사에 소장된 판본도 외주부(外州府)에서 들여온 것입니다. 경산의 두 장경[兩藏經]⁵⁶⁵⁾도 모두 조정이 번성하던 시절에 내려주신 것이고, 또한 외주부의 경생(經生)들이 필사한 것입니다. 만약 여기에 오류가 있다면 또 어떻게 고치겠습니까?

공께서 만약 나와 남을 가리지 않고[無人我] 제가 드리는 말씀을 지극히 신뢰하신다면 옛날과 지금의 커다란 잘못 위에 꼭 얽매일 필요는 없습니다. 만약 자기의 견해가 옳다고 고집하여 기필코 개정하여 모든 사람한테 욕을 먹고자 하신다면 마음대로 고쳐서 간행하십시오. 저는

---

564) 진정극문(眞淨克文: 1025-1102)은 북송 황룡파(黃龍派)의 개조 황룡혜남(黃龍慧南)의 제자다.
565) 양장경(兩藏經)은 남경과 북경의 두 장경본이다. 남송 고종 때 칙명으로 임안의 경산사에 안치한 것을 말한다.

그저 따라서 기뻐하고 찬탄할 수밖에 없습니다.

공께서 이미 일부러 사람을 보내어 경전을 인가해주기를 바라시니, 비록 서로 알지 못하지만 법으로는 가깝게 여기는 까닭에 저도 모르게 시시콜콜 다른 의견을 내놓았습니다. 공의 지극한 정성을 본 까닭에 인정을 두지 않았습니다.

공께서 결정코 교학을 궁구하여 심오한 뜻에 도달하고자 하신다면 응당 명성이 자자한 강사(講師)를 찾아가서 한마음 한뜻으로 그분과 함께 자세히 연구하고 철두철미하게 공부해야 합니다. 오롯하게 마음을 부처님 가르침에 두어야 합니다. 만약 무상이 신속하고 생사의 일이 큰데 아직 이 일을 밝히지 못했으면 마땅히 한결같은 마음과 뜻으로 능히 생사의 소굴을 부술 수 있는 훌륭한 선지식[本分作家]을 찾아가서 그와 함께 죽을 각오로 공부에 매진하십시오. 그러다가 홀연히 칠통을 타파하면 곧 그것이 철두철미한 경지입니다.

그러나 만약 단지 이야깃거리로만 삼아서 "나는 온갖 서적을 읽어서 통달하지 않은 것이 없다. 나는 참선도 알고 교학도 안다"고 하고, 또한 "이전의 모든 번역자와 강사들도 도달하지 못한 이치를 점검할 수가 있다"고 말하면서, 자신이 능하고 자신이 안다고 드러낸다면 삼교의 성인에 대해서도 모두 지적하는 것이 옳을 것입니다. 그렇다면 굳이 다른 사람의 인가를 구한 후에 세간에 유포할 필요가 없을 것입니다. 어떻습니까?

答 孫知縣 [破他狀主之刊削經文]

蒙호니 以所修金剛經으로 相示일새 幸得隨喜一徧호라

近世士大夫_ 肯如左右하야 留心內典者_

實爲希有로다 不得意趣則不能如是信得及하며

不具看經眼則不能窺測經中深妙之義하리니 眞火中蓮也로다

詳味久之호니 不能無疑耳로라 左右_ 詆諸聖師의

飜譯失眞而汨亂本眞하고 文句增減하야 違背佛意라하며

又云호대 自始持誦으로 卽悟其非하고 欲求定本하야

是正舛差언만은 而習僞已久라 雷同一律이러니 暨得京師藏本하야

始有據依라하며 復考繹天親無着論頌호니 其義脗合하야

遂泮然無疑라하며 又以長水孤山二師는 皆依句而違義라하니

不識커라 左右_ 敢如此批判則定嘗見六朝所譯梵本하야

盡得諸師飜譯錯謬하야사 方始泮然無疑어늘 旣無梵本하고

便以臆見으로 刊削聖意則且未論招因帶果하야 毀謗聖敎로

墮無間獄하고 恐有識者見之면 却如左右_ 檢點諸師之過하야

還着於本人矣일까하노라 古人이 有言호대 交淺而言深者는

招尤之道也라하니 某與左右로 素昧平生이라 左右_ 以此經으로

求印證하야 欲流布萬世하야 於衆生界中에 種佛種子하니

此是第一等好事而又以某로 爲箇中人이라하야 以箇中消息으로

相期於形器之外일새 故로 不敢不上稟하노라 昔에 淸涼國師_

造華嚴疏할새 欲正譯師訛舛호대 而不得梵本하야 但書之于經尾而已니
如佛不思議法品中에 所謂一切佛이 有無邊際身하사
色相이 淸淨하야 普入諸趣호대 而無染着이라하야 淸凉이
但云호대 佛不思議法品上卷第三葉第十行에 一切諸佛이어늘
舊脫諸字라하고 其餘經本脫落에도 皆注之于經尾하시니 淸凉도
亦聖師也라 非不能添入及減削이언만은 止敢書之于經尾者는
識法者懼也니라 又經中에 有大瑠璃寶어늘 淸凉曰 恐是吠瑠璃를
舊本에 錯寫라호대 亦不敢改하고 亦只如此히 注之經尾耳며
六朝飜譯諸師도 非皆淺識之士라 飜譯場에 有譯語者하며
有譯義者하며 有潤文者하며 有證梵語者하며 有正義者하며
有唐梵相校者어늘 而左右_ 尙以爲錯譯聖意라하니 左右_
旣不得梵本하고 便妄加刊削하야 却要後世人으로 諦信이 不亦難乎아
如論長水하야 依句而違義라하니 無梵本證커늘 如何便決定하야
以其爲非리요 此公은 雖是講人이나 與他講人으로 不同하니
嘗參瑯琊廣照禪師하야 因請益瑯琊호대 首楞嚴中에 富樓那_ 問佛호대
淸淨本然커니 云何忽生山河大地之義한대 瑯琊_ 遂抗聲云호대
淸淨本然커늘 云何忽生山河大地오하니 長水_ 於言下에 大悟하고
後方披襟하야 自稱座主하니 蓋座主는 多是尋行數墨일새 左右_
所謂依句而不依義라하니 長水는 非無見識이며 亦非尋行數墨者니라
不以具足相故로 得阿耨菩提라하신 經文大段이 分明하야
此文이 至淺至近이어늘 自是左右_ 求奇太過하야 要立異解하야
求人從己耳니라 左右_ 引無着論云호대 以法身으로 應見如來요
非以相具足故라하니 若爾인댄 如來를 雖不應以相具足으로 見이나

338   서장

應相具足으로 爲因하야 得阿耨菩提라할새 爲離此着故로 經에

言須菩提야 於意云何오 如來를 可以相成就로 得阿耨菩提아

須菩提야 莫作是念等者는 此義_ 明相具足은 體非菩提며

亦不以相具足으로 爲因也니 以相은 是色의 自性故라 此論大段이

分明커늘 自是左右_ 錯見錯解爾라 色은 是相의 緣起요 相은

是法界緣起니 梁昭明太子_ 謂莫作是念호대 如來不以具足相故로

得阿耨菩提를 三十二分中에 以此分으로 爲無斷無滅分은 恐須菩提가

不以具足相則緣起滅矣니 蓋須菩提_ 初在母胎에 卽知空寂하야

多不住緣起相일새니라 後引功德施菩薩論호대 末後에 若相成就_

是眞實有인댄 此相이 滅時에 卽名爲斷이니 何以故오 以生故로

有斷이니라 又怕人不會하야 又云호대 何以故은 一切法이 是無生性일새

所以로 遠離斷常二邊이니 遠離二邊은 是法界相이라 不說性而言相은

謂法界는 是性之緣起故也요 相是法界緣起故로 不說性而言相이라

梁昭明의 所謂無斷無滅이 是也라하니 此段이 更分明커늘 又是左右_

求奇太過하야 强生節目爾니라 若金剛經을 可以刊削則一大藏敎를

凡有看者_ 各隨臆解하야 都可刊削也니라 如韓退之_

指論語中畫字하야 爲畫字하고 謂舊本差錯이라하니 以退之之見識으로

便可改了어늘 而只如此論在書中은 何也오 亦是識法者_ 懼爾니라

圭峯密禪師_ 造圓覺疏鈔할새 密이 於圓覺에 有證悟處코사

方敢下筆하니 以圓覺經中에 一切衆生이 皆證圓覺이라하야늘

圭峯_ 改證爲具하고 謂譯者之訛라호대 而不見梵本일새

亦只如此論在疏中하고 不敢便改正經也러니 後來에 泐潭眞淨和尙이

撰皆證論호대 論內에 痛罵圭峯이 謂之破凡夫臊臭漢이라

若一切衆生이 皆具圓覺而不證者인댄 畜生은 永作畜生하고 餓鬼는

永作餓鬼하야 盡十方世界_ 都盧是箇無孔鐵鎚라 更無一人도

發眞歸元이며 凡夫도 亦不須求解脫이니 何以故오 一切衆生이

皆已具圓覺이라 亦不須求證故라하니라 左右_ 以京師藏經本으로

爲是하야 遂以京本으로 爲據어니와 若京師藏本은 從外州府納入이며

如徑山兩藏經도 皆是朝廷全盛時에 賜到요 亦是外州府의

經生所寫어늘 萬一有錯이면 又却如何改正이리요 左右_ 若無人我하야

定以妙喜之言으로 爲至誠이면 不必泥在古今一大錯上이어니와

若執己見爲是하야 決欲改削하야 要一切人의 唾罵인댄

一任刊版印行하노라 妙喜도 也只得隨喜讃歎而已리라 公이

旣得得遣人하야 以經으로 來求印可일새 雖不相識이나 以法爲親故로

不覺에 忉忉怛怛하야 相觸忤로니 見公至誠이라 所以로 更不留情하노라

左右_ 決欲窮敎乘造奧義인댄 當尋一名行講師하야 一心一意로

與之參詳하야 敎徹頭徹尾하야 一等是留心敎網也며 若以無常이

迅速하고 生死事大호대 己事未明이라하면 當一心一意로

尋一本分作家_ 能破人生死窠窟者하야 與伊로 着死工夫厮崖하야

忽然打破漆桶하면 便是徹頭處也리라 若只是要資談柄道호대

我는 博極羣書하야 無不通達하며 禪我也會하고 敎我也會하며

又能檢點得前輩諸譯主講師不到處하야 逞我能我解則三敎聖人을

都可檢點이라 亦不必更求人印可然後에 放行也리니 如何如何오

장사인 장원[566]에게 답한 대혜의 편지[567]

[보고 들으며 느끼고 아는 것에 빠지지 말고 화두를 참구하라]

그대가 이 일을 결정코 성취하고자 한다면 다만 항상 마음을 텅텅 비워야 합니다. 대상이 오면 곧 응하는 것이 마치 활쏘기를 배우는 사람이 오래오래 하면 표적에 적중하게 되는 것과 같습니다. 보지 못했습니까? 달마대사가 이조혜가(二祖慧可)에게 말하였습니다. "그대는 다만 밖으로 모든 인연을 쉬고 안으로는 마음에 헐떡거림이 없어야 한다. 마음이 장벽과 같이 되어야 도에 들어갈 수 있다."[568]

오늘날 사람들은 달마의 이 말을 듣자마자 곧장 안배하여 완연히 무지한 곳을 향해 굳게 스스로 막고 눌러서 마음이 장벽과 같이 되기를 바랍니다. 조사께서 말씀하신 "착각하고 오해하였으니 어찌 일찍이 방편을 알겠는가?"[569]가 바로 이것입니다.

암두전활은 말했습니다. "이렇다고 하면 곧장 이러한 것이 아니다. 그러므로 긍정하는 말도 버리고 부정하는 말도 버려야 한다."[570] 이것이 바로 밖으로 모든 인연을 쉬고 안으로 마음에 헐떡거림이 없는 본보기입니다. 그러면 비록 한순간에 꺾이고 단박에 깨침을 얻지 못하여도 또한 언어의 굴림을 받지 않을 것입니다. 달을 볼 뿐

---

566) 장사인 장원의 성은 장(張)씨고, 이름은 효상(孝祥)이며, 자는 장원(狀元)이다. 사인(舍人)은 벼슬 이름이다.
567) 대혜 71세(1159) 때 임안 경산사에 주석할 때 쓴 편지다.
568) 『소실육문(少室六門)』「이종입(二種入)」[대정장(大正藏)48, p.370上]
569) 『육조대사법보단경(六祖大師法寶壇經)』[대정장(大正藏)48, p.356下]
570) 『연등회요(聯燈會要)』권21[만신속장(卍新續藏)79, p.182下]

손가락을 보지 않을 것이며, 집에 돌아가면 길을 묻지 않을 것입니다. 분별식정을 타파하지 못하면 번뇌의 불이 활활 타오를 것입니다.

바로 이러한 때를 당하여 다만 의심해오던 화두를 살펴보십시오. 예컨대 어떤 스님이 조주에게 물었습니다. "개에게도 불성이 있습니까 없습니까?" 조주 스님은 말했습니다. "무." 다만 오로지 화두를 제시하여 살펴볼 뿐 왼쪽으로 가도 옳지 않고 오른쪽으로 가도 옳지 않습니다. 또한 마음을 가지고 깨달음을 기다리지도 말며, 말을 꺼내는 곳에서 알려고 하지 마십시오. 현묘한 이해를 짓지도 말며, 있고 없음에 대한 알음알이를 짓지도 말며, 참으로 없다고 헤아리지도 말며, 아무런 일이 없는 곳에 머물러 있지 말며, 돌과 돌이 부딪쳐서 불이 일어나고 번개가 쳐서 불이 나는 듯한 곳을 향해서 알려고 하지 마십시오. 곧바로 마음 쓸 곳이 없고 마음 갈 곳이 없을 때에 공적한 곳에 떨어질까 두려워하지 마십시오. 여기가 바로 좋은 곳입니다. 마치 쥐가 소의 뿔 속으로 들어가 바로 꼼짝도 못 하게 되는 것과 같습니다.

이 일은 어렵지도 않고 쉽지도 않습니다. 오직 숙세에 일찍이 반야의 지혜를 깊이 심었거나, 일찍이 시작 없는 광대한 겁에 참다운 선지식을 받들고 섬겨 바른 지식과 견해를 훈습해서 신령한 의식[靈識] 속에 있는 사람은 경계에 부딪히고 인연을 만나는 일상생활 속에서 맷돌 맞듯 맷돌 맞듯 할 것입니다. 마치 만 명의 무리 속에 있더라도 자기 부모를 알아보는 것과 같습니다. 바로 이러한 때에는 남에게 묻지 않아도 저절로 구하고 찾는 마음이 어지러이 날뛰지 않을 것입니다. 깨달음[此事]은 쉬운 것도 아니지만 어려운 것도 아닙니다.

운문문언은 말했습니다. "말을 할 때는 곧 있다가 말을 하지 않을 때는 곧 없게 하지 말라. 사랑할 때는 곧 있다가 사랑하지 않을 때는 곧 없게 하지 말라." 또 스스로 제기하여 말했습니다. "말해보아라. 사랑하지 않을 때는 무엇인가?" 다시 사람들이 알지 못할까 염려하면서 스스로 말했습니다. "또 무엇인가?"

근년 이래로 참선에 많은 길이 있습니다. 어떤 사람은 한 번 묻고 한 번 대답하다가 끝에 가서 한 마디라도 더 많으면 그것을 선으로 여깁니다. 어떤 사람은 고인들이 도에 들어간 인연을 가지고 머리를 모아 헤아리면서 말합니다. "이것은 헛된 것이고, 저것은 실다운 것이다. 이 말은 그윽하고, 저 말은 오묘하다." 혹은 대신 대답하고, 혹은 다르게 말하면서 선이라고 여깁니다. 어떤 사람은 눈으로 보고 귀로 듣는 것을 삼계유심과 만법유식 위에 적당히 끼워 맞추는 것을 선으로 여깁니다. 어떤 사람은 말 없는 검은 산 아래의 귀신굴 속에서 눈을 꼭 감고 앉아서 그것을 "위음왕불 이전의 부모가 낳기 이전의 소식이다"라고 합니다. 또 "묵묵히 항상 비추고 있다"고 하면서 선으로 삼습니다. 이와 같은 무리는 미묘한 깨달음은 구하지 않고, 깨달음을 두 번째에 떨어진 것이라고 하며, 깨달음은 사람을 속이거나 놀리는 것이라고 하며, 깨달음을 만들어 세우는 것이라고 합니다. 이미 스스로 깨닫지도 못하고 또한 깨달음이 있음을 믿지도 않습니다.

저는 항상 납자들에게 말합니다. "세간의 정교한 기술도 깨달은 곳이 없으면 오히려 그 미묘한 것을 얻지 못한다. 하물며 생사에서 벗어나고자 하면서 단지 입으로만 고요함을 이야기하면서 바로 거두어들이고자 하는가? 마치 머리를 숙이고 동쪽을 향해 달리면서 서쪽에 있는 물건을 취하려고 하는 것과 같다." 구할수록 더욱 멀어지고, 급할수록 더욱 느려집니다. 이러한 무리는 불쌍한 사람들입니다. 경전에서는 이들을 "대반야를 비방하는 사람이며, 부처님 지혜의 생명을 끊는 사람이다"라고 합니다. 비록 천 명의 부처가 세상에 나오더라도 참회가 통하지 않을 것입니다. 비록 좋은 씨앗이지만 악한 결과를 불러올 것입니다.

차라리 이 몸을 부수어 작은 먼지로 만들지언정 불법을 가지고 인정에 맞추지 않을 것입니다. 결정코 생사에 대적하고자 하면 모름지기 이 칠통을 타파해야 합니다. 삿된 스승들이 부드럽게 어루만지며 동과(冬瓜)로 도장을 만들어 찍어주는 것[冬瓜印子]571)을 받고는 "나는 천 가지를 알고 백 가지를 안다"고 말합니다. 이와 같은 무리가 벼나 삼이나 대나무나 갈대처럼 많지만, 그대는 총명하고 지견이 있기에 절대로 이런 부류의 해악을 받아들이지 마십시오. 그러나 또한 마음을 씀이 간절하여 빠른 효과를 구하다가 자기도 모르는 사이에 오염을 입을까 염려되어 말이 많아졌습니다. 눈 밝은 사람이 본다면 한바탕 허물일 뿐입니다.

잘 들어보십시오. 단지 조주선사의 한 개의 무 자로 일상의 인연을 만나는 곳에서 참구하면서 끊어지지 않게 하십시오. 고덕이 말씀하셨습니다. "지극한 이치를 궁구하는 것은 깨달음으로 법칙을 삼는다." 만약 설법을 하늘에서 꽃이 어지럽게 떨어지게 할지라도 깨닫지 못하면 모두 어리석어져 미쳐서 바깥으로 내달릴 뿐입니다. 열심히 해야지 소홀히 해서는 안 됩니다.

---

571) 동과인자(冬瓜印子)는 가짜를 가지고 사람을 속이는 것을 말한다.

答 張舍人 狀元安國 [不落見聞 看箇話頭]

左右_ 決欲究竟此事인댄 但常令方寸으로 虛豁豁地하야
物來卽應하면 如人學射에 久久中的矣리라 不見가 達磨_ 謂二祖曰
汝但外息諸緣하고 內心無喘하야 心如牆壁이라사 可以入道라하야늘
如今人은 纔聞此說하고 便差排하야 向頑然無知處하야 硬自遏捺하야
要得心如牆壁去하나니 祖師의 所謂錯認何曾解方便者也라
巖頭_ 云호대 纔恁麽면 便不恁麽니 是句도 亦剗이며 非句도
亦剗이라하니 遮箇便是外息諸緣하고 內心無喘底樣子也라
縱未得啐地折爆地破라도 亦不被語言所轉矣리라 見月休觀指하고
歸家罷問程이니 情識을 未破則心火熠熠地리니 正當恁麽時하야
但只以所疑底話頭로 提撕호대 如僧이 問趙州호대 狗子도
還有佛性也無잇가 州云無라하니 只管提撕擧覺이언정 左來也不是며
右來也不是라 又不得將心等悟하며 又不得向擧起處承當하며
又不得作玄妙領略하며 又不得作有無商量하며 又不得作眞無之無로
卜度하며 又不得坐在無事甲裏하며 又不得向擊石火閃電光處하며
會어다 直得無所用心하야 心無所之時에 莫怕落空이니
遮裏却是好處라 驀然老鼠入牛角에 便見倒斷也리라 此事는
非難非易니 除是夙曾種得般若種智之深하며 曾於無始曠大劫來에
承事眞善知識하야 熏習得正知正見하야 在靈識中하나는 觸境遇緣하야
於現行處에 築著磕著호대 如在萬人叢裏하야 認得自家父母相似하나니

當恁麼時하야 不着問人하야도 自然求覓底心이 不馳散矣리라 雲門이

云호대 不可說時에 即有라가 不說時에 便無也하며 不可商量時에

便有라가 不商量時에 便無也라하고 又自提起云호대 且道하라

不商量時는 是箇甚麼오 又怕人不會하야 又自云호대 更是甚麼오하니

近年以來로 禪有多塗라 或以一問一答이라가 末後에 多一句로

爲禪者하며 或以古人入道因緣으로 聚頭商搉云호대 遮裏는

是虛요 那裏는 是實이며 遮語는 玄하고 那語는 妙라하야 或代或別로

爲禪者하며 或以眼見耳聞으로 和會하야 在三界唯心萬法唯識上하야

爲禪者하며 或以無言無說로 坐在黑山下鬼窟裏하야 閉眉合眼으로

謂之威音王那畔父母未生時消息이라하며 亦謂之黙而常照라하야

爲禪者니 如此等輩는 不求妙悟하고 以悟로 爲落在第二頭라하며

以悟로 爲誑謼人이라하며 以悟로 爲建立이라하나니 自既不曾悟하고

亦不信有悟底로다 妙喜_ 常謂衲子輩하야 說호대 世間工巧技藝도

若無悟處면 尙不得其妙온 況欲脫生死而只以口頭說靜하야

便要收殺리요 大似埋頭向東走하면서 欲取西邊物이라 轉求轉遠하며

轉急轉遲하나니 此輩는 名爲可憐愍者라 教中에 謂之謗大般若하야

斷佛慧命人이라 千佛이 出世라도 不通懺悔하나니 雖是善因이나

返招惡果니라 寧以此身으로 碎如微塵이언정 終不以佛法으로 當人情호라

決要敵生死인댄 須是打破遮漆桶하야사 始得다 切忌被邪師의

順摩挲하야 將多瓜印子印定하야 便謂我_ 千了百當이니 如此之輩_

如稻麻竹葦로대 左右는 聰明有識見이라 必不受遮般惡毒이나

然이나 亦恐用心之切로 要求速效하야 不覺不知에 遭他染汚故로

信筆葛藤如許하노니 被明眼人의 覷見하면 一場敗闕이니라 千萬相聽하라

只以趙州의 一箇無字로 日用應緣處에 提撕하야 不要間斷이어다 古德이
有言하사대 研窮至理는 以悟爲則이라하니 若說得天花亂墜라도 不悟면
總是癡狂外邊走耳니 勉之不可忽이어다

탕승상 진지⁵⁷²⁾에게 답한 대혜의 편지⁵⁷³⁾

[빠른 효과를 추구하지 말고 화두를 참구하라]

승상께서는 이미 마음을 일대사인연(一大事因緣)에 두고 계십니다. 허망하고 부실한 사바세계[缺滅界]에서는 순경이든 역경이든 낱낱이 모두가 깨달음을 불러일으키기 좋은 시절입니다. 다만 늘 마음을 텅 비우고 활짝 열어 일상생활 속에서 마땅히 해야 할 일도 분수에 따라 내버리고, 경계에 부딪히고 인연을 만나는 순간순간 화두를 참구하되 빠른 효과를 바라지 마십시오.

지극한 이치를 궁구하는 것은 깨달음으로 법칙을 삼습니다. 그러나 절대 깨닫기를 기다리는 마음을 가져서는 안 됩니다. 만약 깨닫기를 기다리는 마음을 지니면 그 마음이 도의 눈을 장애하여 급하게 할수록 더욱 더디어질 것입니다. 다만 화두를 살펴보다가 문득 살펴보는 곳에서 생사의 마음이 끊어지면 그것이 집에 돌아가 편하게 쉬는 곳입니다. 이러한 곳에 이르고 나면 자연히 옛사람들의 갖가지 방편을 꿰뚫게 되어 여러 다른 견해가 저절로 생겨나지 않게 됩니다. 경전에서는 다음과 같이 말했습니다. "마음의 생사를 끊고, 마음의 빽빽한 수풀을 베고, 마음의 더럽고 탁함을 씻고, 마음의 집착을 풀고, 집착한 곳에서 마음이 굴러가도록 한다." 굴러가는 바로 그때에 또한 굴러가는 도리가 없다면, 저절로 하나하나 위에서 밝고 하나하나의

---

572) 탕승상 진지의 성은 탕(湯)씨고, 이름은 사퇴(思退)이며, 자는 진지(進之)이다. 벼슬로 우복야(右僕射), 시랑(侍郎), 승상(丞相) 등을 역임했다.

573) 대혜 71세(1159) 때 황제의 칙명으로 임안 경산사에 주석할 때 쓴 편지다.

사물 위에 드러납니다. 매일 인연을 만나는 곳이 깨끗하든 더럽든 좋든 싫든 순조롭든 거슬리든 마치 진주 구슬이 쟁반 위에서 구르는 것과 같이 억지로 굴리지 않아도 저절로 구르는 것과 같습니다. 이러한 때가 되면 집어내어 남에게 보여줄 수 없는 것이 마치 사람이 물을 마심에 그 차고 따뜻함을 스스로 아는 것과 같습니다.

남양혜충(南陽慧忠) 국사는 말씀하셨습니다. "법에 얻는 바가 있다고 설한다면 그것은 여우의 울음소리이다."[574] 이 일은 마치 환하게 밝은 대낮과 같아서 한번 보면 곧 아는 것과 같습니다. 진실로 스스로 보아 얻은 것에는 삿된 스승이 어찌할 수 없습니다. 지난날에 일찍이 대면하여 "이 일은 전해줄 수 없습니다"라고 말했습니다. 조금이라도 기특하고 현묘하며 세 사람도 함께 도모하지 못할 비밀스러운 말이 있다고 한다면, 그것은 곧 그대를 속이는 것입니다. 곧 붙잡아 세워서 얼굴에다 침을 뱉어도 좋을 것입니다. 국사께서 말씀하신 이 도리[此事]는 맑은 하늘의 밝은 태양과 같아서 얼핏 보아도 곧 보입니다.

공께서는 서생으로 재상의 지위에 올랐는데 그것은 세간법에서는 가장 존귀한 자리입니다. 그러나 만약 이 일을 마치지 못한다면 남염부제에 한 번 왔다가 인과를 거둘 때에는 한 몸에 악업만 가지고 돌아갈 것입니다.

경전에서는 "어리석은 복을 지으면 3생의 원수가 된다"[575]고 하였

---

574) 『경덕전등록(景德傳燈錄)』 권5[대정장(大正藏)51, P.244中], "설법유소득 사즉야간 명 설법무소득 시명사자후(說法有所得 斯則野干鳴 說法無所得 是名師子吼)" 참조.

575) 『원각경대소석의초(圓覺經大疏釋義鈔)』 권9[만신속장(卍新續藏)9, p.667上], "유루 시계제삼생원(有漏施戒第三生怨)" 참조. 어리석게 복을 짓는 것은 깨달음에 도움이 되지 않는 것으로 유루(有漏)의 보시(布施)와 지계(持戒)를 가리킨다.

습니다. 무엇이 3생의 원수입니까? 제1생에는 어리석은 복을 짓느라 성품을 보지 못한 것이고, 제2생에서는 어리석은 복을 받으나 부끄러움을 몰라서 좋은 일을 짓지 않고 한결같이 업만 짓는 것이며, 제3생에서는 어리석은 복을 다 받아 쓰느라 좋은 일을 짓지 못하는 것입니다. 이 몸[殼漏子]576)을 벗어 던질 때에는 지옥에 들어가는 것이 마치 화살처럼 빠를 것입니다.

사람의 몸을 받기 어렵고 불법을 만나기도 어려우니 이 몸을 금생에 제도하지 못하면 다시 어느 생에 제도하겠습니까? 이 도를 배운다면 모름지기 결정적인 뜻이 있어야 합니다. 만약 결정적인 뜻이 없다면 마치 소리를 듣고 점치는 사람과 같아서 누가 동쪽을 말하는 것을 보면 곧 그 사람을 따라 동쪽을 향해 달리고, 서쪽을 말하면 곧 그 사람을 따라 서쪽을 향해서 달리는 것과 같습니다. 만약 결정적인 뜻이 있다면 잡아서 머물 수 있고 주재를 얻을 수 있습니다. 나융선사가 말씀하셨습니다. "설사 한 가지 법이 있어서 열반을 뛰어넘는다고 하더라도 나는 또한 몽환과 같다고 말할 것이다." 하물며 세간의 허망한 허깨비 같은 실답지 못한 법에 무슨 마음이 더 있어 그것들과 교섭하겠습니까?

바라건대 공께서는 이 의지를 굳건히 하여 이미 손안에 넣은 것으로써 결정적인 뜻을 삼는다면 비록 온 대지의 유정들이 모두 마왕이 되어 괴롭히고 어지럽혀도 그 기회를 잡을 곳이 없을 것입니다. 반야에는 쓸모없이 버리는 공부가 없습니다. 만약 마음을 반야에 두면

---

576) 각루자(殼漏子)는 대소변을 담고 있는 껍데기라는 말로서 육신을 가리킨다.

비록 금생에 깨닫지 못하더라도 종자를 깊게 심을 수가 있습니다. 이 목숨을 마치는 때에는 업식에 이끌려 모든 악취에 떨어지지 않고, 이 육신을 갈아입고 생각을 바꾸더라도 역시 자신을 미혹하게 하지 못할 것입니다. 잘 살피십시오.

答 湯丞相 進之 [莫求速效 提撕話頭]

丞相이 旣存心此段大事因緣하니 缺減界中에 虛妄不實하야
或逆或順이 一一皆是發機時節이니 但常令方寸으로 虛豁豁地하야
日用合做底事라도 隨分撥遣하고 觸境逢緣에 時時以話頭로
提撕언정 莫求速效어다 研窮至理는 以悟爲則이라 然이나 第一에
不得存心等悟어다 若存心等悟則被所等之心의 障却道眼하야
轉急轉遲矣리라 但只提撕話頭라가 驀然向提撕處하야 生死心이
絶則是歸家穩坐之處라 得到恁麼處了하면 自然透得古人의
種種方便하야 種種異解_ 自不生矣리라 敎中에 所謂絶心生死하야
伐心稠林하며 浣心垢濁하고 解心執着이라하니 於執着處에 使心動轉호대
當動轉時하야 亦無動轉底道理하면 自然頭頭上明하고 物物上顯하야
日用應緣處에 或淨或穢와 或喜或怒와 或順或逆에 如珠走盤하야
不撥而自轉矣리라 得到遮箇時節하야는 拈出呈似人不得이니 如人이
飮水에 冷煖을 自知니라 南陽忠國師_ 有言호대 說法有所得하면
是爲野干鳴이라하니 此事는 如靑天白日하야 一見便見이니

眞實自見得底는 邪師_ 走作不得이라 前日에 亦嘗面言호대 此事는
無傳授라 纔說有奇特玄妙하야 六耳不同謀之說이라하면 即是相欺이니
便好拽住하야 劈面便唾니라 書生이 做到宰相하니 是는 世間法中에
最尊最貴者라 若不向此事上하야 了却하면 即是虛來南閻浮提하야
打一遭라가 收因結果時에 帶得一身惡業去하리니 教中에 說作癡福이
是第三生冤이라하니 何謂第三生冤고 第一生에 作癡福하고
不見性이요 第二生에 受癡福이나 無慚愧하야 不做好事하고
一向作業이요 第三生에 受癡福盡일새 不做好事라 脫却殼漏子時에
入地獄如箭射니라 人身難得이요 佛法難逢이니 此身을
不向今生度하면 更向何生度此身이리요 學此道인댄 須有決定志니
若無決定志則如聽聲卜者_ 見人說東하면 便隨人向東走하고
說西하면 便隨人向西走어니와 若有決定志則把得住하며 作得主宰라
懶融의 所謂設有一法이 過於涅槃이라 吾說亦如夢幻이온
況世間虛幻不實之法에 更有甚麼心情이 與之打交涉也리요 願公은
堅此志하야 以得入手로 爲決定義則縱使大地有情으로 盡作魔王하야
欲來惱亂이라도 無有得其便處리니 般若上에는 無虛棄底工夫니라
若存心在上面이면 縱今生에 未了라도 亦種得種子深하야 臨命終時에
亦不被業識所牽하야 墮諸惡趣하고 換却殼漏子하면 轉頭來에
亦昧我底不得하리니 察之어다

번제형 무실[577]에게 답한 대혜의 편지[578]

[분별사량을 없애고 한결같이 참구하라]

보내주신 편지를 보니, 불사는 잘 행할 수 있으나 선어는 이해하지 못한다고 하셨습니다. 잘하는 것과 이해하지 못하는 것은 다르지도 않고 같지도 않습니다. 무릇 잘할 줄 아는 것이 바로 선어(禪語)이니 선어는 이해하지만 불사를 잘 행하지 못한다는 것은 마치 사람이 물속에 앉아 있으면서 목마르다고 부르짖고, 밥통 속에 앉아 있으면서 배고프다고 부르짖는 것과 무슨 차이가 있겠습니까?

반드시 아셔야 합니다. 선어가 곧 불사이고 불사가 곧 선어입니다. 불사를 행하고 선어를 이해하는 것은 사람에 달려 있는 것이지 불법에 달려 있는 것이 아닙니다. 만약 다시 이 속에서 같음을 찾고 다름을 찾는다면 그것은 곧 빈 주먹 속에 무엇이 있다고 생각하는 것이며, 육근과 육경 가운데서 헛되이 조작하는 것입니다. 이렇게 하는 것은 마치 뒷걸음질 치면서 앞으로 가기를 바라는 것과 같아서, 서두를수록 더욱 늦어지며 빠를수록 더욱 멀어집니다.

재빨리 마음이 활짝 트이고자 한다면 다만 행할 수 있음과 행할 수 없음, 이해함과 이해하지 못함, 같음과 같지 않음, 다름과 다르지 않음 등 이와 같이 사량하고 이와 같이 헤아릴 수 있는 것을 모두 다른 세계로 쓸어버리십시오. 그리하여 도리어 쓸어버릴 수 없는 곳에서

---

577) 번제형 무실의 성은 번(樊)씨고, 이름은 광원(光遠)이다. 자는 무실(茂實)이고, 벼슬 제형(提刑)은 형수(刑囚)를 관장하는 직책이다.
578) 대혜 71세(1159) 때 황제의 칙명으로 임안 경산사에 주석할 때 쓴 편지다.

있는지 없는지 같은지 다른지를 살펴보면, 문득 생각과 상념이 끊어질
것입니다. 바로 이런 때에는 남에게 물어볼 필요가 없습니다.

答 樊提刑 茂實 [掃除思量 一如參究]

示諭호대 能行佛事而不解禪語라하니 能與不解_ 無別無同이라

但知能行者_ 卽是禪語니 會禪語而不能行佛事면

如人在水底坐하야 叫渴이며 飯蘿裏坐하야 叫飢로 何異리요

當知禪語卽佛事며 佛事卽禪語라 能行能解는 在人이요

不在法이니 若更向箇裏하야 覓同覓別則是는 空拳指上에

生實解며 根境法中에 虛捏怪라 如却行而求前이니 轉急轉遲하며

轉速轉遠矣리라 要得徑截心地豁如인댄 但將能與不能과

解與不解와 同與不同과 別與不別과 能如是思量如是卜度者하야

掃向他方世界하고 却向不可掃處하야 看是有是無아 是同是別가하면

驀然心思意想絶하리니 當恁麼時하야는 自不着問人矣리라

성천규 화상[579]에게 답한 대혜의 편지[580]

[자주 납자들을 만나서 본분을 드날려라]

이미 외호자를 얻고 마음이 서로 통하는 사람이 있으면 스스로 다른 일들은 접어두고 자주 납자들과 어울려 불사를 지으십시오. 오랫동안 계속하면 저절로 뛰어나게 됩니다.

또 바라는 것이 있다면 조실에 들어가서는 자세하게 하고 인정을 두지 마십시오. 절대 납자들과 더불어 횡설수설하는 방편[落草]에 빠져서는 안 됩니다. 오로지 본분초료(本分草料)[581]를 가지고 납자들로 하여금 스스로 깨닫고 스스로 획득하도록 해주어야 바야흐로 존숙(尊宿)의 사람을 위하는 방식이 될 것입니다.

만약 그들이 의심하여 알아차리지 못함을 보고 바로 자세하게 일러준다면 그들의 안목을 멀게 할 뿐만 아니라 또한 자신의 본분과 수단마저 잃게 될 것입니다. 설사 사람을 얻지 못하더라도 우리의 인연법이 다만 이와 같을 뿐입니다. 만약 한 개나 반 개를 얻더라도 본분사에서는 또한 평소의 의지와 원력을 등지지 않을 것입니다.

---

579) 성천규 화상은 용상사규(龍翔士珪) 선사로 불안청원(佛眼淸遠)의 법사이다. 대혜의 나이 43세 무렵부터 교유가 있었다. 속성은 진(陳)씨고, 휘는 종규(宗珪)이며, 호는 성천(聖泉)이다.

580) 대혜 71세(1159) 때 황제의 칙명으로 임안 경산사에 주석할 때 쓴 편지다.

581) 본분초료(本分草料)는 우마(牛馬)를 사육하는 데 있어서 마땅히 주어야 할 사료(飼料)이다. 선지식이 납자에게 불(拂)·권(拳)·방(棒)·할(喝) 등의 지시(指示)를 내려주는 친절한 행위를 말한다.

答 聖泉珪 和尙 [頻接衲子 擧揚本分]

旣得外護者_ 存心相照인댄 自可撥置人事하고 頻與衲子輩로
作佛事어다 久久하면 自殊勝하리라 更望室中에 與之子細연정
不得容人情하며 不得共伊로 落草하고 直似之以本分草料하야 敎伊로
自悟自得하야사 方是尊宿의 爲人體裁也라 若是見伊의 遲疑不薦하고
便與之下注脚하면 非但瞎却他眼이라 亦乃失却自家本分手段하리니
不得人이라도 卽是吾輩의 緣法이 只如此요 若得一箇半箇라도
本分底인댄 亦不負平昔志願也리라

고산체 장로[582]에게 답한 대혜의 편지[583]

[깨달은 이후에 보림하면서 자기의 깨달음을 가지고 중생을 대하라]

심부름하는 인편에 보내온 편지와 신향(信香) 등을 받고 스님(고산체)이 석문(石門)에서 개법하고 출세하여 도를 주창하며 법맥을 잊지 않고, 악장로(岳長老)를 위해 향을 사르며 양기종파를 계승한 것을 알았습니다.

이미 이 일을 받아들여 감당한다면 모름지기 탁월하게 하고 철두철미하게 그 일을 해야 합니다. 평소에 실제로 증득하고 실제로 깨달은 본분사로 방장실에 단정히 앉아 있는 것을 마치 120근의 짐을 지고 외나무다리 위를 지나가는 것처럼 해야 합니다. 다리가 미끄러지고 손을 놓치면 자신의 생명까지도 보전하기 어렵습니다. 하물며 다시 남에게 박힌 못을 뽑아주고 쐐기를 뽑아줄 수가 있겠습니까?

고덕[584]이 말씀하셨습니다. "이 일은 마치 80세를 먹은 늙은이가 과거 시험장에 들어가는 것과 같으니 어찌 어린아이의 장난과 같겠는가?" 또 고덕[585]이 말했습니다. "만약 내가 오로지 근원적인 종지[宗敎]만 거양한다면 법당 앞에 풀이 한 길[一丈]이나 자랄 것이다. 모름

---

582) 고산체 장로는 고산종체(鼓山宗逮) 선사이다. 복주 동선사(東禪寺) 몽암사악(蒙庵思岳)의 제자이고, 대혜의 손제자에 해당한다. 휘는 종체(宗逮)이고, 호는 고산(鼓山)이다. 『연등회요(聯燈會要)』 권18[만신속장(卍新續藏)79, p.161上]

583) 대혜 66세(1154) 때 매주의 유배지에서 쓴 편지다.

584) 여기서 고덕은 운거도응(雲居道膺: 828-902)을 말한다. 운거도응은 조동종의 개조인 동산양개(洞山良价)의 제자이다.

585) 여기서 고덕은 장사경잠(長沙景岑: ?-868)을 말한다. 장사경잠은 남전보원(南泉普願: 748-834)의 제자이다.

지기 사람을 사서 절을 돌봐야 할 것이다."[586]

암두전활(巖頭全豁)[587]은 자주 말했습니다. "아직 뒷간에 가기 전에 한번 엿보아야 문득 눈이 밝게 된다." 그리고 안국사(晏國師)[588]의 "석문을 넘어가지 말라",[589] 목주도종(睦州道蹤)[590]의 "현성공안(現成公案)[591]이라고 해도 30방을 때려주겠다",[592] 분양무업(汾陽無業)[593]의 "망상하지 말라",[594] 노조보운(魯祖寶雲)[595]의 "문에 들어오는 스님을 보면 곧 몸을 돌려 벽을 보고 앉는 것"[596] 등 사람을 교화할 때는 반드시 이와 같은 체재(體裁)에 걸림이 없어야 바야흐로 예로부터 내려온 종지를 상실하지 않을 수가 있습니다.

옛날에 위산영우(潙山靈祐)[597]는 앙산혜적(仰山慧寂)[598]에게 말했습니다.

---

586) 『경덕전등록(景德傳燈錄)』 권10[대정장(大正藏)51, p.274上]
587) 암두전활(巖頭全豁: 828-887)은 덕산선감(德山宣鑑: 782-865)의 제자이다.
588) 안국사(晏國師)는 당말오대 사람으로 속성은 이(李)씨다. 13세 때 백록산규(白鹿山規)에게 출가하였다. 후에 제방을 유행하고 설봉의존의 법을 이었다.
589) 『분양무덕선사어록(汾陽無德禪師語錄)』 권中[대정장(大正藏)47, p.611下]
590) 목주도종(睦州道蹤: 780-877)은 황벽희운(黃檗希運: ?-850)의 제자다.
591) 현성공안(現成公案)은 깨달음이 고스란히 드러나 있다는 말이다.
592) 『운문광진선사광록(雲門匡眞禪師廣錄)』 권上[대정장(大正藏)47, p.547上], "목주화상견승입문래변운 현성공안 방이삼십방(睦州和尙見僧入門來便云 現成公案 放爾三十棒)"
593) 분양무업(汾陽無業: 760-821)은 수산성념(首山省念: 926-993)의 제자로 임제종 제5대 조사이다.
594) 『분양무덕선사어록(汾陽無德禪師語錄)』 권上[대정장(大正藏)47, p.601上], "업화상운 막망상(業和尙云 莫妄想)"
595) 노조보운(魯祖寶雲)은 마조도일의 제자이다.
596) 『분양무덕선사어록(汾陽無德禪師語錄)』 권中[대정장(大正藏)47, p.608下], "노조범견승래변면벽(魯祖凡見僧來便面壁)"
597) 위산영우(潙山靈祐: 771-853)는 위앙종의 개조로 백장회해(百丈懷海: 749-814)의 제자다.
598) 앙산혜적(仰山慧寂: 803-887)은 위산영우의 제자로 스승과 함께 위앙종의 개조이다.

"한 지방에 법당(法幢)을 세워 종지를 수립하려고 하면 다섯 가지 인연이 갖추어져야 비로소 성취할 수 있다." 다섯 가지의 인연이란 외호의 인연과 단월의 인연과 납자의 인연과 토지의 인연과 도의 인연입니다. 소문을 들으니, 상대(霜臺)[599]의 조공(趙公)은 그대의 청주(請主)[600]이고, 치정사업(治政司業)[601] 정공(鄭公)은 그대를 사찰로 보낸 사람이라고 하였습니다. 이 두 사람은 천하의 인사들입니다. 이것으로 살펴보니 그대에게는 다섯 가지의 인연이 조금은 갖추어져 있습니다.

매양 민중(閩中)에서 온 납자들이 법석의 성대함을 칭찬하고 감탄하지 않음이 없었습니다. 단월이 귀의하고, 사대부가 외호하며, 주지에게 마군의 장애가 없으며, 납자들이 운집한다고 하니 몸이 건강할 때 자주 납자들에게 이 일을 격발하고 드날려야 합니다. 가르침을 베풀 때 정신을 바짝 차려서 소홀히 하지 마십시오.

대개 근년 이래로 한 종류의 불법을 팔아먹는 무리가 있습니다. 가는 곳마다 한 무더기의 사이비 참선을 배워서 왕왕 종사가 잠깐이라도 간과하면 헛소리를 하면서 서로 인가하며, 뒷사람들을 그르치고 속여서 바른 종지를 사라지게 합니다. 그래서 단전직지(單傳直旨)[602]의 가풍이 거의 사라질 지경입니다. 자세하게 살펴야 합니다.

---

599) 상대(霜臺)는 사헌부(司憲府)의 별칭으로 어사대부(御史大夫) 혹은 어사대(御史臺)에 해당한다.
600) 청주(請主)는 스님을 법회의 법주로 모신 당사자를 말한다.
601) 치정사업(治政司業)에서 치정(治政)은 연로하여 관직에서 물러난 사람이고, 사업(司業)은 송대 국자감(国子監)의 관직을 말한다.
602) 단전직지(單傳直旨)는 선종의 종지를 표현한 용어로 불립문자(不立文字), 교외별전(敎外別傳), 직지인심(直指人心)의 종지를 말한다.

오조법연(五祖法演)[603] 스님이 백운암에 주석하고 계실 때 영원유청 (靈源惟淸)[604]에게 답한 편지에서 말씀하셨습니다. "이번 여름은 장원 에서 곡식을 거두지 못한다고 해도 걱정되지 않는다. 실로 염려되는 것은 수백 명이나 되는 납자들 가운데 한 사람도 구자무불성화 (狗子無佛性話)를 깨달은 사람이 없어서 불법이 장차 소멸되지나 않을까 두려울 뿐이다."

그대는 불법을 주관하는 종사의 마음 씀씀이를 살펴보십시오. 어찌 재물의 많고 적음과 산문의 크고 작음을 가지고 경중(輕重)을 삼고, 살림살이[米鹽][605] 등 세세한 일들로 급하고 절박함을 삼겠습니까? 그대가 이미 출세하여 선지식이라는 이름을 얻었다면 반드시 한 가지 맛의 본분사로써 오는 사람들을 접대해야 합니다.

재물과 곡식에 대한 모든 회계는 인과를 잘 아는 소임자에게 맡겨서 부서를 나누어 맡아보게 하고 때때로 큰 줄거리만 관리하도록 하십시오. 스님들의 숫자는 반드시 많을 필요는 없습니다. 평상시의 점심이나 아침의 죽은 항상 뒷사람들에게 여유가 있도록 하면 자연히 힘을 허비하지 않을 것입니다.

납자가 조실에 들어오면 칼날을 사용할 때는 반드시 긴밀하게 하되

---

603) 오조법연(五祖法演: 1024-1104)의 법맥은 백운수단(白雲守端) - 오조법연(五祖法 演) - 원오극근(圓悟克勤) - 대혜종고(大慧宗杲)로 계승되었다.

604) 영원유청(靈源惟淸: ?-1117)은 임제종 황룡파 제3세이고 오조법연(五祖法演)은 임 제종 양기파 제3세이다.

605) 미염(米鹽)은 쌀과 소금으로 선원에서 살림살이에 필요한 것을 의미한다. 남송시대 총림에서는 생필품으로 땔감[柴], 쌀[米], 기름[油], 소금[鹽], 간장[醬], 차(茶), 식초 [酢, 醋]의 일곱 가지를 개문칠사건(開門七事件)이라고 하였다.

진흙을 묻히고 물에 젖게 하지 마십시오. 가령 설봉혜공(雪峰慧空)[606]을 지난번에 운문암에 있을 때 만났는데, 나는 그가 서로 속이지 않는 불법 가운데의 사람이라는 것을 알았습니다. 그러므로 한 맛으로 본분의 쇠망치를 보였는데, 뒷날 다른 곳에서 깨달음을 얻었습니다. 큰 법을 이미 밝히고 지난날 받은 본분의 쇠망치를 일시에 받아들였으니 바야흐로 제가 부처님 법으로써 인정을 따르지 않음을 알았습니다.

설봉혜공이 작년에 어록 한 책을 보내왔는데, 잠깐이라도 임제 종지를 잃지 않았습니다. 지금 그 책을 대중 방에 보내서 납자들에게 보게 하였습니다. 이 늙은이가 붓을 들어 그 책 뒤에 발문을 붙여서 특별히 본분납자들로 하여금 장래에 설법의 모범으로 삼게 하였습니다.

만약 내가 처음부터 그를 위해 진흙을 묻히고 물에 젖으면서 노파선(老婆禪)을 설해주었다면 안목이 열린 이후에 분명히 나를 꾸짖었을 것입니다. 그 때문에 고인은 말했습니다. "나는 스승의 도덕을 소중하게 여기지 않고 단지 스승께서 나를 위해 설파하지 않은 것을 소중하게 여긴다. 만약 나를 위해 설파했다면 어찌 오늘이 있었겠는가?"[607] 바로 이것이 그러한 도리입니다.

조주종심(趙州從諗)은 말했습니다. "만약 나로 하여금 저들의 근기에

---

606) 설봉혜공(雪峰慧空: 1100-1162)은 초당선청(草堂善清: 1057-1142)의 제자로서 임제종 황룡파 제4세이다.

607) 『경덕전등록(景德傳燈錄)』권15[대정장(大正藏)51, p.322上], "아부중선사도덕 역불위불법 지중불위아설파(我不重先師道德 亦不為佛法 只重不為我說破)" ; 『담주위산영우선사어록(潭州為山靈祐禪師語錄)』[대정장(大正藏)47, p.580中], "당시약위아설파 하유금일지사(當時若為我說破 何有今日之事)" 참조. 이 인용문은 동산양개(洞山良价)와 향엄지한(香嚴智閑)의 말씀을 합친 것이다.

따라서 사람들을 교화한다면 삼승십이분교(三乘十二分教)로 그들을
교화하였을 것이다. 나는 여기서 다만 본분사로 사람을 교화한다.
만약 교화가 되지 않는다면 그것은 납자들의 근성이 더디고 둔하기
때문이지 나하고는 아무런 상관이 없다."[608] 잘 생각해보십시오.

答 鼓山逮長老 [悟後保任 推己及物]

專使來에 收書와 幷信香等하고 知開法出世하야 唱道於石門하며
不忘所從來하야 爲岳長老拈香하야 續楊岐宗派호라
旣已承當箇事인댄 須卓卓地하야 做敎徹頭徹尾니 以平昔의
實證實悟底一着子로 端居丈室호대 如擔百二十斤擔子하고
從獨木橋上過니 脚蹉手跌則和自家性命_ 不可保은 況復與人으로
抽釘拔楔하야 救濟他人耶아 古德이 云호대 此事는 如八十翁翁이
入場屋이라 豈是兒戱리요하며 又古德이 云호대 我若一向에
擧揚宗敎인댄 法堂前에 草深一丈하리니 須倩人看院하야사
始得다하며 巖頭每云호대 向未屙已前一覷하야 便眼卓朔地라하며
晏國師의 不跨石門句와 睦州의 現成公案으로 放爾三十棒과
汾陽無業의 莫妄想과 魯祖의 凡見僧入門하고 便轉身面壁而坐를

---

608) 『고존숙어록(古尊宿語錄)』권13[만신속장(卍新續藏)68, p.79上], "老僧此間卽以本
分事接人 若敎老僧隨伊根機接人 自有三乘十二分敎接他了也 若是不會 是誰過歟 已
後遇著作家漢 也道老僧不辜他 但有人問 以本分事接人" 참조.

爲人時에 當不昧這般體裁하야사 方不失從上宗旨耳리라 昔에

潙山이 謂仰山曰建法幢立宗旨於一方인댄 五種緣備하야사

始得成就라하니 五種緣은 謂外護緣과 檀越緣과 衲子緣과

土地緣과 道緣이라 聞霜臺趙公은 是汝請主요 致政司業鄭公은

送汝入院하니 二公은 天下士라 以此觀之컨대 汝於五種緣이

稍備로다 每有衲子自閩中來者_ 無不稱歎法席之盛호대 檀越이

歸向하고 士大夫_ 外護하며 住持無魔障하고 衲子雲集이라하니

可以趁色力未衰時하야 頻與衲子로 激揚箇事호대 垂手之際에

須着精彩하야 不得莽鹵어다 蓋近年以來에 有一種裨販之輩하야

到處에 學得一堆一擔相似禪하야 往往宗師_ 造次放過어든

遂至承虛接響하야 遞相印授하며 誤賺後人하야 致使正宗으로

淡薄하니 單傳直指之風이 幾掃地矣라 不可不子細니라 五祖師翁이

住白雲時에 嘗答靈源和尙書云호대 今夏諸莊에 顆粒不收는

不以爲憂어니와 其可憂者는 一堂數百衲子_ 一夏에 無一人_

透得箇狗子無佛性話라 恐佛法이 將滅耳라하니 汝看主法底宗師의

用心하라 又何曾以産錢多少와 山門大小로 爲重輕하며 米鹽細務로

爲急切來리요 汝旣出頭하야 承當箇善知識名字인댄 當一味以本分事로

接待方來하고 所有庫司財穀은 分付知因識果知事하야 分司列局하야

令掌之하 時時提擧大綱하며 安僧은 不必多라 日用齋粥에

常敎後手有餘하면 自然不費力하리라 衲子_ 到室中커든 下刃要緊이언정

不得拖泥帶水니라 如雲峯空禪師_ 頃在雲居雲門커늘 相聚호니

老漢이 知渠不自欺라 是箇佛法中人故로 一味以本分鉗鎚로

似之러니 後來自在別處打發하야 大法을 旣明에 向所受過底鉗鎚로

一時得受用하야사 方知妙喜_ 不以佛法으로 當人情하고 去年에

送得一册語錄來하니 造次顚沛에 不失臨濟宗旨러라 今送在衆寮中하야

與衲子輩로 看하고 老漢이 因掇筆書其後하야 特爲發揚하야

使本分衲子로 爲將來說法之式하노라 若使老漢으로 初爲渠하야

抝泥帶水說老婆禪이런들 眼開後에 定罵我無疑라 所以로 古人이 云호대

我不重先師道德하고 只重先師의 不爲我說破로니 若爲我說破런들

豈有今日이리요하니 便是遮箇道理也니라 趙州가 云호대 若敎老僧으로

隨伊根機接人인댄 自有三乘十二分敎接他了也니 老僧遮裏는

只以本分事로 接人이요 若接不得이라도 自是學者의 根性이 遲鈍이라

不干老僧事라하니 思之思之어다

해제
(解題)

I. 『서장』의 체계

본서의 제명(題名)은 처음에는 『대혜보각선사서(大慧普覺禪師書)』라고
하였으나, 지금은 일반적으로 『서장(書狀)』·『대혜서(大慧書)』 혹은 『대혜
서간(大慧書簡)』 등으로 간략히 부른다. 남송의 고승 대혜종고(大慧宗杲,
1089-1163)가 주로 사대부(士大夫)에게 보낸 서간문(書簡文)을 모아서 엮어
놓은 책으로 제자 혜연(慧然)이 기록하고 정지거사 황문창(淨智居士 黃文昌)
이 중편(重編)하였다.

책의 구성을 살펴보면 상·하로 나뉜 2권 1책으로서, 상권은 「답증
시랑(答曾侍郞)」에서부터 「답왕내한(答汪內翰)」까지 27통의 편지로 되어
있고, 하권은 「답하운사(答夏運使)」에서 「답고산체 장로(答鼓山逮 長老)」까지
35통의 편지로 되어 있다. 여기에 이참정(李參政)과 증시랑(曾侍郞)이
보낸 3통의 문서(問書)가 첨부되어 모두 65통의 편지로 구성되어 있다.
그 대상은 39명의 사대부와 1명의 여성 진국태부인(秦國太夫人), 그리고
2명의 스님으로 전부 42명이다. 서간문의 집필기간은 『대혜연보
(大慧年譜)』를 토대로 추정해보면 소흥(紹興) 4년(1134), 대혜 46세부터
소흥 29년(1159) 대혜 71세까지로 총 26년에 걸쳐 이루어졌다. 이
기간 동안 주석했던 장소로는 복건 양서암(福建 洋嶼菴)·천남소계
운문암(泉南小谿 雲門菴)·임안 경산사(臨安 徑山寺)·명주 아육왕사(明州 阿

育王寺) 그리고 유배지인 형주(衡州)와 매주(梅州) 등이다. 62통의 편지 중에 20명에게 보낸 26통의 편지가 유배지에서 쓰여졌는데, 고산체 장로(鼓山逮 長老)에게 보낸 1통의 편지만 매주(梅州)에서 답하였고, 나머지 19명에게 보낸 25통의 편지는 유배지인 형주(衡州)에서 답한 것이다.

다음은 편지를 답한 장소를 중심으로 연호(年號) 및 나이, 상명(狀名)을 정리한 것이다.

답장 장소	연 호	나이	상명(狀名)
양서암 (洋嶼庵)	소흥(紹興) 4년(1134)	46세	증시랑(曾侍郎)
운문암 (雲門庵)	소흥 5-6년 (1135-1136)	47- 48세	이참정 한로(李參政 漢老), 강급사(江給事)
경산사 (徑山寺)	소흥 8-10년 (1138-1140)	50- 52세	부추밀(富樞密), 이참정 한로(李參政 漢老), 진소경(陳少卿), 조대제(趙待制), 허사리(許司理), 유보학(劉寶學), 유통판(劉通判), 진국태부인(秦國太夫人), 장제형(張提刑)
	소흥 28-29년 (1158-1159)	70- 71세	손지현(孫知縣), 장사인(張舍人), 탕승상(湯丞相), 번제형(樊堤刑), 성천규 화상(聖泉珪和尚)
형주 (衡州)	소흥 13-16년 (1143-1146)	55- 58세	왕내한(汪內翰), 하운사(夏運使), 여사인(呂舍人), 여낭중(呂郎中), 왕장원(汪壯元), 종직각(宗直閣), 이참정 태발(李參政 泰發), 증종승(曾宗丞), 왕교수(王敎授), 유시랑(劉侍郎), 이낭중(李郎中), 이보문(李寶文), 향시랑(向侍郎), 진교수(陳敎授), 임판원(林判院), 황지현(黃知縣), 엄교수(嚴敎授), 장시랑(張侍郎), 서현모(徐顯模)

매주 (梅州)	소흥 24년 (1154)	66세	고산체 장로(鼓山逮長老)
장승상가 (張承相家)	소흥 26년 (1156)	68세	장승상(張丞相), 양교수(楊敎授)
아육왕사 (阿育王寺)	소흥 27년 (1157)	69세	누추밀(樓樞密), 조태위(曹太尉), 영시랑(榮侍郞), 황문사(黃門司)

『서장』의 대지(大旨)는 한마디로 '척사해 현정견(斥邪解 現正見)'으로서, 즉 삿된 견해[默照의 死句]를 배척하고 바른 견해[看話의 活句]를 드러내는 데 있다고 하겠다. 따라서 그 내용은 크게 간화선법에 대한 것과 묵조선을 비판하는 두 내용으로 분류될 수 있다. 간화선법에 있어서는 화두에 대한 의심과 아울러 사구(死句)가 아닌 활구참상(活句參詳)을 강조하고 있다. 그리고 여러 화두 중에서도 깨달음의 도구로서의 무자화두(無字話頭)를 특히 강조하고 있으며, 화두를 참구할 때 주의해야 할 무자화두십종병(無字話頭十種病)에 관한 내용도 『서장』에서 중요한 대목의 하나이다. 묵조선 비판에서는 좌선(坐禪) 제일주의로 일관하며 단상이견(斷常二見)에 떨어져 있는 것 등을 통렬히 비판하고 있다. 그 표현에 있어서는 심원미묘(深遠微妙)한 종문(宗門)의 요지와 일도양단(一刀兩斷)하는 경절(徑截)의 가풍(家風)을 간단명료하면서도 자상하게 설파하고 있어 오늘날까지 참선학도인(參禪學道人)에게 최고의 지침서로 그 위치를 점하고 있다.

II. 간행(刊行)과 유통(流通)

『서장』의 간행연대는 황문창의 발문(대광사본大光寺本: 정덕正德 6년, 1511)에 적혀 있는 '건도이년세차병술팔월칙사경산묘희암간행(乾道二年歲次丙戌八月勅賜徑山妙喜庵刊行)'이라는 간기(刊記)에 의하면 대혜 스님이 입멸한 해로부터 4년 뒤인 1166년이 된다. 그러나 권두(卷頭)에 적힌 '황문창 중편(重編)'이라는 말과 발문 중에 "만년(晚年)에 대중들의 간청으로 인해 유통을 허락하였다"는 내용이 있는 것으로 미루어볼 때 대혜 스님이 살아 있을 때 이미 초간본이 출판된 듯하다. 그 후 대혜의 설법이 법어(法語)·보설(普說)·서(書) 등으로 각각 편집 간행되어 별행본(別行本)으로 유통되어오다가 효종건도(孝宗乾道) 7년(1171)에 설봉온문(雪峰蘊聞)의 상진(上進)을 계기로 동(同) 8년에 별행본과 그 외 대혜의 법문을 함께 모아 『대혜보각선사어록(大慧普覺禪師語錄)』이라는 제명(題名)으로 입장(入藏)·유통하기에 이르렀다. 현재 『서장』은 『대혜어록』에 포함시켜 대정장(大正藏) 권47, 만속장경(卍續藏經) 권59·60 안에 수록하고 있다.

『대혜어록』은 모두 30권으로 되어 있으며, 어록(語錄)·계송(偈頌)·찬불조(讚佛祖)·보설(普說)·법어(法語)·서(書) 등 7부로 분류 구성되어 있다.

『서장』은 『대혜어록』 30권 중 권제25-권제30에 해당된다. 본 『서장』은 2권으로 분권되어 있으나 판본에 따라서는 상하로 나누어지지 않고 한 권으로 되어 있는 것도 있으며, 분권의 시기는 정확하지 않다.

한국에 전래된 시기는 자세하지 않으나 대략 12세기 말로 추정된다. 이색(李穡)의 발문(천관사본天冠寺本: 융경隆慶 2년, 1568) 중에 "보조국사 (1158-1210)는 『단경(壇經)』으로 스승을 삼고 『서장』으로 벗을 삼았다 [我國普照國師嘗以壇經爲師書狀爲友]"라는 내용에 의하면 『서장』이 1166년 황문창에 의해 중편(重編)되어 중국에 유통된 지 얼마 안 되어 바로 고려에 전래되었다는 것을 알 수 있기 때문이다. 그러나 간행 및 유통 이 활발하게 이루어진 것은 강원교육이 정비되었던 조선시대 이후라 하겠다. 조선시대 이후 전국의 사찰에서 고루 간행하고 있을 뿐만 아니라 강원의 사집과 교재로 채택되어 오늘날까지 유통되고 있는 것 이다. 현존하는 판본은 대략 26종이 있으며, 그 판본 중에 가장 오래된 것이 1387년 경기도 고달산 불봉사(高達山 佛峯寺)에서 간행된 판본 이다.

III. 간화선 성립의 시대적 배경

1. 당시의 시대 상황

후주 절도사(後周 節度使) 조광윤(趙匡胤)이 세운 송(宋)은 건봉(建隆) 원년(960)부터 흠종(欽宗)이 금(金)에 포로로 잡혀간 정강(靖康) 2년 (1127)까지 167년 동안을 북송(北宋)이라 하고, 그 일족인 고종(高宗)이 임안(臨安)에 도읍을 정한 건염(建炎) 원년(1127)부터 상흥(祥興) 2년(1279) 까지 153년 동안을 남송(南宋)이라 한다. 북송은 금(金)의 침략으로 일어난 '정강(靖康)의 변'(1127)을 계기로 끝이 나고, 남송은 고종이 즉위한 후에 악비(岳飛)·한세충(韓世忠)·장준(張浚) 등 무신들의 활약으로 한때 사기와 위세가 상당히 호전되었다. 하지만 이 여세를 몰아 중원 (中原)을 회복하고자 하는 주전파(主戰派)와 금과 화친을 주장하는 주화파(主和派)의 대립으로 정국은 다시 소용돌이쳤다. 고종은 재상인 진회(秦檜)의 계책에 따라 세 장군을 죽이고 소흥(紹興) 11년(1141) 금과 화의조약을 맺게 되는데 이 조약으로 중국의 한민족이 오랑캐를 섬기는 최초의 왕조가 되었다는 굴욕을 씻을 수 없게 되었다. 송대 (宋代)는 한마디로 사대부정치(士大夫政治)로서 그 국책(國策)은 중앙집권을 위한 문치주의(文治主義)였다. 그러나 이러한 국책은 또 다른 병폐인

중문경무(重文輕武)와 중내경외(重內輕外)의 풍조를 조성하여 결국 송나라가 부강하지 못한 원인이 되었고, 대외적으로는 요(遼, 거란契丹), 서하(西夏, 당항인黨項人), 금(金, 여진女眞), 원(元, 몽고蒙古)의 잇단 흥망성쇠로 외환이 끊이지 않은 시대였다고 할 수 있다.

하지만 사상계에 있어서는 괄목할 만한 성과가 있었으니 바로 성리학(性理學)의 성립이다. 송대 성리학을 이학(理學)·도학(道學), 혹은 송대에 이루어진 일종의 신유학이라고 해서 송학(宋學)이라고도 한다. 성리학자들은 전통 유학에서 기피하였던 인간의 내심 세계를 탐색하고 우주본체(宇宙本體)의 문제를 토론하기 시작했는데, 이처럼 전통적 사대부의 심리구조에 변화를 불러일으킨 주요 원인 중 하나가 바로 선종(禪宗)의 영향이다. 성리학은 주돈이(周敦頤, 염계濂溪, 1017-1073)에 의해 창시되어 정호(程顥, 명도明道, 1032-1085)·정이(程頤, 이천伊川, 1033-1107) 형제를 거쳐 성즉리(性卽理)를 주장하는 주희(朱熹, 회암晦庵, 1130-1200)의 정주학(理學)과 심즉리(心卽理)를 주장하는 육구연(陸九淵, 상산象山, 1139-1192)의 심학(心學)으로 대비된다. 송대에는 주희를 대표로 하는 이학(理學)이 더 성하였는데 특히 주희는 선종의 영향을 많이 받았음에도 불구하고 겉으로는 배척하는 음용이양척(陰用而陽斥)의 입장이었다. 하지만 그 역시 문제 삼고 있는 지식이 거의 모두 선에 관한 것이어서 선종이 송대에 미친 영향이 얼마나 컸었는가를 보여주는 일면이기도 하다. 이렇게 송대사상이 조직되어가는 동안 선승과 사대부와의 교섭은 점점 깊어만 갔고 참선에 관심을 가지는 사대부들이 많이 늘어났다.

2. 송대 사대부 참선과 선종 내부의 동향

송대의 유교와 선종의 상호보완적 문화구조 속에서 자연스럽게 선종에 귀의하는 사대부들이 많아졌다. 그러나 송대 사대부의 참선은 당대 사대부와 그 방향이나 내용이 현격히 다른 것이었다. 당대 사대부의 참선이 현실을 초월하거나 적정(寂靜)을 즐기는 생활을 지향했던 반면, 송대 사대부들은 참선으로 자신의 심성(心性)을 단련하지 않으면 나라의 흥망을 짊어진 사대부로서 그 역사적 사명완수의 정신적 토대가 구축될 수 없다는 신념마저 지니고 있었다. 이것은 사대부의 인생철학 및 생활정서가 선과 거의 일치되어가고 있음을 말해주는 것이다. 또 선의 목표가 개인의 자아성찰에 그치지 않고 선이 곧 인간을 혁신하고 사회를 변화시킬 수 있다는 확대적 해석이 사대부들 사이에서 일고 있었음을 말해준다. 이러한 정서 한가운데 우뚝 서 있는 자가 대혜였다. 대혜는 사대부와의 왕래를 활발히 하며, 나라의 위기의식을 감지하고 있었던 만큼 출가자의 초탈적인 자세만을 고집하지 않았다. 『탑명』에서 "대혜는 방외(方外)의 사람이면서도 임금을 사랑하고 나라를 걱정하는 마음이 그의 글에 분명히 드러나고 그 주장 또한 매우 올바르다[사수위방외사이의독군친 매급시사 애군우시 견지사기 기론심정확(師雖爲方外士而義篤君親 每及時事 愛君憂時 見之詞氣 其論甚正確)]"라고 하였듯이, 대승보살의 자비정신으로 국사를 걱정하는 충의와 척화사상(斥和思想)을 가지고 있었다. 이 때문에 진회(秦檜)를 중심으로 하는 주화파(主和派)에게 모함을 당하여 귀양을 가야만 하는 비운을 겪기도 하였다. 하지만 대혜는 "차라리 이 몸이 부서져서 티끌이

되더라도 마침내 불법으로 인정에 얽매이지 않겠다"고 할 만큼 조금도
자신의 절개를 굽히지 않았다.

　당말(唐末)·오대(五代) 이후 오가(五家)로 나뉘어 발전해오던 선종에도
변화가 일어나 북송에 와서는 다시 칠가(七家)로 나뉘게 된다. 그것은
임제종에서 양기파와 황룡파로 독립하여 나간 것이며, 임제종 외에
다른 선종은 더 이상의 발전이 없었다. 임제종도 북송 대에는 황룡
파가 우위를 점령하는 듯하였으나 남송 이후로는 특히 임제종의 양
기파가 최성기를 구가하였고, 남송 말에는 화북지방을 중심으로
조동선도 융성하여 결국 임제종의 양기파와 조동종만이 남게 되었다.
양기파는 양기방회(楊岐方會) - 백운수단(白雲守端) - 오조법연(五祖法演) -
원오극근(圓悟克勤)을 거쳐 대혜에 이르게 된다. 대혜는 간화라고 하는
공안참구의 새로운 방법을 확립하여 사대부를 중심으로 참선을 널리
보급시켜 선종의 중흥에 기여하였다. 따라서 송대 선종의 특색을 이루는
사대부들의 참선의 유행도 운문과 법안으로부터 점차 임제 계통으로
옮아가고 있었던 것이다.

IV. 대혜의 행적

대혜종고(1089-1163)는 북송의 철종(哲宗) 원우(元祐) 4년 안휘성(安徽省) 선주(宣州) 영국현(寧國縣)에서 태어났다. 밖으로는 요(遼)와 굴욕적인 화의(和議)의 관계에 있었고 안으로는 왕안석의 신법(新法)을 추종하는 신당(新黨)과 이를 반대하는 사대부들의 구당(舊黨)이 충돌하던 당쟁의 시대였다.

성(姓)은 해씨(奚氏), 휘(諱)는 종고(宗杲), 자(字)는 담회(曇晦), 호(號)는 불일대사(佛日大師) 또는 대혜선사(大慧禪師), 별호(別號)는 묘희(妙喜) 또는 운문(雲門) 등이다. 원오극근의 제자로서 혜능 이하 제16세손이고 임제 이하 제11세손이다. 휘종숭녕(徽宗崇寧) 3년(1104) 16세에 득도(得度)하였으며 마음을 닦는 법에 관심이 많아 평소에 제가(諸家)의 어록을 즐겨 보았는데, 특히 운문문언(雲門文偃)·목주(睦州) 진도명존숙(陳道明尊宿)의 말씀을 좋아하였다. 19세가 되던 해에는 사방을 유행하며 조동종(曹洞宗)의 여러 선사를 참방(參訪)하였다. 그러나 사설(邪說)이라고 판단한 뒤에 황룡파의 담당문준(湛堂文準, 1061-1115)을 만난다. 24세부터 27세까지 담당을 모시며 참학(參學)하였는데 뒷날 대혜가 회고하기를 "내 비록 원오화상을 만나 깨달음을 얻긴 했지만 원래 처음으로 나의 본분을 깨우쳐준 이는 담당문준(湛堂文準)이다

(『어록』권제15, 종고화상타실비공 원초여아안비공자 각득담당화상(宗杲和尚打失鼻孔 元初與我安鼻孔者 却得湛堂和尚)"라고 하여 자신을 계발(啓發)시켜 깨달음으로 인도한 최초의 스승임을 밝히고 있다. 정화(政和) 15년(1115) 27세 되던 해 담당은 대혜에게 원오극근을 찾아갈 것을 유훈하고 원적(圓寂)하였다. 그다음 해 담당의 탑명(塔銘)을 부탁하기 위해 승상 장상영(張商英, 무구거사無垢居士)을 만났을 때 승상은 그 자리에서 사람을 알아보고 의기가 투합하여 대혜에게 묘희(妙喜)라는 호와 '담회'라는 자(字)를 지어주었다. 이후에도 혜홍각범(慧洪覺範), 잠암청원(潛菴淸源), 두솔혜조(兜率惠照), 초당선청(草堂善淸) 등 구참(久參)의 일류 선사들과 왕래하며 참학(參學)을 게을리하지 않았다.

대혜는 출가 후에 운문종과 조동종의 선사를 참방(參訪)하며 그 종지(宗旨)를 익혔으나 마침내 임제종 원오극근의 제자가 되어 그 문하에서 두 번 깨달음의 기연(機緣)을 맞이하게 된다.

첫 번째는 원오극근(圓悟克勤, 1063-1135)을 친견한 해로서 선화(宣和) 7년(1125) 37세 때이며, 원오 나이 62세 때였다. 원오선사가 설법하기를 "어느 스님이 운문 스님에게 '여하시제불출신처(如何是諸佛出身處)'라고 묻자, 이 말에 운문 스님이 '동산수상행(東山水上行)'이라고 대답한 예를 들면서 자신은 운문과는 달리 이 질문에 '훈풍자남래 전각생미량(薰風自南來 殿閣生微凉)'이라고 대답하겠다"라고 하였다. 이 말에 대혜는 홀연히 전후제(前後際)가 끊어지는 경지를 맛보았다. 그러나 원오는 대혜를 인정하지 않은 채 다시 "유구무구가 마치 등나무가 나무를 의지하는 것과 같다고 한 이 뜻이 무엇인가?[유구무구여등의수시여하(有句無句如藤倚樹時如何)]"를 다시 다그쳐 물었다. 그 후 반년이 지난 뒤 깨달음을 얻게 되니 이것이 첫 번째 개오(開悟)이다. 원오는 「임제정종기(臨濟正宗記)」를 지어 대혜에게 건네주고 분좌(分座)해서 학인들을 지도하게 하였다. 평소 대혜를 존경하던 승상(丞相) 여순도(呂舜徒)가 이 사실을 흠종(欽宗)에게 알렸고 자의(紫衣)와 함께 '불일대사(佛日大師)'라는 호를 하사받았다. 이때가 정강(靖康) 원년(1126) 38세 때의 일이다. 이해에 금의 침략을 받아 고종은 남하하여 임안(臨安, 지금의 항주杭州)에 도읍을 정하였지만 다음 해인 1127년 수도가 함락되고 북송시대는 막을 내리게 된다. 이로부터 대혜도 10여 년 동안 한곳에 오래 머물지 못하고 강소(江蘇), 강서(江西), 절강(浙江), 광동(廣東), 복건(福建) 등 여러 곳을 왕래하였다.

대혜가 또 한 번 확철대오(廓徹大悟)의 기연을 맞게 된 것은 고종건염(高宗建炎) 2년(1128) 40세 되던 해이다. 호구(虎丘)에 거처하던 어느 날 『화엄경(華嚴經)』에서 "보살이 제7지에 이르러 무생법인(無生法忍)을 증득하면 곧 제8지 부동지(不動地)에 들어가 대자재함을 얻게 된다"는 구절에서 비로소 확철대오하게 된다. 『보설(普說)』에 의하면 "내가 옛날에 담당에게 '앙굴마라지불어구산난(央堀摩羅持佛語救産難)'의 뜻을 물었을 때 그 설명을 듣고서도 의미를 제대로 알지 못하였는데 이제 그 뜻을 여기에 이르러 확실히 깨달았다"라고 하였다. 건염(建炎) 3년(1129) 41세 때 원오는 촉으로 돌아가고 대혜는 강서 운거산(江西 雲居山)에 머물면서 원오를 대신하여 학인들을 접인(接引)하였다. 운문의 옛터에 운문암을 지었던 것도 이때의 일이다. 46세 때 복주(福州) 양서(洋嶼)에 주석하면서 「변사정설(辯邪正說)」을 지어 묵조선(默照禪)을 비평하기 시작하였다. 소흥(紹興) 5년(1135) 47세 때 원오가 입적하였고, 결흥(結興) 8년(1138)

50세 되던 해 승상장준(丞相張浚)의 요청으로 임안부(臨安府) 경산(徑山)에 주석하면서 종풍(宗風)을 크게 진작시키고 임제종을 재흥(再興)시켰는데 대중이 1700여 명에 이르렀다고 한다. 소흥(紹興) 10년(1140) 52세에 제자들이 『종문무고(宗門武庫)』를 편찬하였다.

소흥(紹興) 11년(1141) 53세에 시랑 장구성(侍郎 張九成)과 조정의 일을 비판하였다는 누명을 쓰고 형주(衡州)로 귀양을 가게 된다. 그러나 대혜는 유배지에서도 끊임없이 사대부들과 편지를 주고받으며 간화선 선양하기를 게을리하지 않았다. 소흥(紹興) 17년(1147) 59세 때 제자들이 스님이 평소 설법했던 고금언구(古今言句)들을 모아 책을 만들었고 대혜는 『정법안장(正法眼藏)』이라고 제목을 달았다. 소흥(紹興) 20년(1150) 62세에 유배지를 다시 매주(梅州)로 옮겼다가 소흥(紹興) 26년(1156) 68세에 사면되어 승적을 회복하였다. 이해에 고종의 명으로 아육왕산(阿育王山)에 주석하였으며, 조동종의 거장 천동정각(天童正覺) 선사를 방문하기도 하였다. 다음 해 정각선사가 입적하자 그 후사(後事)를 도맡아 보았다 하니 두 사람의 관계가 아마도 좋지 않았을 것이라는 생각은 편견임을 알 수 있다. 소흥(紹興) 28년(1158) 70세에 조칙으로 임안 경산에 다시 주석하게 되었고 도를 물으러 오는 자가 2000여 명에 이르렀다고 한다. 총림의 운수납자들이 그를 흠모하여 사방에서 모여들었으며 명성이 장안에 가득하였다. 이로부터 후인(後人)들이 경산종고(徑山宗杲)라고 부르게 되었다고 한다. 소흥(紹興) 32년(1162) 74세에 효종이 즉위하였으며 '대혜선사(大慧禪師)'라는 호(號)를 하사하였다. 다음 해인 효종융흥(孝宗隆興) 원년(1163) 75세에 입적하니 법랍은 58세이다. 효종은 대혜가 입적한 명월당을 묘희암으로 고치게 하고 익호(諡號)를 '보각선사(普覺禪師)', 탑명을 '보광(寶光)'이라고 하였다. 수법제자(受法弟子)는 83인, 혹은 84인이라고 기록된 곳이 있으나 『속전등기(續傳燈記)』권32에 의하면 94인의 제자가 열거되어 있다. 그 외 문법(問法) 제자들은 이루 헤아릴 수가 없다.

이러한 대혜의 사상과 일생사적(一生事跡)을 기록한 것으로는 『서장』외에도『대혜어록(大慧語綠)』30권(대정장47), 『정법안장(正法眼藏)』 6권(만속장경118), 제자 밀암도겸(密庵道謙)이 편집한『종문무고(宗門武庫)』 1권(대정장47),『선종잡독해(禪宗雜毒海)』1권(만속장경114)이 있으며, 그리고 장준(張浚)의『탑명(塔銘)』[대정장47, 『어록(語錄)』권제6]과 조영(祖詠)이 편집한『대혜보각선사연보(大慧普覺禪師年譜)』(불교대장경 제73)와『임안부 경산사문석종고전(臨安府徑山沙門釋宗杲傳)』(『대명고승전』권제5, 대정장50) 등은 특히 대혜의 생애를 참조할 수 있는 자료이다.

V. 대혜의 간화선법(看話禪法)

임제종의 작법(作法)을 일반적으로 간화(看話)라고 한다. 그러나 간화선이 임제종의 공식적인 선으로 고양(高揚)된 것은 대혜 이후의 일이다. 간화란, 말 그대로 '화두(話頭)를 본다'라는 뜻으로서 고칙공안(古則公案, 고인화두古人話頭)을 참구하는 선법이다. 공안은 조사(祖師)의 언구(言句), 즉 조사가 남긴 글이다. 공안이라는 말이 맨 처음 등장한 것은 황벽단제(黃蘗斷際)부터이며, 공안 참구의 선법은 대혜 이전에도 이미 보편화되어 있었다. 하지만 오로지 화두 참구만을 통하여 깨달음을 얻는다고 하는 간화선법을 강조한 사람은 대혜이다. 송대에는 조사의 언구에 독자적인 해석을 붙이는 송고문학(頌古文學)의 번창과 사대부들 중에 참선을 하는 사람이 늘어남에 따라 공안이 사색을 통해 이해되어지고 게송으로 표현되는 경향이 많아졌다. 이러한 시대적 폐단에 맞서 대혜는 임제종의 작법을 다시 깨달음에 이르는 틀로서 '간화'라고 하는 보다 적극적인 선법으로 새롭게 전개하고 조직하였다. 따라서 간화선 성립의 의의(意義)는 직접적으로는 공안 본래의 의의를 되찾고자 한 데 있었으며, 간접적으로는 사대부들에게 금의 간섭하에 있으면서도 소극적으로 현실에 안주하고 타협하는 것을 부끄럽게 여기게 함과 동시에, 민족의 정기를 진작시키는 역할을 하였다고 할 수 있을 것이다.

　『서장』은 대부분의 내용이 간화선에 대한 설명으로서 화두 참구에 있어서 가장 중요한 것이 화두에 대한 의심임을 역설하고 있다. 「답여사인(答呂舍人)」에 보면 화두와 의단(疑團)의 관계를 잘 설명하고 있다. "천 가지 의심과 만 가지 의심이 다만 이 하나의 의심입니다. 화두에서 의심을 깨뜨리면 천 가지 의심과 만 가지 의심이 일시에 깨집니다. 화두를 깨뜨리지 못하면 바로 화두에 나아가 겨루어보십시오. 만약 화두를 버리고 달리 문자에서 의심을 일으키거나 경전의 가르침에서 의심을 일으키거나 고인들의 공안에서 의심을 일으키거나 일상의 번뇌 가운데에서 의심을 일으키면 모두 삿된 마구니의 무리입니다"라고 하여 화두와 의심을 함께 강조하고 있다. 공안이 공부인(工夫人)에게 하나의 의심으로 다가왔을 때 비로소 화두는 깨달음의 도구로서의 생명력을 지니게 되는 것이다. 이제 화두는 더 이상 지해(知解)로서 분별할 수 있는 대상이 아니며 탐구의 대상이 아니다. 온몸을 던져 의심하고 또 그 의심덩어리[疑團]를 타파함으로써 깨달음에 이르게 하는 도구로 거듭나게 되었던 것이다.

　이처럼 화두가 깨달음의 도구로서 생명력을 지니려면 또 하나 빠뜨릴 수 없는 내용이 참상활구(參詳活句)이다. 참상활구란 화두를 사구(死句)가 아닌 활구(活句)로써 참구해야 한다는 뜻이다. 사실 고인의 고칙은 일체의 정식망상(情識妄想)과 분별의식을 초월한 경지에서 이루어진 것이어서 알음알이로 접근할 수 없기 때문에 그 자체가 활구인 것이다. 하지만 사람들이 이 고칙에 대하여 알음알이로 이해하려는 경향이 다분해지면서 참상활구가 강조되었다. 『서장』에서 의미하는 참상활구란 공부인(工夫人)이 화두를 알음알이로 참구하느냐 아니면 일체의 사량분별을 배제하고 오로지 화두에 대한 의심으로 일관하느냐에 따라서 화두가 사구(死句)가 되기도 하고 활구(活句)가 되기도 한다는 것을 말하고 있다. 왜냐하면 활구와 사구가 언구(言句)에 있지 않기 때문이다. 그래서 대혜는 「답증시랑(答曾侍郞)」에서 다음과 같이 말한다. "도는 배울 수 있는 것이 아니다. 분별식정으로 수도 하면 도리어 미혹한 수도만 될 뿐이다. 도에는 방소가 없는데 이것을 대승심이라고 한다. 이 마음은 안도 없고 밖도 없으며 중간도 없어서 실로 방소가 없으니 결코 지해를 일으켜서는 안 된다"고 하였다. 또한 「답부추밀(答富樞密)」에서도 도를 체달하는 방편을 묻는 부추밀 에게 "다만 이 깨달음을 찾는 것이 곧 도를 가로막는 알음알이일 뿐입니다"라고 하였다. 그러고 나서 "알음알이로 이해하려는 마음, 고요함을 좋아하고 시끄러움을 싫어하는 마음 등을 당장 내려놓고, 다만 내려놓은 그 자리에서 화두를 참구해보십시오"라고 함으로써 화두를 든다는 것은 알음알이인 마음[能]과 알음알이인 줄 아는 마음[所]까지 모두 끊어진 무분별지(無分別智)의 경지에서 드는 것이 참으로 간화임을 밝히고 있다.

『서장』에서 대혜가 제시한 공안을 살펴보면 무자(無字), 간시궐 (乾屎橛), 시심마(是甚麼), 방하착(放下着), 수미산(須彌山) 등이다. 이 중에 서 대혜는 조주(趙州)의 무자화두(無字話頭)를 11인 - 여사인(呂舍人), 영시랑(榮侍郞), 왕내한(王內翰), 종직각(宗直覺), 장사인(長舍人), 유통판 (劉通判), 누추밀(樓樞密), 왕교수(王敎授), 부추밀(富樞密), 진소경(陳少卿),

왕장원(汪狀元)-에게, 간시궐(乾屎橛)은 3인 - 여낭중(呂郎中), 여사인(呂舍人), 서현모(徐顯謨)-에게 시심마(是甚麽)는 1인 - 이보문(李寶文)-에게, 방하착(放下着)이나 수미산(須彌山)은 1인 - 증시랑(曾侍郎)-에게 권하고 있다. 유독 무자화두(無字話頭)를 많이 강조하고 있음을 알 수 있는데, 『서장』에서 무자화두의 중요성과 이 화두를 어떻게 참구할 것인가를 잘 드러내고 있는 구절 중의 하나를 살펴보기로 한다. 「답진소경(答陳少卿)」에서는 "바라건대 그대는 다만 의정을 깨뜨리지 못한 곳을 향하여 참구하십시오[崖將去]. 행주좌와에 놓아버리지 마십시오. 한 스님이 조주에게 물었습니다. '개에게도 불성이 있습니까?' 조주는 '무'라고 대답하였습니다. 이 한 글자는 바로 생사의 의심을 깨뜨리는 칼입니다"라고 하여 무자화두의 중요성을 매우 강도 있게 주장하고 있다. 무자화두를 참선의 도구로 삼았던 것은 오조법연(五祖法演)에게서 비롯된다. 대혜가 1700여 공안 중에서도 특히 무자화두를 강조한 것은 아마도 당시 송고(頌古)문학의 발전으로 고칙 공안을 사량 분별심으로 이해하려는 병폐와 사대부들이 이근총명(利根聰明)으로 참선에 임하는 잘못된 풍토를 혁신하여 오조법연(五祖法演) 시대의 화두 참구 정신으로 되돌아가고자 했던 바람이 엿보인다. 대혜가 『벽암록』을 불사른 이유도 여기에 있다고 하겠다.

VI. 묵조선 비판

『서장』의 내용 중에 빼놓을 수 없는 부분이 있다면 바로 대혜의 묵조선 비판일 것이다. 묵조선은 송대 조동종을 대표하는 선법으로서 굉지정각(宏智正覺, 1091-1157)이 대성시켰다. 굉지는 단하자순(丹霞子淳)의 제자로 송대의 선종에서 대혜와 나란히 쌍벽을 겨룬 대종장이다. 그래서 일반적으로 대혜가 비판하고 있는 묵조선사는 굉지라고 여기는 경우가 많다. 하지만 굉지가 아니라 진헐청요(眞歇清了, 1088-1151)라고 보는 견해가 더 타당성이 있다. 왜냐하면 46세 때 「변사정설(辯邪正說)」을 지어 묵조선을 공격하기 시작한 그해에 대혜가 진헐이 주석하고 있는 설봉산을 방문한 일이 있으며, 그 후부터 묵조선을 비판하기 시작한 것으로 알려져 있기 때문이다. 여하튼 대혜는 이런 묵조선에 대해 통렬하게 비판하고 있다. 예를 들어 묵조선을 묵조사선(默照邪禪)이라 부르고, 묵조의 수행자를 '일종의 머리 깎은 외도(外道)'라고 하였으며, 또 묵조수행은 가장 하열(下劣)한 자가 하는 것으로서 묵조무언(默照無言)과 공공적적(空空寂寂)으로 귀신굴 속에 앉아서 구경안락(究竟安樂)을 구하는 것(「답이낭중(答李郎中)」)이라고 하였다. 그리고 구체적으로 묵조수행에 대해 낱낱이 비판하고 있다.

그 비판 내용을 간략히 정리해보면 다음과 같다. 「답진소경(答陳少卿)」

에 "엉터리 스님들은 사대부들에게 '마음을 거두고 고요하게 앉아서 일상사에 상관하지 말고 쉬고 또 쉬어라[休歇]'고 가르칩니다. 이것 이야말로 애써 마음을 가지고 번거로운 마음을 그치고, 애써 마음을 가지고 번거로운 마음을 비우며, 애써 마음을 가지고 번거로운 마음을 활용하는 것이 아니겠습니까?"라고 하였다. 다시 말하면 억지로 안정을 시켜 잠시 마음이 평온해진다 해도 그것은 돌로 풀을 잠시 누른 것과 같아서 진정한 의미의 구경안락(究竟安樂)이 아니며, 오히려 선적단견(禪寂斷見)에 떨어진 경우라고 비판하고 있는 것이다.

또 "인연 따라 지켜보면서 망념을 잊고 묵묵히 비추어라"에 대하여 대혜는 묵조선사들이 목전(目前)의 감각(鑑覺)에 집착하여 지해(知解)를 내고 있는 것이며, 또 일체법이 공(空)한 줄을 깨닫지 못하고 세간의 유위법(有爲法)에 집착하여 구경법(究竟法)을 삼는 것이라고 비판하고 있는 내용으로서 이것은 위의 단견(斷見)과는 반대로 상견(常見)에 떨어져 있는 경우이다.

이처럼 단상이견(斷常二見)을 비판한 내용 외에도 정좌(靜坐)에 집착하고 묘오(妙悟)를 구하지 않는다고 비판하고 있는 것을 살펴보면, 「답유통판(答劉通判)」에서 "엉터리 장로들이 공에게 고요하게 앉아서 부처가 되기를 기다리라고 하는데, 이것이 어찌 허망의 근원이 아니 겠습니까? 또한 '고요한 곳에서는 잃어버림이 없고, 시끄러운 곳에 서는 잃어버림이 있다'고 말하는데, 어찌 세간의 모습[世間相]을 부정 하고 실상(實相)을 추구하는 것이 아니겠습니까?"라고 하였다. 「답진 소경(答陳少卿)」에서는 "그러다가 힘을 더는 것을 경험하게 되면 그것에 만족하여 다시 미묘한 깨달음을 구하지 않고 다만 묵묵히 있는 것을 궁극의 법칙으로 여깁니다"라 하였으며, 또 「답종직각 (答宗直閣)」에도 "요즘 묵조선의 삿된 스승들은 다만 아무런 말이 없는 것을 지극한 이치로 삼아 그것을 위음나반(威音那畔)의 일, 공겁이전(空劫以前)의 일이라고 부릅니다. 그들은 또한 깨달음의 길이 있음을 믿지 않고 깨달음을 미친 짓이라고 여깁니다. 깨달음을 제이두(第二頭)로 여기며, 깨달음을 방편의 말로 여기며, 깨달음을 사람을 교화시키는 말로 여깁니다"라고 하였다. 대혜는 묵조선사들이 정좌(靜坐)를 고집하여 고요한 곳을 좋아하고 시끄러운 것을 싫어하는 그 자체가 바로 분별 망상임을 지적하면서 나아가 식정(識情)이 그대로 진공묘지(眞空妙智)이며, 알음알이가 일어나는 그 자리가 그대로 해탈의 장(場)이고, 생사를 초월한 곳임을 아는 것이 바로 묘오(妙悟)라고 역설한다.

따라서 대혜는 종일 묵묵히 앉아 혼침과 도거 속에 빠져서 자각성찰 이라는 자아의 욕구만을 충족시키고 있는 묵조수행이 더 이상 이 시대에 정신적 지주가 되지 못함을 절실히 느끼고, 간화선이라는 선법을 재 창출함으로써 선수행에 생명성을 부여하고자 했던 그 노력이 바로 『서장』이었다고 할 수 있을 것이다.

서장(書狀)

초판 1쇄 발행 2024년 12월 20일
초판 2쇄 발행 2025년 3월 27일

엮은이   대한불교조계종 교육원
발행인   원명

대 표   남배현
본부장   모지희
편 집   김옥자 손소전
디자인   정면
경영지원   허선아
구입문의   불교전문서점 향전(www.jbbook.co.kr) 02-2031-2070

펴낸곳   조계종출판사
         서울 종로구 삼봉로 81 두산위브파빌리온 1308호
         전화 02-720-6107 | 팩스 02-733-6708
         출판등록 제2007-000078호(2007. 04. 27.)

ⓒ 대한불교조계종 교육원 불학연구소, 2024
ISBN 979-11-5580-244-1 03220

조계종
출판사 지혜와 자비의 눈으로 세상을 바라봅니다.